CASHIER

零基础　全图解　重实践

出纳实务

+ 李迅 编著

人民邮电出版社

北京

图书在版编目（CIP）数据

出纳实务：零基础　全图解　重实践 / 李迅编著
. -- 北京：人民邮电出版社，2017.5（2023.1重印）
ISBN 978-7-115-44667-1

Ⅰ. ①出… Ⅱ. ①李… Ⅲ. ①出纳－会计实务 Ⅳ.
①F231.7

中国版本图书馆CIP数据核字(2017)第008323号

内 容 提 要

本书全面讲述了出纳工作的实务操作，以及新企业工商、税务、社保的办理流程，其中包括出纳新手入门、出纳基本技能、会计凭证的管理、账簿的管理、现金管理和现金收支、账户的管理、银行结算票据、工商操作指南、税务操作指南和社保操作指南等内容。同时每一章都配有一节"职业实践经验"，专门讲述实际工作中的经验和方法，提醒读者注意一些容易被忽略的细节，帮助读者更加深入地把握工作中的难题。

本书不仅适合刚从学校毕业，想从事出纳工作的人员阅读，同时也非常适合已经从事出纳工作想进一步提高的人员，以及想创建自己公司的创业人员阅读。

◆ 编　　著　李　迅
　　责任编辑　刘向荣
　　责任印制　杨林杰
◆ 人民邮电出版社出版发行　　北京市丰台区成寿寺路 11 号
　　邮编　100164　电子邮件　315@ptpress.com.cn
　　网址　https://www.ptpress.com.cn
　　涿州市京南印刷厂印刷
◆ 开本：700×1000　1/16
　　印张：16.25　　　　　　　　2017 年 5 月第 1 版
　　字数：324 千字　　　　　　2023 年 1 月河北第 6 次印刷

定价：45.00 元

读者服务热线：(010)81055256　印装质量热线：(010)81055316
反盗版热线：(010)81055315
广告经营许可证：京东市监广登字 20170147 号

前言 FOREWORD

你正在找工作吗？

你想从事出纳工作吗？

你想成为一名优秀的出纳吗？

你想获得丰富的出纳工作经验和知识吗？

你想提高出纳工作的效率吗？

……

如果以上有一点是你想要的，那么本书就是为你准备的。

本书的特点

出纳工作是企业不可缺少的部分，是财务工作的基础，各类企业不分大小都需要一定数量的出纳人员，因此，出纳是非常好就业的职业；又因为出纳工作不需要太多的专业知识技能和体力，所以被很多择业的人所青睐。

本书的主要特点如下。

- 专业性和权威性强。本书在介绍出纳工作专业知识的同时，结合了我国财经法规、相关制度以及出纳人员的实际工作经验，可以说将理论与实务很好地结合在一起。通过本书学习，读者可以全面掌握出纳工作的相关规定以及操作流程。

- 内容翔实，技术实用。本书对出纳工作的基本技能进行了详细讲解，如点钞、数字的规范书写、填写支票、装订账本、识别假钞和发票、处理残币等，非常实用。

- 从实际出发，可操作性强。本书结合实际操作流程与适当的案例，对于出纳实务操作中容易遇到和容易忽略的问题给予贴心的解答与提示。

- 语言通俗，图文并茂。本书将财经规定中枯燥的专业理论，转化为通俗易懂的讲述，加上大量的实际操作图片，给读者一个更直观清晰的印象，便于读者理解和实际操作。

本书的主要内容

第 1 章从一个小故事"出纳的一天"开始,对出纳的工作内容和性质进行了简要的说明,让读者对于什么是出纳工作、怎么干好出纳工作有一个直观清楚的认识。

第 2 章介绍的是出纳需要具备的基本功,其中包括文字和数字的书写规范、人民币和发票的辨别、点钞技术、保险柜的管理以及出纳的常用工具等,让读者直观地了解作为出纳人员应具备的技能。

第 3 章介绍了财务工作的基础——凭证的管理,主要讲解什么是会计凭证、会计凭证的填制和审核,以及会计凭证的装订方法,在讲解中加入了大量实务图片。

第 4 章介绍了账簿的管理,主要讲解怎么填制账簿,包括纸质账簿和电子账簿。

第 5 章介绍了出纳的重要工作内容——如何管理现金,详细讲解了现金管理的规定,以及如何办理现金收支等。

第 6 章介绍的也是出纳的重要工作内容——如何管理银行账户。内容包括银行账户的规定以及银行账户的具体种类,账户的开立和撤销流程,什么是银行询证函和银行对账单,如何编制银行存款余额调节表等。

第 7 章介绍的是在开立银行账户后,怎么办理银行结算票据,具体讲解了银行票据的种类、风险以及怎样填写银行票据。针对日益普及的网上银行业务,本章也做了详细的讲解。

第 8 章介绍怎么注册成立一个公司,内容包括企业成立如何到工商所注册,每年办理年检,以及公司变更资本、合并、分立、清算的流程。

第 9 章介绍的是企业如何办理税务登记、变更和注销,以及企业主要税种的核算和申报等内容。

第 10 章介绍的是如何给员工办理和变更社会保险、住房公积金,以及社会保险和住房公积金的申报、缴纳和注销等内容。

适合阅读本书的读者

本书比较适合从财务相关专业毕业但是没有实际工作经验的大学生、想从事出纳工作的职员,以及想成立公司的自主创业人士等。

(1)刚毕业的学生。一些刚毕业的学生在学校里学习过财务知识,对于财务工作有一个基本的认识,但是没有实际工作经验,在刚踏入工作岗位的时候,理论和实际的差异会让才毕业的学生有很多困惑。本书将理论和实际相结合,读者可以从书中吸取良好的经验,增长实务方面的见解,切实提高工作能力。

(2)想从事出纳工作的职员。出纳是一个稳定、好就业的岗位,一些职员想从事出纳工作但是因为没有接触过这类工作,不知道这份工作的具体内容,"不知从何干起"。本书以操作性和指导性为原则,详细解答了出纳工作中会遇到的方方面面的问题,让这类读者在实际工作中迅速"上手"。

（3）自主创业人士。一些自主创业人士想成立自己的企业，本书对于如何成立一个公司做了具体的讲解，包括如何注册和年检，如何缴纳税款和给员工缴纳社保等，可以让这类读者在了解公司成立实务的同时，还了解如何管理自己公司的现金和银行业务。

本书由李迅编写，参与资料整理的还有梁静、黄艳娇、任耀庚、刘海琛、刘涛、蒲玉平、李晓朦、张鑫卿、李阳、陈诺、张宇微、李光明、庞国威、史帅、何志朋、贾倩楠、曾源、胡萍凤、杨罡、郝召远。

由于作者水平有限，书中难免存在疏漏与不妥之处，敬请读者不吝赐教！

编 者

2017 年 3 月

目录 CONTENTS

第1章　出纳新手入门

从事出纳工作，我们先要搞清楚出纳是一份什么样的工作，这份工作有什么内容，它的职权是什么，有什么样的特点，出纳工作和会计工作有什么不同，以及从事出纳工作需要具备什么样的职业道德和基本素质。让我们一起来了解这些内容。

1.1　出纳工作

出纳不是会计。我们上学的时候，经常听到人问，你学什么专业的？大部分人都回答是"会计"，很少有人说"出纳"，那它们俩的区别是什么呢？

1.1.1　出纳工作的认知

小李从一所高校的财务专业毕业，通过光华公司人事部门的招聘，进了光华公司做一名出纳。光华公司的财务部看小李才从学校毕业，没有什么出纳的实际操作经验，就让小李跟着工作时间很长的机关出纳老吴学习，等小李对工作有一定体会了再独立上岗。于是小李跟随着老吴，开始了解出纳工作。

第一天早晨 8 点 30 分上班，小李看老吴上班后的第一件事情是打开保险柜，清点了当日清晨的库存现金额 1 500 元。这时有职工交来他们部门的安全罚款 10 000 元，老吴让小李先试着清点职工交来的现金。小李看这些钞票都是一百元的，而且几乎都很新，想着这挺容易的嘛，很快地点完了钞，交给老吴说："10 000 元，没问题。"

老吴点点头，接过去自己又点了一次，摇摇头，从这叠钞票中抽了两张出来，然后拿到验钞机上验。验钞机很快提示这两张 100 元钞票是假钞。老吴把这两张钞票退给交来罚款的职工，那位职工很快把这两张钞票换了，经过验证后，老吴给他开具了收到安全罚款 10 000 元的收据。

等那位职工交完罚款走了以后，老吴对小李说："做出纳工作不要只图一个快字，做什么事情一定要细心，开始工作的时候，因为不熟悉，宁愿慢一点，细致一点，但是一定要把工作做好。因为出纳都是和钱打交道，出了错误都是自己的损失。你不要以为出纳工作很简单，就是数数钱，开开支票，写写收据什么的，其实这里面有很多的学问。"小李惭愧地点点头。

上午小李接着帮老吴整理手中需要报销的票据及借款单等单据，熟悉财务报销和现金支付的流程和规定。经过整理和计算，得出需要现金支付的票据金额共 45 000 元，老吴根据目前的现金量计算出短缺现金 43 500 元，加上固定的为了应急等计划外支出的现金 3 000 元，准备开出一张从公司银行账户提取备用金 46 500 元的现金支票。老吴在得到领导的批准后在支票使用登记簿上签字，然后拿出空白的现金支票让小李学着填写。小李第一次写支票，心里不免有点紧张，结果就把支票上公司的名称写错了，想改一下。老吴摇头说支票上面的字不能有任何涂改，只能重新填写，然后在那张写错的现金支票上注明作废字样，拿出新的空白现金支票让小李重新填写。这次小李按照老吴的指导，认认真真地写完，没有错一个字。老吴看了看说："小李，你还是要重新写。支票上面的日期没有写对。

"今天是 11 月 10 日，在支票上的大写日期应该是壹拾壹月零壹拾日，而不是拾壹月拾日，财务上面的票据填写，都有固定的规范和要求，不能像平时写日期，想怎么写就怎么写。11 月和 12 月必须有壹字开头，1 到 10 的日期，前面必须加零字。还有，人民币的大写，你没有顶格书写，这样不对。万一别人在前面填改怎么办。虽然你没有写错字，但是不规范，这么写出来的支票，拿到银行去，银行对公业务部门是根本不会受理的。你再重新写一张，这次要记住。我们没办法把什么东西一次就学会，但是要知道怎么一点一点地学，所以说人不要怕犯错误，这样我们才会一次比一次好。"

小李听完这些话，把这张支票作废，又重新写了一张支票。虽然花了不少的劲儿才开出了一张支票，但是小李觉得自己学会了不少东西，心里很感谢老吴的耐心教导，决心跟着老吴好好学习出纳实务，好好积累工作经验。

10 点，老吴带着小李去公司的开户银行建设银行提取现金，并且办理了已经经过公司领导批准的银行转账付款业务，取得了相应的回单。回到公司的时候已经接近中午。

下午 2 点，老吴根据报销和借款的单据把相应的现金一一支付给同事，然后再次清点剩余的现金，并且让小李在现金日记账上做详细的登记，并检查账上的金额是否与实际现金相符。小李拿起账本，登记了几笔现金业务，然后拿给老吴看让老吴指导。老吴说："小李，你平时写字是不是都习惯把字写得比较大？这在财务上是个不好的习惯，一定要改正。不说我们要把字写得多么漂亮，但是一定要把字写得小而且清楚工整。你看你这个阿拉伯数字，也就是现金付款的数字，把账簿的一格都写满了，这样如果这笔数字有错，需要在这格更改，你要怎么更改呢？如果你把全部的数字格子都写得满满当当的，就没法用红线划线进行更正了。还有，数字不能写连写体，不能几个零一笔写，这也是不规范的。另外，阿拉伯数字也有专门的写法。你拿张白纸来，我写下来，你跟着没事的时候就练练。"小李赶紧说一定照着老吴的字，好好练习出纳的基本功。

然后老吴根据上午办理的银行转账业务登记银行日记账，核对银行存款日记账上的余额和实际银行存款数是否相符。核对无误后，按照顺序把单据整理好，交给会计人员做账。

在下班之前，老吴把当天剩余的库存现金放入保险柜里做入库手续，做好当天的记录工作，整理好当天使用的财务印章等重要物品，一一归档后准备下班。

小李问老吴，是不是每天都要清点现金和银行的余额。老吴笑着说："我们最主要的任务就是管钱。如果公司现在有多少钱你都不知道，这可不行，所以现金要随时清点，银行余额要经常查询，这样也不容易出现差错。你一定要记着，出纳是需要耐心和细致的工作，哪怕是一分钱对不上都要马上找出原因。我们在平时，一定要小心谨慎，千万不能疏忽大意。随时做好登记和盘点以及记账的工作。还有，出纳工作是非常讲原则的工作，我们一定要管好自己的'心'，不能起贪念，还要掌握好这个'度'，该做什么不该做什么心里有数，清楚我们的职责所在。只要你工作上事事留心，提高自己的业务技能，练好基本功，多积累经验，踏踏实实地做事情，认认真真地学知识，慢慢地，你就会精通出纳这个工作了。"

1.1.2　出纳与会计的不同

刚参加工作的我们经常会有一个疑惑，就是出纳和会计到底有什么不同呢，有的人甚至以为出纳和会计是一个工作。现在我们就来了解一下出纳和会计的关系。

出纳和会计这两个职位，虽然都是财务上的岗位，但是它们有区别，它们是分工不同的岗位。

会计是负责经济业务的核算的，具体一点说就是负责做账和报表。而出纳呢，是记录和管理公司的"钱"的。也就是说，出纳管理的是公司的银行票据、货币资金、有价证券等的收入和付出，保管和核算以及银行账户的管理工作，同时要登记现金日记账和银行存款日记账。

出纳提供给会计原始的银行和现金单据，会计再据此入账。会计的账项和出纳虽然是一致的，但是会计绝对不能保管现金和银行票据以及登记日记账。而出纳也是不能同时负责稽核以及会计档案保管等工作的。

出纳和会计这两个岗位，是互相依赖的，因为它们需要协调一致，共同完成经济业务的记录工作，但是这两个岗位又是互相监督和互相牵制的。比如会计人员是不允许碰"现金"的，这是一个企业内部控制的要求，它使得"账"和"钱"分开由不同的财务人员来管理和记录，从而保证一个企业货币资金的安全。

1.2　出纳人员

我们大概了解了出纳人员的工作，那么出纳人员的职责是什么呢？出纳人员具有以下职责。

按照国家有关现金管理和银行结算制度的规定，办理现金收付和银行结算业务；审核有关原始凭证，据以编制收、付款凭证，然后根据收、付款凭证逐笔顺序登记现金日记账和银行存款日记账，并结出余额；随时查询银行存款余额。

出纳人员需要保证库存现金和各种有价证券的安全与完整；不签发空头支票，不出租、出借银行账户；出纳人员只负责现金日记账和银行存款日记账的登记工作，不得兼管稽核和会计档案保管，不得负责收入、费用、债权债务等账目的登记工作。

从上述内容我们可以看出，出纳人员的职责由两部分构成，一部分是我们该做的，另外一部分是我们不该做的。我们一定要把这两者都做到心中有数，除开知道自己该做什么以外，也清楚自己什么不该做，不能做。只有这样，我们才能在工作中做到得心应手。因为财务工作是一种特殊的工作，它并不像有的工作，做得越多就越好。对于领导临时分派的工作我们当然要做，但是也要知道合理地"拒绝"一些职责中禁止的不能做的工作。

1.2.1　出纳人员的工作内容

下面我们来看一看出纳有哪些日常的工作。出纳的日常工作主要包括三方面的内容。

1．货币资金的核算

货币资金的核算，包括现金的收付；银行款项的收付结算；支票的使用和保管；登记现金日记账，保证账面和实际现金数相符；保管库存现金和有价证券；办理销售等核算；保管印章；制作原始凭证交给会计做账；等等。另外还有银行账户的管理工作，包括银行账户的开立、变更和年检等。

2．往来结算工作

办理往来款项的结算业务，出纳需要定期清算结算业务，防止坏账损失。

3．工资的核算发放工作

核算工资，发放工资和奖金，等等。

简单来说，出纳需要每天根据收到的单据，做好现金的收入和支付工作，然后核算清楚现金，做好记录，做到账实相符，账账相符。对于银行存款同样如此。出纳需要了解现金和银行存款结算的种种规定，保证现金和银行存款结算的收付和余额以及保管都按财务制度的规定来执行。

1.2.2　出纳人员的职业道德

出纳是直接和钱打交道的工作，这个岗位的重要性不言而喻，出纳人员需要具备的职业道德当然也是相当高的。如果出纳人员的职业道德出了问题，会给企业带来巨大的经济损失。我们来看一个实例。

【例 1-1】小黄作为一名出纳人员进入了一家企业，开始的时候因为工作勤恳认真，很快得到了大家的信任。后来小黄因为炒股亏损，把念头打到了自己经手的大量公司现金上。于是他巧妙地利用了财务主管的信任，使用财务主管的印鉴提取现金，投入自己的股票账户中。而到了月末和银行对账的时候，小黄自己亲自去银行领取银行存款对账单，不让他人查看，然后自己制作虚假的盘点表等。等财务部长发现不对劲的时候，去盘点库存现金和核查银行余额，才发现了巨大的亏空。这时小黄投进自己股票账户的现金已经出现了亏损，就算追究小黄的经济和法律责任，公司还是蒙受了很大的损失。这位财务部长以及相关的管理人员也因为对自己的职责理解不够，管理和监控工作做得不到位，而受到了处罚。

类似上面这种情况的案例，其实还有很多很多。我们作为出纳人员，首先一定要树立良好的职业道德意识，要把"公款"和"私款"分开，不能动"公款"的脑筋。其次一定要经常学习财务制度，掌握财务规范，不能做违反财务制度的事情。比如把银行账户租借给别人使用，收取别人的"好处费"；明明知道票据有问题依然办理支付业务；等等。我们一定要管住自己的"心"，时时鞭策自己，以制度来衡量对错，更不能动违法犯罪的念头。

1.2.3 出纳人员的基本素质

做好出纳工作是一件非常难的事情，它要求我们具备下面的基本素质。

1．良好的政策法规解读能力

出纳工作是一个有很多原则和规定的工作，涉及的法规从《会计法》《会计基础工作规范》，到《支付结算办法》《人民币银行结算账户管理办法》《现金管理暂行条例》《税收征收管理法》《票据法》等，都需要有一定的了解和掌握。

这些法规并不是一成不变的，在实际工作中，这些法规经常有修订和改变，这就要求我们不断学习，更新自己的知识，掌握最新的法规动态，提高自己的政策水平。

2．良好的业务技能

出纳工作需要很强的操作技巧。比如点钞票，识别假钞，识别发票的真伪，填写各种银行的票据，计算加总数据，填写账簿，装订凭证，等等，这些工作要做好，都需要深厚的基本功。

一个优秀的出纳人员在计算数据的时候必须准确而快速，因为钱的事情在很多时候是没有办法更改的。如果付钱出现错误，对方一旦离开，错付的钱还能追得回来吗？就算追回来了，也会严重影响我们在同事以及领导眼中的专业形象。

对于一名天天和现金打交道的出纳人员来说，准确识别假钞是一项非常重要的技能。如果我们收了假钞，事后很难确定是谁给的，就算能查出来是谁给了假钞，又怎么能在事后喊别人换成真钞呢？如果这些现金要送存银行，银行是肯定会直接没收的，所以这个时候只有我们自己承担损失。票据填错也是如此。如果票据填错银行不受理，或者受理了最后款项被退回，那么我们只有重新填制票据，除开影响工作效率以外，还会给自己增加很多的工作量，而且如果影响了交易的完成很容易引起领导和同事的不满，对我们的专业形象是一种损失。所以说出纳工作是特别需要耐心和细致的工作。

3．良好的安全意识

出纳人员负责保管现金、银行票据、有价证券，还有财务印鉴，良好的安全意识必不可少。

保险柜的密码和钥匙一定要保存好，不能丢失，不能告诉他人。去提取现金的时候也一定要小心，至少还要有一个人同行去银行。如果是大额的现金还必须有专车接送。

在实际工作中，千万不能有丢三落四的不良习惯，因为我们保管的都是贵重物品，丢失了责任非常大。平时不能随随便便地把财务印鉴、现金等重要物品放在桌上就离开，如果要暂时离开也一定要锁好，等回来的时候再重新拿出来用，千万不要图省事，怕麻烦。我们所在办公地点的门、窗等安全措施也要做好，在每天下班之前都要予以检查，做到万无一失。

"安全第一"，安全意识是需要我们平时一点一滴培养的，任何时候都不能放松。

只要我们在平时的工作里，在一点一滴的细节里，多留一份心，注意形成良好的工作习惯，不断提高自己的职业素养，不断学习财务和相关的知识，不断积累实务经验，相信经过一段时间的努力，大家都能成为优秀的出纳人员。

1.3　出纳工作交接

《会计基础工作规范》第二十五条规定："会计人员工作调动或者因故离职，必须将本人所经管的会计工作全部移交给接替人员，没有办清交接手续的，不得调动或者离职。"

会计工作交接，是指会计人员工作调动或者因故离职时，与接替人员办理交接手续的一种工作程序。出纳掌管着公司的重要财物，一旦出现出纳岗位的人事变动，工作和财物的移交是需要格外谨慎的。不但需要对物品的签收一丝不苟，对资料文档的核对也要清清楚楚。不论是移交人还是接收人，这都是非常重要的。

1.3.1　需要办理出纳工作交接手续的情形

除工作调动和因故离职外，以下情形也需要办理出纳工作交接：

（1）出纳人员辞职或离开单位；

（2）企业内部工作变动不再担任出纳职务，例如出纳岗位轮岗调换到会计岗位；

（3）出纳岗位内部增加工作人员重新进行分工；

（4）因特殊情况如停职审查等按规定不宜继续从事出纳工作；

（5）企业因其他情况按规定应办理出纳交接工作的，如企业解散、破产、兼并、合并、分立等情况发生时，出纳人员应向接收单位或清算组移交；

（6）临时离职或因病不能工作、需要接替或代理的，会计机构负责人（会计主管人员）或单位负责人必须指定专人接替或者代理，并办理出纳工作交接手续。

（7）临时离职或因病不能工作的会计人员恢复工作时，应当与接替或代理人员办理交接手续。

小贴士： 移交人员因病或其他特殊原因不能亲自办理移交手续的，经单位负责人批准，可由移交人委托他人代办交接，但委托人应当对所移交的会计凭证、会计账簿、财务会计报告和其他有关资料的真实性、完整性承担法律责任。

1.3.2 出纳人员工作交接的准备工作

交接前的准备工作如下。

（1）已经受理的经济业务尚未填制会计凭证的应当填制完毕。

（2）尚未登记的账目应当登记完毕，结出余额，并在最后一笔余额后加盖经办人印章。

（3）整理好应该移交的各项资料，对未了事项和遗留问题要写出书面说明材料。

（4）编制移交清册，列明应该移交的会计凭证、会计账簿、财务会计报告、公章、现金、有价证券、支票簿、发票、文件、其他会计资料和物品等内容；实行会计电算化的单位，从事该项工作的移交人员应在移交清册上列明会计软件及密码、数据盘、磁带等内容。

（5）会计机构负责人（会计主管人员）移交时，应将财务会计工作、重大财务收支问题和会计人员等情况等向接替人员介绍清楚。

实行会计电算化的单位，从事该项工作的移交人员还应当在移交清册中列明会计软件及密码、会计软件数据磁盘（磁带等）及有关资料、实物等内容。

1.3.3 按照移交清册逐项移交

接管人员应认真按照移交清册逐项点收。具体要求如下。

（1）现金要根据会计账簿记录余额进行当面点交，不得短缺，接替人员发现不一致或"白条抵库"现象时，移交人员需在规定期限内负责查清处理。

（2）有价证券的数量要与会计账簿记录一致，有价证券面额与发行价不一致时，按照会计账簿余额交接。

（3）所有会计资料必须完整无缺。如有短缺，必须查明原因，并在移交清册中加以说明，由移交人负责。

（4）银行存款账户余额要与银行对账单核对相符，如有未达账项，应编制银行存款余额调节表调节相符。

各种财产物资和债权债务的明细账户余额，要与总账有关账户的余额核对相符；对重要实物要实地盘点；对余额较大的往来账户要与往来单位、个人核对。

（5）移交人员经管的票据、印章及其他会计用品等，也必须交接清楚。

（6）实行会计电算化的单位，交接双方应将有关电子数据在计算机上进行实际操作，确认有关数据正确无误后，方可交接。

出纳在做工作交接时，一般都要求编写出纳工作交接书以明确责任。出纳工作交接书的格式如下所示。

出纳工作交接书

原出纳员××，因工作调动，财务处已决定将出纳工作移交给××接管。现办理如下交接。

一、交接日期

×年×月×日

二、具体业务的移交

1. 库存现金：×月×日账面余额××元，实存相符，月记账余额与总账相符。

2. 库存国库券：××元，经核对无误。

3. 银行存款余额××万元，经编制"银行存款余额调节表"核对相符。

三、移交的会计凭证、账簿、文件

1. 本年度现金日记账×本。

2. 本年度银行存款日记账×本。

3. 空白现金支票××张（××号至××号）。

4. 空白转账支票××张（××号至××号）。

5. 托收承付登记簿×本。

6. 付款委托书×本。

7. 信汇登记簿×本。

8. 金库暂存物品细表×份，与实物核对相符。

9. 银行对账单×至×月份×本；×月份未达账项说明×份。

10. ……

四、印鉴

1. ××公司财务处转讫印章×枚。

2. ××公司财务处现金收讫印章×枚。

3. ××公司财务处现金付讫印章×枚。

五、交接前后工作责任的划分

×年×月×日前的出纳责任事项由××负责；×年×月×日起的出纳工作由××负责。以上移交事项均经交接双方认定无误。

六、本交接书一式三份，双方各执一分，存档一份。

移交人：××（签名盖章）

接管人：××（签名盖章）

监交人：××（签名盖章）

××公司财务处（公章）

年　月　日

1.3.4 专人负责监交

对监交的具体要求如下。

（1）一般会计人员办理交接手续，由会计机构负责人（会计主管人员）监交。

（2）会计机构负责人（会计主管人员）办理交接手续，由单位负责人监交，必要时主管单位可以派人会同监交。

主管部门派人会同监交的情况有：

（1）所属单位负责人不能监交。

（2）所属单位负责人不能及时监交。

（3）不宜由所属单位负责人单独监交，而需要主管单位会同监交。

（4）主管单位认为交接中存在某种问题需要派人监交时，也可派人会同监交。

1.4 交接后的有关事项

交接后有关注意事项如下。

（1）会计工作交接完毕后，交接双方和监交人在移交清册上签名或盖章，并应在移交清册上注明单位名称，交接日期，交接双方和监交人的职务、姓名，移交清册页数以及需要说明的问题和意见等。

（2）接管人员应继续使用移交前的账簿，不得擅自另立账簿，以保证会计记录前后衔接，内容完整。

（3）移交清册一般应填制一式三份，交接双方各执一份，存档一份。

1.5 交接人员的责任

交接工作完成后，移交人员所移交的会计凭证、会计账簿、财务会计报告和其他会计资料是在其经办会计工作期间内发生的，应当对这些会计资料的真实性、完整性负责，即便接替人员在交接时因疏忽没有发现所接会计资料在真实性、完整性方面的问题，如事后发现仍应由原移交人员负责，原移交人员不应以会计资料已移交而推脱责任。

1.6 职业实践经验

出纳人员移交主要包括两个内容：移交物品和移交责任。一旦移交完成，则代表着移交前的问题就由原出纳负责，而移交后的问题就由新出纳负责；同样的，如果移交时发现财物的金额数量有误，那需要由原出纳负责；但是一旦移交后，再发现移交过来的财务有问题，则原出纳是不会负责的。

需要重点注意的是，暂时由他人顶替工作的情况，也应该办理交接手续。由于是暂时情况，因而只办理短期内需要使用的相关资料、物品的交接即可，即办理部分交接手续。需要办理部分交接手续的情况，一般包括婚假、产假、病假、事假、休假、公差等。出纳人员因为这些原因离开岗位后，过一段时间还要回来工作，所以出纳人员无论是在移交时还是在重新接手时都要细心认真，千万不能将印章、钥匙随便一交，然后点一点现金就完事了。

做财务工作的，要时时记得"先小人后君子"的道理，就算是要好的朋友，也应该认真地办理交接手续，一方面不要为别人背黑锅，另一方面也不能让别人为自己背黑锅。出纳顶替，可视单位业务量大小、顶替时间长短等具体情况来办理部分交接手续。

如果企业的出纳业务较多，出纳离岗时间较长，甚至需要顶替人员处理日常事务的，就需要顶替人员刻名章，在顶替期间更换银行人员的印鉴，并且需将现金日记账、银行存款日记账、现金支票本、转账支票本等办理日常业务的账本、单据书面移交顶替人员，等出纳人员回来后再做书面移交手续。

特别需要指出的是，不管是哪种交接，哪怕是一两天的临时顶替，都不能将自己的名章交由顶替人员使用。

1.7 本章练习

1. 一般会计人员办理会计工作交接手续时，应由（　　）负责监交。

    A. 其他会计人员　　　　　　　　B. 审计人员

    C. 会计机构负责人　　　　　　　D. 单位负责人

2. 会计工作交接时，必须由专人负责监交，下列对于监交人的说法正确的有（　　）。

    A. 一般会计人员办理交接，由单位领导人负责监交，必要时，主管单位可派人会同监交

    B. 一般会计人员办理交接，由单位会计机构负责人、会计主管人员负责监交

    C. 会计机构负责人办理交接，由单位领导人负责监交，必要时，主管单位可派人会同监交

    D. 会计机构负责人办理交接，由单位会计机构负责人、会计主管人员负责监交

3. 在会计工作交接中，接替会计人员在交接时因疏忽没有发现所接收的会计资料在真实性、完整性方面存在问题，如事后在这方面发现了问题，则应由（　　）承担相

应法律责任。

    A. 接管人员   B. 移交人员

    C. 监交人员   D. 接管人员和移交人员

4. 关于会计机构和会计人员，下列说法正确的有（   ）。

    A. 各单位必须设置会计机构

    B. 从事会计工作的人员必须首先取得会计从业资格证书，才能从事会计工作

    C. 单位负责人的直系亲属不得在本单位会计机构中担任负责人

    D. 会计人员办理交接手续，必须由单位负责人负责监交

5. 企业应设置"现金日记账"，由（   ）按照经济业务发生的先后顺序逐日逐笔登记。

    A. 主管人员   B. 出纳人员   C. 会计人员   D. 经办人员

6. 出纳工作交接应该包括以下内容（   ）。

    A. 现金，包括现钞、外币、金银珠宝、其他贵重物品

    B. 有价证券，包括国库券、债券、股票等

    C. 支票，包括空白支票，不含作废支票

    D. 发票，包括空白发票和已用发票（含作废发票）

    E. 收款收据，包括空白收据、已用收据（不含作废收据）

7. 作为一名合格的出纳员应具备的基本素质有（   ）。

    A. 良好的职业道德   B. 较强的政策水平

    C. 熟练的专业技能   D. 良好的工作态度

8. 出纳员要具备良好的职业道德，应做到（   ）。

    A. 爱岗敬业   B. 廉洁自律   C. 客观公正   D. 强化服务

    E. 保守秘密

9. 下列不属于出纳人员职责范围的是（   ）。

    A. 在办理现金和银行存款收付业务时，严格审核有关原始凭证

    B. 按照国家外汇管理和结汇、购汇等有关规定，办理外汇业务

    C. 保管固定资产的安全与完整

    D. 保管有关印章、空白收据和支票

10. 会计人员对于在工作中所知悉的商业秘密应依法保守、不得泄露，这是会计职业道德中（   ）的具体体现。

    A. 诚实守信   B. 廉洁自律   C. 客观公正   D. 坚持准则

11. 出纳工作的基本原则是（   ）。

    A. 内部牵制原则   B. 权责发生制原则

    C. 配比原则   D. 实质重于形式原则

第 2 章　出纳基本技能

在了解了出纳工作的基本内容以后，我们来了解一下出纳的基本功。出纳的基本功是我们平时工作中必然会遇到的，要精通出纳工作，一定要有良好的出纳基本功。但是出纳的基本功不是一朝一夕就能练好的，需要我们在实际工作中有意识地一步一步提高自己的基本功水平。

2.1　文字和数字的书写规则

出纳人员每天都离不开书写，无论是阿拉伯数字还是文字，都有一定的规范化要求。下面我们一起来了解一下出纳工作中文字和数字的书写规则。

2.1.1　阿拉伯数字的书写规则

作为一名财务人员，写一手规范工整的字是非常重要的。财务上要求阿拉伯数字的书写必须采用规范的手写体书写，这样才能使数字规范、清晰，符合财务工作的要求。

（1）书写阿拉伯数字，要大小匀称，笔画流畅，每个数字独立有形，不能连笔书写。为了提高速度连写数字，是不符合数字书写规范的。

（2）每个数字最好紧贴底线书写，但上端不可顶格，要预留全格 1/2 或 2/3 的位置，这是为更正错误数字留有余地。如果后来发现数字有写错的情况，可以用笔把错误的数字用横杠一笔划掉，然后重新在该数字上方书写。如果第一次写数字的时候没有留余地的话，就没有办法更正错误了。除数字 6、7、9 外，其他数字高低大体要一致，不能忽高忽低。书写数字“6”时，上端比其他数字高出 1/4，书写数字“7”和“9”时，下端比其他数字伸出 1/4。“6”“8”“9”“0”数字中的圆必须封口，以防混淆，而且防止他人涂改。

（3）每个数字排列有序，并且数字不是和底线成 90 度直角，而是有一定倾斜度。各数字的倾斜度要大体一致，按照书写的习惯，一般数字的上端一律向右顺斜 45 度到 60 度，形成一个优美的夹角。整体保持一定的倾斜度，这样写出来的数字才能整齐好看。

（4）数字要按从左到右，笔画自上而下的书写。每个数字大小一致，数字排列的空隙距离一致。如果是在印有数位线的凭证、账簿、收据、报表上，每一格严格地只能写一个数字，不得几个数字写在一个格里。

（5）数字书写时，需要注意的是，不能随便添加笔画。除"4"和"5"以外的数字，必须一笔写成，不能人为地增加数字的笔画。如果账簿上的数字有错误，必须用划线更正法等在该行上方更正。如果票据上的数字有错误，则不允许修改，只能把整张作废，然后重新书写。

（6）在写阿拉伯数字的整数部分时，可以从小数点向左按照"三位一节"用分位点"，"分开或加 1/4 空分开，如 1,110,210.00。

（7）书写金额时，应采用人民币符号"￥"。"￥"是汉语拼音文字"yuan"第一个字母的缩写变形，它代表了人民币。大家在实际书写的时候注意它的笔画数只有两横，千万不要写成"羊"。所以，小写金额前填写人民币符号"￥"以后，数字后面可不写"元"字。在填写时，数字必须要按数位填入，金额要采用"0"占位到"分"为止，不能采用划线等方法代替。

【例 2-1】在原始凭证上书写阿拉伯数字，错误的做法是（　　　）。

A. 金额数字前书写货币币种符号

B. 币种符号与金额数字之间要留有空白

C. 币种符号与金额数字之间不得留有空白

D. 数字前写有币种符号的，数字后不再写货币单位

【答案】B。按照规定，阿拉伯金额数字前应当书写货币币种符号或者"货币名称简写和币种符号"。币种符号和阿拉伯数字之间不得留有空白，数字后面不再写货币单位。

2.1.2 文字的书写规则

出纳工作对文字书写的基本要求是，字迹清晰，排列整齐，简明扼要，字体规范，书写流利并且字迹美观。不能用草书。

我们着重来看一下金额大写数字的书写方法。

（1）中文大写数字应该怎么书写呢？首先，我们要知道中文分为数字（壹、贰、叁、肆、伍、陆、柒、捌、玖）和数位 [拾、佰、仟、万、亿、元、角、分、零、整（正）]。我们在书写中文大写数字时，不能用 O （另）、一、二、三、四、五、六、七、八、九、十来代替大写金额数字，不能用"毛"代替"角"。

（2）中文大写数字必须是完整的文字书写，不能用中文小写数字代替，更不能与中文小写数字混合使用。

（3）大写金额前要有"人民币"字样。"人民币"与大写金额的首位数字之间不得留有空格，数字之间更不能留存空格，写数字与读数字顺序要一致。

（4）人民币以元为单位时，如果人民币元后分位没有金额，应在大写金额后加上整

或正字结尾；如果分位有金额，则在"分"后不必写"整"字。例如，40.52 元，写成人民币肆拾元伍角贰分，因为其分位有金额，所以在"分"后不必写"整"字。如果是40.50 元，则写成人民币肆拾元伍角整。因为其分位没有金额，所以应在大写金额后加上"整"字。注意，除了整字和正字，别的字都不能作为结尾。填写中文大写数字在开支票等重要票据时特别重要，也是容易出错的部分，所以我们在书写的时候一定要养成良好的习惯。

（5）表示数字拾几、拾几万时，大写文字前必须有数字"壹"字，因为"拾"字代表位数，而不是数字。例如 10 元，应写为壹拾元整。

（6）如果中文大写数字写错或漏记，不能涂改，也不能用"划线更正法"，必须重新填写。所以大家在填写大写金额的时候一定要慎重，避免给自己增加工作量。

以上这些书写的技巧和规则，大家在平时实际工作中留心练习，熟能生巧，在长年累月的实践当中渐渐地就能掌握其中的窍门了。

【例 2-2】 在填制日记账时，￥1312.64 的大写金额为（　　）。

A. 人民币壹仟叁佰壹拾贰元陆角肆分　　B. 人民币壹仟叁佰拾贰元陆角肆分整

C. 人民币壹仟叁佰壹拾贰元陆角肆分整　　D. 人民币壹仟叁佰拾贰元陆角肆分

【答案】A。确认到分时，不需要加整或正字。

【例 2-3】 在填写票据的出票日期 12 月 12 时，下列各项中填写正确的是（　　）。

A. 壹拾贰月壹拾贰日　　　　　　B. 拾贰月壹拾贰日

C. 拾贰月拾贰日　　　　　　　　D. 壹拾贰月拾贰日

【答案】A

2.2 辨别人民币

随着科技的发展，"假币"的制作手段也越来越高超，假币也越来越不好分辨，但是，假的始终是假的，只要我们平时多留一份心，还是不难辨别假币的。怕的就是在工作当中，一时疏忽大意，给企业和自己造成损失。

2.2.1 真假币的识别方法

识别假币的基本的步骤是"一看，二摸，三听，四测"。

第一是看。首先观察钞票的水印是否清晰，颜色和大小是否正常。真正的人民币安全线迎光清晰可见，假币安全线迎光则模糊不清。其次，观看 100 元正面左下角的数字 100，从正面观看该 100 是绿色的，从侧面一定角度看 100 则是淡蓝色的。作为出纳，收到钱币的时候一定要仔细观察票面的颜色，图案、花纹、水印等外观。如果感觉到任何问题都要进一步地耐心验证，宁愿小心一点清点得慢一些，也不要错收假币。

第二是摸。用手触摸人民币，真正的人民币票面上行名、盲文、国徽、头像等图案凹凸感很强，特别是人像处采用雕刻技术，可以感觉到人像发丝的层次感，假币的头发处则很光滑。另外，人民币手感很光洁，厚薄均匀并有韧性，假币厚薄不均，手感粗糙、松软，还有的表面涂有蜡状物，手摸打滑。真币的盲文点状凸起手感清晰，假币则不突出。如果钱币上的关键验假部位有明显粘贴、折叠痕迹，且纸币手感平滑，那很有可能是"假币"与真币通过挖补、拼凑方式形成的变造币，如图 2.1 所示。

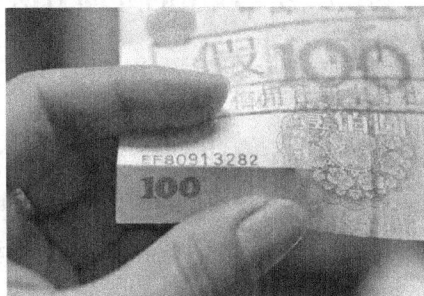

图 2.1　假钞范例

第三是听。抖动或弹人民币声音很清脆，纸张耐折不易撕裂，但假币和真正的人民币用的纸张不同，所以声音发闷，或者过分清脆。

第四是测。借助专门的验钞机进行钞票真伪的识别。但是一定要记得我们自己也要过一次手，因为识别假币最好是将我们自己的经验和验钞机器结合，机器始终只是起到辅助作用。有的人过分迷信验钞机，但是有一些假钞足够以假乱真，验钞机都检验不出来。验钞机如图 2.2 所示。

图 2.2　验钞机

另外，因为钞票定期换版，不同版次的钞票有不同的防伪标识，所以我们平时一定要多注意银行公布的识别新版人民币的知识。

准确识别人民币，需要我们有大量清点现金钞票的经验，所以我们在日常工作中要多积累，多摸索，多鉴别，逐渐提高识别人民币的能力。

【例 2-4】下列说法正确的是（　　　）。

A. 水印清晰，可见一定为真币

B. 人民币纸张不易折，抖起来的声音过分清脆

C. 人民币手感很光洁，厚薄均匀并有韧性

D. 抖起来声音沉闷为真币

【答案】C。A 选项说法过于绝对，仅凭水印的清晰度并不能完全确认为真币；人民币纸张易折易弯，声音清脆，因此 B、D 说法不正确。

【例2-5】辨认真假币的方法不包括（　　　　）。

A. 看水印或防伪线　　　　　　B. 听声音

C. 查看纸币两面图案的清晰度　　D. 只凭摸人像

【答案】 D

2.2.2　残币的处理方法

出纳经常和现金打交道，平时一定会遇到一部分残缺不全的人民币，这个时候应该怎么办呢？

首先，我们应该尽量避免收到残币，也就是说在他人和我们有现金往来的时候要仔细清点，对于一些破损残缺太严重的人民币当场拒收。

其次，如果我们已经收到了一部分残币，应该怎么处理呢？根据残币的残缺情况，有以下三种情况。

（1）可以全额兑换的。凡残缺人民币属于下列情况之一的，根据人民银行颁布的规定，可持币向银行营业部门全额兑换。

① 票面残缺部分不超过五分之一，其余部分的图案、文字能照原样连接者。

② 票面污损、熏焦、水湿、油浸、变色，但能辨别为真币，票面完整或残缺不超过五分之一，票面其余部分的图案、文字能照原样连接者。

（2）对于残缺人民币属于下列情况者，只能半额兑换。如果票面残缺五分之一以上至二分之一，其余部分的图案、文字能照原样连接者，应持币向银行照原面额的半数兑换。

（3）凡残缺人民币属于下列情况之一者，不能予以兑换，不予兑换的残缺人民币由中国人民银行收回销毁，不得流通使用。

① 票面残缺二分之一以上。

② 票面污损、熏焦、水湿、变色不能辨别真假。

③ 故意挖补、涂改、剪贴、拼凑、揭去一面。

如果我们在工作中遇到不宜流通的残缺人民币，不要再次使用或对外找付，应挑拣、粘补整理好，送银行兑换。

如果大家看了上面的介绍以后，仍然觉得残币难以辨别，那么在市场上有不同的工具来测量残币。

其中，有一种专门测试第四及第五套人民币完整度的机器，使用它能直接给出纸币完整程度和可兑换额度。这种"残币兑换仪"的操作方法也相对简单，我们只需把纸币放入，对齐机器右下角的红色部分，用透明玻璃盖压平纸币，然后盖上盖子，选择币种后按启动键即可。银行就是使用这种方法辨别残币的兑换额度的。"残币兑换仪"如图2.3所示。

除了上面的"残币兑换仪"之外，用"残币尺"这种工具也可以测出纸币的残缺情况。其中，"残币兑换尺"还为各种币种配了大小不一的专用尺子，使用时我们可以根据残币面额手工进行测量。它的优点是比"残币兑换仪"便宜得多，非常适合现金收支较少的企业使用。"残币兑换尺"如图2.4所示。

图2.3 残币兑换仪

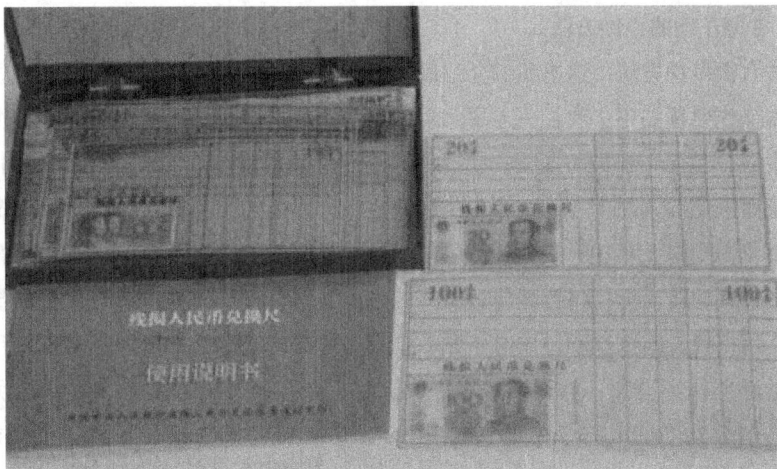

图2.4 残币兑换尺

【例2-6】对于残币的处理方法下列说法错误的是（ ）。

A. 票面残缺部分不超过五分之一，其余部分的图案、文字能照原样连接者可以全额兑换

B. 票面污损、熏焦、水湿、油浸、变色，但能辨别为真币，票面完整或残缺不超过五分之一，票面其余部分的图案、文字能照原样连接者可以全额兑换

C. 票面残缺二分之一以上可以半额兑换

D. 故意挖补、涂改、剪贴、拼凑、揭去一面不予兑换

【答案】C。票面残缺二分之一以上不予兑换

【例2-7】如果票面残缺三分之一，其余部分的图案、文字能照原样连接者，应作何处理（ ）。

A. 不予兑换　　　B. 半额兑换　　　C. 全额三分之一兑换　　D. 全额兑换

【答案】B。如果票面残缺五分之一以上至二分之一，其余部分的图案、文字能照原样连接者，应持币向银行照原面额的半数兑换。

17

2.2.3　出纳点钞技术

我们刚开始工作的时候，是不是很羡慕老出纳人员那娴熟快速的点钞手法呢？确实，准确而又快速地清点钞票，是出纳人员的一项基本功。现在我们就来了解一下点钞的方法技术。

1．我们要有一个正确的点钞姿势

正确的点钞姿势是：上身坐直，眼睛和钞票保持 20～25 厘米的距离，不要拿得太远或者太近。点钞的时候因为要靠手、腕、肘、臂配合，所以应把手放在桌子上，借助桌子来减轻腕、肘、臂部的劳动强度。特别是点超量比较大的时候，一定要借助桌子来省力。

2．掌握正确的点钞方法。

点钞有很多种方法，这里我们介绍最常用的一种，即手持式单指单张点钞法。

基本操作要领如下：我们先左手拿着钞票，这时左手手心向下，拇指按住钞票正面的左端中央，食指、中指与拇指一起捏住钞票；左手无名指卷曲，捏起钞票后小拇指伸向钞票正面压住钞票左下方；左手中指稍用力，与无名指、小拇指一起紧卡钞票；左手食指伸直，拇指向上移动，按住钞票的侧面，将钞票压出一个弧度；左手将钞票从桌面上擦过，钞票翻转，拇指将钞票撑成微开的扇面并斜对自己面前；我们右手的指头可以蘸点水，用拇指尖向下捻动钞票右下角，食指在钞票背面配合拇指捻动；用右手无名指将捻起的钞票往怀里弹，然后一边点一边计数。点钞计数的时候最好使用单数分组计法，即按 1、2、3、4、5、6、7、8、9、1（10），1、2、3、4、5、6、7、8、9、2（20）…1、2、3、4、5、6、7、8、9、10（100）的循环来分组计数。我们在开始的时候点钞可能比较慢，很多人喜欢按照生活习惯从 1 到 100 计数（双数计法），但随着在工作中练习次数的增多，点钞速度的加快，会明显感觉到单数分组计法要比双数计法快很多。我们在做出纳工作的时候一定不能随意，要在最开始的时候就养成良好的习惯。

按规定，点完数之后，每 100 张扎成一捆：把钞票墩齐横放，左手拇指在钞票前面，其他手指在后面，捏住钞票 1/3 处，把钞票用左手拇指压成弓形，将纸条一端用左手食指压在钞票背面，纸条绕钞票绕一圈半，纸条另一端留在票面正面弓形的凹陷处向内折成一个等腰直角三角形，把弓形钞票平展，一捆钞票就捆好了。

如果我们在开始的时候点钞比较慢，也不要着急，一定要准确。熟能生巧，在工作中练习的次数多了，渐渐地就可以掌握这个技术。

【例 2-8】出纳人员最常用的点钞方法是手持式多指多张点钞法。（　　）

【答案】说法错误。最常用的是手持式单指单张点钞法，银行从业人员较多采用单指多张和多指多张点钞法。

【例2-9】票币整点必须做到（　　　）。

A. 点准　　　　　B. 点齐　　　　　C. 捆紧　　　　　D. 盖章清楚

【答案】ABCD

2.3　发票真伪的鉴定

出纳人员除了接触现金比较多以外，也和各种票据，尤其是发票接触较多。不符合规定的发票，不得作为财务报销凭证，任何单位和个人有权拒收。下面我们来了解一下关于发票真伪识别的一些简单方法。

2.3.1　直接查询验证

（1）直接到税务局机关查询。

（2）发票背面写明了验证的网址和发票查询热线电话，如果没有写明，我们需要按照发票的种类和开具的地区到互联网上去搜索。在输入发票号码和密码无误后，税务局网站或者语音信息会有提示，如果是真发票，那么会显示该发票的开具单位等信息，如果是假发票会一直提示发票号码错误等。

2.3.2　查看普通发票的发票专用章和防伪标记

发票的正中央有"发票监制章"，它是识别发票真伪的法定标志。发票监制章的式样是全国统一的，形状椭圆形，上面刻制"全国统一发票监制章"字样，中间刻制国税或地税税务机关所在地的省（区、市）名称，下环刻制"税务局监制"字样，字体为正楷，印色为大红色，印在发票联的票头正中。正规的发票应该字迹清晰，颜色纯正。

发票票面上应该有水印防伪图案。将普通发票面对光检查，可看见菱形组成的并有"SW"汉语拼音字母的水印防伪图案。用发票防伪鉴别仪器识别防伪油墨看其是否是统一的防伪油墨。

2.3.3　查看发票的底纹和纸张

从发票联底纹、发票防伪专用纸方面识别，没有底纹，纸张粗糙的肯定是假发票。

目前，因为违法分子制造假发票的技术在不断提高，许多假发票依靠肉眼或仪器很难判断。因此，除要掌握一些必要的鉴别假发票的技巧以外，还需要注意以下事项。

（1）我们平时应该到正规厂家购买物品或消费。因为凡是办理了营业执照、税务登记证的合法经营商户，都在税务部门办理税控机器，领取发票。也就是说，这些单位有正规的发票来源，一般不会开出假发票。而如果去一些非法的经营商户，没有正规的发票来源的他们只有给我们开具假发票。

（2）我们在查看发票时，票面各项指标要看清楚，尤其发票上的印章一定要完整，而且要和商户的名字相符。这里说一下发票专用章的问题。

在原来的税务规定中，发票可加盖"财务专用章"或"发票专用章"，但现在发票上必须加盖有效的发票专用章才有效，否则是无效发票。而且发票专用章的名字应该和开具发票的单位名称完全一致，这是我们审查发票的时候必须注意的一点。正规普通发票式样如图 2.5 所示。

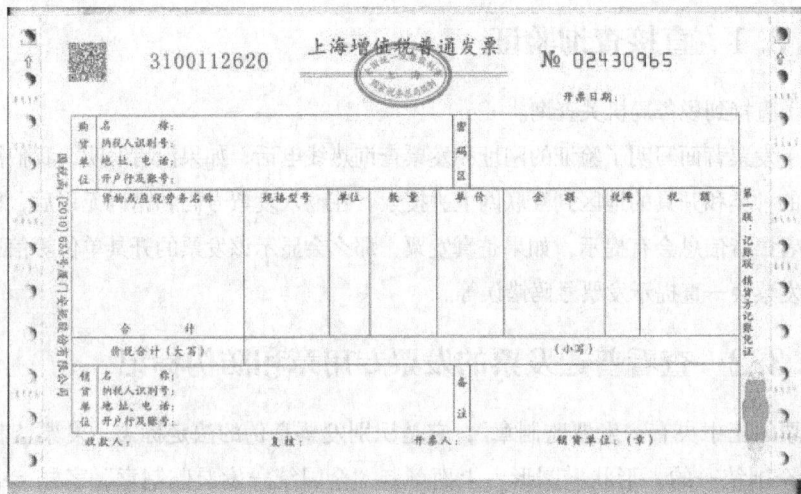

图 2.5　发票式样

【例 2-10】开具发票时应在发票上加盖发票专用章。（判断题）

【答案】说法正确。没有加盖发票专用章的发票无效。

【例 2-11】下列关于对外来发票出现金额错误的处理中符合中华人民共和国会计法规定的是（　　）。

A. 退回原出具单位，并由原出具单位重新开发票

B. 退回原出具单位，并由原出具单位划线更正并加盖公章

C. 接受单位直接更正，并要求原出具单位说明情况同时加盖单位公章

D. 接受单位直接更正，并说明情况同时加盖单位公章

【答案】A。根据规定，原始凭证金额发生错误的，退回原单位，并由原出具单位重新开具。

2.4 印章的管理

一个公司里面有很多印章，这些印章在出纳工作中大多要遇到。作为出纳我们都要接触哪些印章呢？

首先，我们要保管的是平时经常使用的现金收讫、现金付讫、银行收讫、银行付讫、银行转讫等印章，如图2.6～图2.9所示。

图 2.6　银行收讫章

图 2.7　银行付讫章

图 2.8　现金收讫章

图 2.9　现金付讫章

加盖收讫/付讫章主要是表明这项经济业务的款项已收或已付。虽然收讫/付讫章并没有法律效力，但收讫/付讫章可以防止原始凭证被重复使用。在盖收讫/付讫章的时候，不能简简单单地盖到原始凭证上就草草了事，而要尽量在两个地方盖章：一是原始凭证与粘贴单的衔接处，这样才能在原始凭证被人为抽走或自然脱落的时候及时发现；二是原始凭证与原始凭证之间，也就是一个收讫/付讫章最好能盖到较多张原始凭证上，要保证每张原始凭证上都盖有收讫/付讫章。

其次，我们保管的印章一般还包括法人名章以及自己的名章，这具体要看公司关于印章是如何管理和规定的。

　　思考：为什么一些印章需要由不同的人员来保管，比如财务专用章和法人名章必须由不同的人员保管。

这里特别说明一下重要印章的管理问题。

（1）票据的开具。开具票据需要财务专用章、法人章以及票据。因此，财务专用章和法人章应该由不同的人员持有，而且持有这些印章的人是关键管理人员，票据由出纳人员管理。这是为了避免不法分子利用印章管理上的漏洞，开出虚假的票据，给公司造成巨大的损失。

（2）合同的生效。合同要生效需要合同专用章与法人章，企业公章也和合同章有同等的效力，所以这些印章应该分开由不同的人员管理。合同章和企业公章必须由交给法人章以外的另外一名管理人员持有。

在一家公司，印章的使用是非常重要的，应慎重考虑是否加盖印章，考虑盖上印章后是否会导致公司的财物流失。如果是不知情的情况，一定要问明情况，获得相关上级部门的批准。

盖章千万要慎重，我们要以高度的责任心来工作，防止公司的损失，把风险降到最低。

【例 2-12】各机构应定期或不定期地组织重要会计业务印章保管和使用情况的检查。会计经理至少每（   ）组织一次重要会计业务印章保管和使用情况的检查。

A. 年   B. 日   C. 周   D. 月

【答案】D

【例 2-13】A 公司为小规模纳税人，出纳小李去税务代开增值税专用发票，需要的章有（   ）。

A. 发票专用章   B. 财务专用章   C. 公章   D. 法人章

【答案】ACD

2.5 保险柜的使用和管理

为了保护财产的安全，每个公司都应配备专用保险柜，用于库存现金、各种有价证券、银行票据、印章及其他出纳票据等的保管。保险柜的使用办法，财务人员要严格执行。

2.5.1 保险箱的种类

现今市场上比较主流的保险箱有两种：一种是机械密码锁，一种是电子密码锁。在这里简单介绍下两种密码锁的区别、操作。

电子保险锁保险箱如图 2.10 所示。它主要采用静态数字密码与保险柜钥匙相结合的开启方式。开启的流程为先插入钥匙，然后输入密码，再按"确认"键（各厂家密码锁设定可能不同，具体参照说明书），扭动手柄即可打开。

机械密码锁如图 2.11 所示。打开方式较电子密码锁复杂。需要先插入钥匙，顺时针旋转表盘直至听到两声金属撞击声音（一般为三圈至四圈），再额外向右转一周直至密码一数字对准指针，然后逆时针旋转一周后继续转到密码二数字处，最后顺时针旋转到密码三数字处后保持表盘不动，扭动钥匙后扭动手柄即可打开。密码由我们在购买保险柜时在开启的情况下在保险柜的门背面设定。具体参照不同保险柜的说明书。

图 2.10 电子密码锁保险箱

图 2.11 机械密码锁保险箱

2.5.2 保险柜的使用注意事项

保险柜的使用应注意如下几点。

1．保险柜的使用者

保险柜由总会计师或财务处长授权，由出纳员负责管理使用。也就是说，保险柜只能由出纳员开启使用，非出纳员不得开启保险柜。如果单位总会计师或财务处长检查库存现金限额、核对实际库存现金数，需要开启保险柜，应按规定的程序由总会计师或财务处长开启，在一般情况下不得任意开启由出纳员使用的保险柜。

2．保险柜钥匙和密码

保险柜应该配有两把钥匙。一把由出纳员保管，供出纳员日常使用。另一把由保卫部门封存，或由单位总会计师或财务处长负责保管，以备特殊情况下使用。出纳员不能将保险柜钥匙交由他人代为保管。出纳员应将自己保管使用的保险柜密码严格保密，不得向他人泄露，出纳员如果调动岗位，新出纳员应更换使用新的密码。

3．财物的保管

出纳员应将其使用的空白支票、现金、印章等放入保险柜内。保险柜内存放的现金应该登记现金日记账并且与现金日记账相符，其他有价证券、存折、票据等应按种类登记，有金属等贵重物品应按种类设置备查簿登记其质量、重量、金额等，所有财物应与账簿记录核对相符。保险柜内不得存放私人财物或者一些不相关的物品。

4．保险柜的维护

保险柜应放置在隐蔽、干燥之处，注意通风、防湿、防潮、防虫和防鼠；保险柜外要经常擦抹干净，保险柜内财物应保持整洁卫生，存放整齐。一旦保险柜发生故障，应到指定的维修点进行修理，以防泄密或被盗窃。

5．保险柜被盗的处理

出纳员一旦发现保险柜被盗后应保护好现场，迅速报告公安机关，待公安机关勘查现场时才能清理财物被盗情况。一定要及时报告，防止更大的损失。

【例2-14】企业日常经济活动中，保险柜的使用者是（　　　）。

A．会计主管　　　　B．会计　　　　　C．出纳人员　　　D．法定代表人

【答案】ABCD。上述四项均可以成为保险柜的使用者。

2.6　职业实践经验

下面我们来介绍一下盖章的小技巧和出纳的一些实用工具，作为大家平时工作的参考。

2.6.1　盖章的技巧

不要以为盖章就是那么简单地往支票上面一按就完事了，很有可能这么一摁支票就废掉了。这里我们介绍一些盖章方面的小技巧：

因为桌子表面太硬，章盖上去的效果不是那么好，银行业务员盖章时，下面都垫着一块胶皮。这样纸张下面有了弹性，盖出来的章效果会更好更清晰。所以我们可以用电脑的鼠标垫垫在纸张下面，盖章的时候用力均匀，这样盖出来的印章就非常清晰。

银行在识别印鉴时越来越严格，如果盖出来的章有一点点的移动模糊甚至墨迹，都会通不过，所以最保险的办法就是把印章带在身上，到银行加盖。但如果企业不允许把印章带出去，我们就需要自己来辨认印章是否已经盖好。

（1）看印章边框是否清晰，章是否完整，不能有缺口。这种情况容易在盖章的下面凹凸不平时出现。

（2）看印章内文字是否清楚，是否有模糊不清、不能辨认、墨点、重影等现象。

（3）印章颜色是否够深够鲜明，如果颜色太浅要重新加盖。这次要多用力或者给印章加墨水。

2.6.2 出纳的一些实用工具

出纳人员有一些专门的工具，这些工具可以让我们在整理和归档的时候更加方便，比如下面的票据收纳袋和文件袋子。这样我们可以很方便地把一些没有处理的发票、票据等放在里面。这样既便于携带，票据也不容易丢失和弄皱。外表半透明的设计，也方便查找。

票据收纳袋和文件袋如图 2.12 所示。

当然了还有一些办公工具是必不可少的，比如别针、订书机、剪刀、胶水、尺子、黑色的签字笔（财务专用笔）、红色签字笔、铅笔和橡皮擦、用来整理票据的票据夹、曲别针、用来捆现金的橡皮筋等。这些工具在我们的工作中常常使用，需要摆放在办公桌上，如图 2.13～图 2.15 所示。

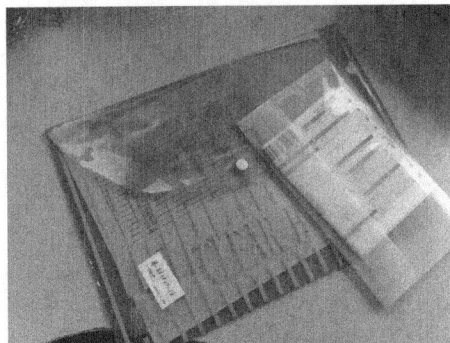

图 2.12　票据收纳袋和文件袋

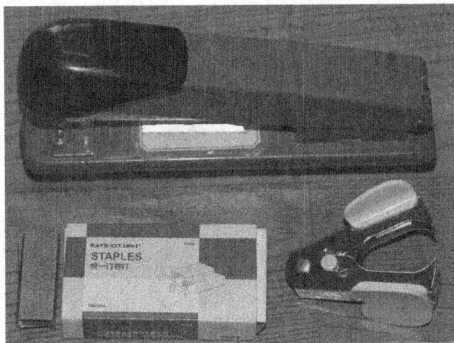

图 2.13　订书机、订书钉、起钉器

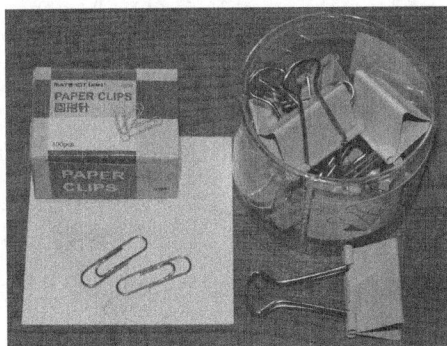

图 2.14　夹子、回形针、便签本

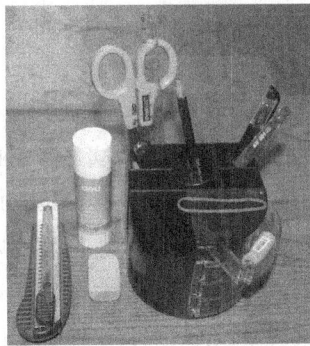

图 2.15　财务专用笔、切纸刀等

2.7 本章练习

一、选择题

1. A 公司出纳人员张某于 2016 年 2 月 18 日签发了一张转账支票，转账日期填写正确的是（   ）。

　　A. 贰零壹陆年贰月壹拾捌日　　　　B. 贰零壹陆年零贰月壹拾捌日

　　C. 贰零壹陆年零贰月壹拾日　　　　D. 贰零壹陆年贰月零壹拾捌日

2. 在日常生活中误收假人民币，以下处理正确的是（   ）。

　　A. 折价兑换给他人　　　　　　　　B. 趁人不注意，夹在真币中给他人

　　C. 上缴当地银行　　　　　　　　　D. 当捐款捐入捐款箱

3. 第五套人民币 100 元正面左下方用新型油墨印刷了面额数字“100”，当与票面垂直观察时为绿色，而倾斜一定角度则变为（   ）。

　　A. 黄色　　　　B. 绿色　　　　C. 蓝色　　　　D. 红色

4. 点钞中最基本、最常用的方法是（   ）。

　　A. 手持式单指单张点钞法　　　　B. 手持式四指四张点钞法

　　C. 扇面式点钞法　　　　　　　　D. 手按式捻点法

5. 使用机器点钞时应做到（   ）。

　　A. 三看，三防　　B. 三查，三防　　C. 三看，三点　　D. 三点，三查

6. 第五套人民币纸币采用手工雕刻凹版印刷工艺的是（   ）。

　　A. 5 元　　　　B. 10 元　　　　C. 20 元　　　　D. 50 元

　　E. 100 元

7. 手工整点硬币的环节包括（   ）。

　　A. 拆卷　　　　B. 清点　　　　C. 计数　　　　D. 包装

　　E. 盖章

8. 下列属于虚开发票行为的是（   ）。

　　A. 为他人开具与实际经营业务情况不符的发票

　　B. 为自己开具与实际经营业务情况不符的发票

　　C. 让他人为自己开具与实际经营业务情况不符的发票

　　D. 介绍他人开具与实际经营业务情况不符的发票

9. 《中华人民共和国发票管理办法》规定，禁止（   ）。

　　A. 私自印制、伪造、变造发票

　　B. 非法制造发票防伪专用品、伪造发票监制章

　　C. 在境外印制发票

  D. 非法代开发票

  E. 携带、邮寄或者运输空白发票出入境

  10. 跨规定的使用区域携带、邮寄、运输空白发票，以及携带、邮寄或者运输空白发票出入境的，由税务机关责令改正，（　　　）。

  A. 可以处 1 万元以下的罚款

  B. 情节严重的，处 1 万元以上 3 万元以下的罚款

  C. 情节严重的，处 1 万元以上 5 万元以下的罚款

  D. 有违法所得的予以没收

二、实践题

1. 在下列表格中，分别用大小写正确书写下列数。

（1）27400210.03；

（2）0.58；

（3）6932000.10；

（4）60.01；

（5）11.11。

金额大写																							
金额小写	千	百	十	万	千	百	十	元	角	分	千	百	十	万	千	百	十	元	角	分	千	百	十	万	千	百	十	元	角	分

2. 将阿拉伯数字写成中文大写数字。

（1）￥28,703.49　　　应写成＿＿＿＿＿＿＿＿＿＿＿＿＿＿

（2）￥160,000.00　　　应写成＿＿＿＿＿＿＿＿＿＿＿＿＿＿

（3）￥580.20　　　应写成＿＿＿＿＿＿＿＿＿＿＿＿＿＿

（4）￥3,000,070.10　　　应写成＿＿＿＿＿＿＿＿＿＿＿＿＿＿

（5）￥60,104.09　　　应写成＿＿＿＿＿＿＿＿＿＿＿＿＿＿

（6）￥109,080.80　　　应写成＿＿＿＿＿＿＿＿＿＿＿＿＿＿

（7）￥206,054.03　　　应写成＿＿＿＿＿＿＿＿＿＿＿＿＿＿

（8）￥80,001.20　　　应写成＿＿＿＿＿＿＿＿＿＿＿＿＿＿

（9）￥76,003,000.00　　　应写成＿＿＿＿＿＿＿＿＿＿＿＿＿＿

（10）￥96,274.58　　　应写成＿＿＿＿＿＿＿＿＿＿＿＿＿＿

3. 对照下表文字分别用楷体和行楷练习中文大写数字的书写。

零					零				
壹					壹				
贰					贰				
叁					叁				
肆					肆				
伍					伍				
陆					陆				
柒					柒				
捌					捌				
玖					玖				

4. 将下列情况中的数字金额写成大写金额。

（1）金额仅为几分，如 0.04 元。

大写：

（2）分位数为 0，如 3.20 元。

大写：

（3）元角分数字齐全，如 6.85 元。

大写：

（4）金额为几十元，且元位为 0，如 10.29 元。

大写：

（5）角分均为 0，如 17.00 元。

大写：

（6）角位数为 0，如 53.09 元。

大写：

5. 将下列中文大写数字写成阿拉伯数字。

（1）人民币贰拾柒元伍角肆分　　　　应写成＿＿＿＿＿＿＿＿＿

（2）人民币伍仟贰佰万零陆仟玖佰柒拾捌元整　　应写成＿＿＿＿＿＿＿＿＿

（3）人民币叁仟万零贰拾元整　　　　应写成＿＿＿＿＿＿＿＿＿

（4）人民币壹拾玖万零贰拾叁元整　　应写成＿＿＿＿＿＿＿＿＿

（5）人民币玖角捌分　　　　　　　　应写成＿＿＿＿＿＿＿＿＿

（6）人民币柒万肆仟伍佰零贰元捌角陆分　　应写成＿＿＿＿＿＿＿＿＿

（7）人民币玖仟叁佰元零伍角整　　　应写成＿＿＿＿＿＿＿＿＿

（8）人民币贰拾肆万零捌佰零壹元零玖分　　应写成＿＿＿＿＿＿＿＿＿

（9）人民币壹拾万元整　　　　　　　应写成＿＿＿＿＿＿＿＿＿

（10）人民币陆佰万元零柒分　　　　应写成＿＿＿＿＿＿＿＿＿

第3章 会计凭证的管理

在了解了出纳工作的基本内容和基本功后，本章我们来了解出纳的基础工作，那就是会计凭证的管理。

会计凭证是我们财务工作的基础，以下我们来学习如何把经手的票据整理为合法的会计凭证，以及如何审核凭证，如何把会计凭证装订成册。

3.1 会计凭证的用途和基本分类

会计凭证有很多种类，首先我们要搞清楚的是按照填制的程序和用途来区分的两个大类，即原始凭证和记账凭证。

3.1.1 原始凭证

原始凭证，也称为单据，是在经济业务发生时，由业务经办人员直接取得或者填制，用以载明经济业务的具体内容，表明某项经济业务已经发生和完成，明确有关经济责任，具有一定的法律效力的重要凭证。它是会计核算的初始资料，也是编制记账凭证的主要依据。原始凭证如图3.1所示。

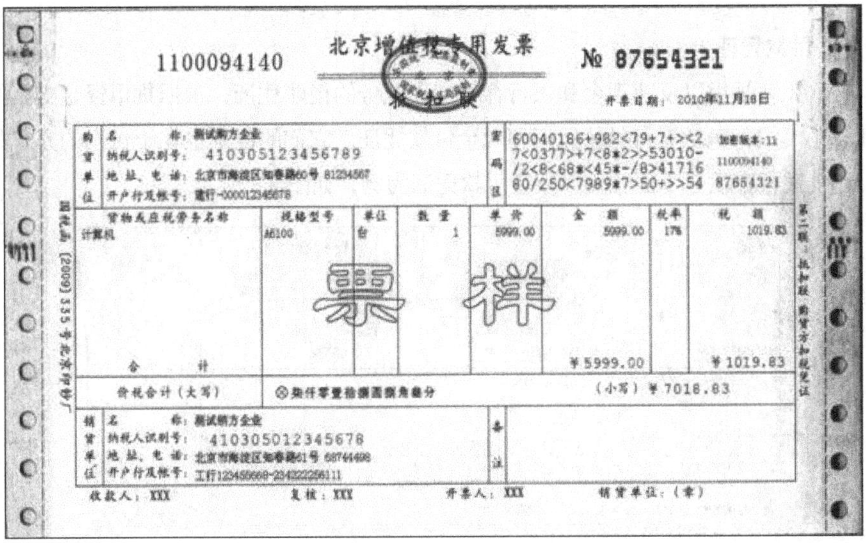
1100094140 北京增值税专用发票 № 87654321

抵扣联

开票日期：2010年11月18日

购货单位 名称：测试购方企业；纳税人识别号：410305123456789；地址、电话：北京市海淀区知春路60号 81234567；开户行及帐号：建行-000012345678

密码区：60040186+982<79+7+><2 7<0377>+7<8*2>>53010- /2<8<68*<45*-/8>41716 80/250<7989*7>50+>>54 加密版本：11 1100094140 87654321

货物或应税劳务名称	规格型号	单位	数量	单价	金额	税率	税额
计算机	A6100	台	1	5999.00	5999.00	17%	1019.83
合计					¥5999.00		¥1019.83

价税合计（大写）：⊗柒仟零壹拾捌圆捌角叁分 （小写）¥7018.83

销货单位 名称：测试销方企业；纳税人识别号：410305012345678；地址、电话：北京市海淀区知春路61号 68744498；开户行及帐号：工行123456668-234322256111

备注

收款人：XXX 复核：XXX 开票人：XXX 销货单位：（章）

票样

第二联：抵扣联 购货方扣税凭证

图3.1 原始凭证

3.1.2 记账凭证

记账凭证，是指财务人员根据审核无误的原始凭证或账簿记录，按照会计制度规定的核算内容，对经济业务进行分类编制会计分录的书面凭证。编制记账凭证，就是将本来复杂而且多种多样的原始凭证转化成有序的会计分录的过程，将普通的资金收付数据转化成记账凭证的依据，从而转化为会计信息的过程。

记账凭证又分为三个大的类型，它们按货币资金的收付业务的不同，分为收款凭证、付款凭证和转账凭证。

1. 收款凭证

收款凭证是用以反映现金和银行存款收入业务的记账凭证，根据货币资金收入原始凭证填制而成。收款凭证包括银行收款凭证和现金收款凭证。银行收款凭证和现金收款凭证的区别只在于它们收款的方式不同，即是收到的现金，还是银行存款。我们只以银行收款凭证为例，如图 3.2 所示。

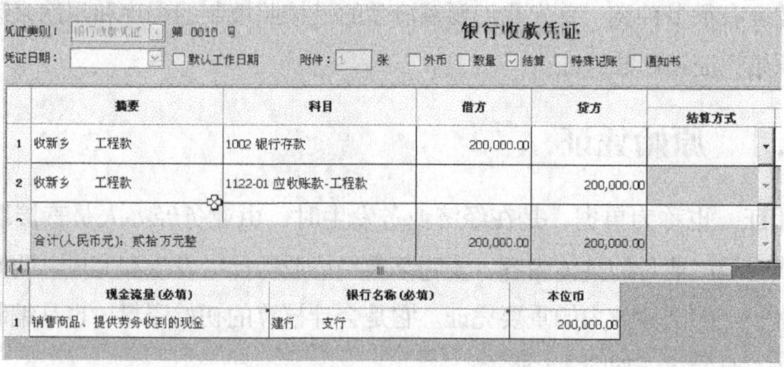
银行收款凭证

凭证类别：银行收款凭证 第 0010 号

凭证日期： □默认工作日期 附件：1 张 □外币 □数量 ☑结算 □特殊记账 □通知书

	摘要	科目	借方	贷方	结算方式
1	收新乡　　工程款	1002 银行存款	200,000.00		
2	收新乡　　工程款	1122-01 应收账款-工程款		200,000.00	
	合计(人民币元)：贰拾万元整		200,000.00	200,000.00	

	现金流量(必填)	银行名称(必填)	本位币
1	销售商品、提供劳务收到的现金	建行　　支行	200,000.00

图 3.2　收款凭证

2. 付款凭证

付款凭证是用以反映现金和银行存款支出业务的记账凭证，根据货币资金支出原始凭证填制而成，包括银行付款凭证和现金付款凭证。它们的区别也在于付出的方式是现金，还是银行存款。下面我们以银行付款凭证为例，如图 3.3 所示。

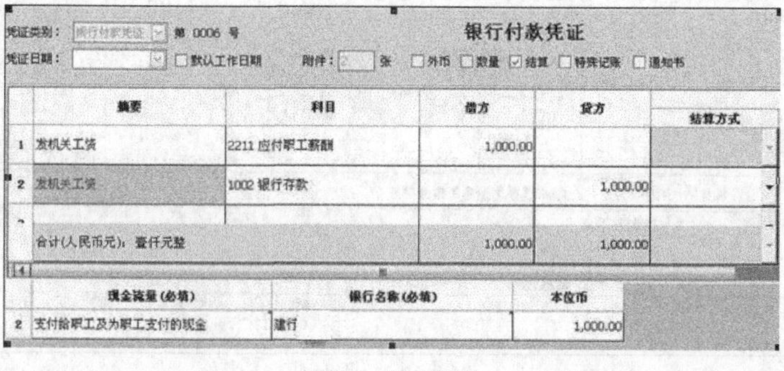
银行付款凭证

凭证类别：银行付款凭证 第 0006 号

凭证日期： □默认工作日期 附件：2 张 □外币 □数量 ☑结算 □特殊记账 □通知书

	摘要	科目	借方	贷方	结算方式
1	发机关工资	2211 应付职工薪酬	1,000.00		
2	发机关工资	1002 银行存款		1,000.00	
	合计(人民币元)：壹仟元整		1,000.00	1,000.00	

	现金流量(必填)	银行名称(必填)	本位币
2	支付给职工及为职工支付的现金	建行	1,000.00

图 3.3　付款凭证

3. 转账凭证

转账凭证是用以反映与货币资金收付无关的转账业务的凭证，根据有关转账业务的原始凭证或记账编制凭证填制而成。转账凭证如图 3.4 所示。

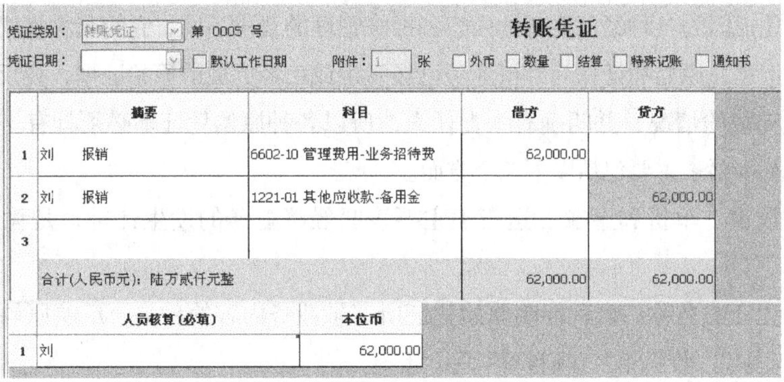

凭证类别：转账凭证　第 0005 号　**转账凭证**

凭证日期：　□默认工作日期　附件：1 张　□外币 □数量 □结算 □特殊记账 □通知书

	摘要	科目	借方	贷方
1	刘　报销	6602-10 管理费用-业务招待费	62,000.00	
2	刘　报销	1221-01 其他应收款-备用金		62,000.00
3				
	合计(人民币元)：陆万贰仟元整		62,000.00	62,000.00

	人员核算(必填)	本位币
1	刘	62,000.00

图 3.4　转账凭证

小贴士：当出现提取备用金这种既有现金收入又有银行支付业务的时候，我们是按照银行付款凭证填列的，而不是现金收款凭证。同样，除了这种情况，当会计科目中出现现金或者银行科目的时候，无论别的科目是什么样子，都以现金或者银行收付凭证的种类填列。

提取备用金的会计凭证如图 3.5 所示。

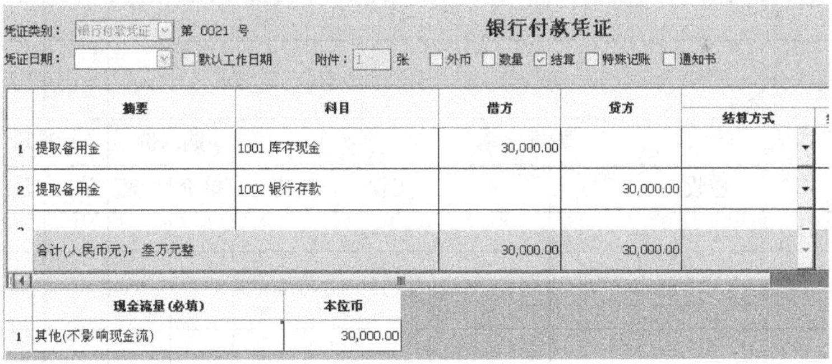

凭证类别：银行付款凭证　第 0021 号　**银行付款凭证**

凭证日期：　□默认工作日期　附件：1 张　□外币 □数量 ☑结算 □特殊记账 □通知书

	摘要	科目	借方	贷方	结算方式
1	提取备用金	1001 库存现金	30,000.00		
2	提取备用金	1002 银行存款		30,000.00	
	合计(人民币元)：叁万元整		30,000.00	30,000.00	

	现金流量(必填)	本位币
1	其他(不影响现金流)	30,000.00

图 3.5　提取备用金

3.2　原始凭证的填制与审核

原始凭证是记账凭证的基础，记账凭证需要根据审核过的原始凭证来填列。我们现在就来看看原始凭证有哪些要素，该怎么填制和审核。

3.2.1 原始凭证的填制要素

填制凭证，我们首先要填制原始凭证，因为原始凭证是记账凭证的基础，记账凭证需要根据原始凭证来填列。

原始凭证因为各种经济业务的内容和经济管理的要求不同，它的名称格式和内容有很多种。但是，原始凭证作为经济业务已经发生或已经完成的原始证据，要反映经济业务发生或完成的情况，并明确有关责任人，所以各种原始凭证都必须具有一些基本要素，这些基本要素主要包括以下7个方面。

（1）数量、单价和金额。这三项主要表明经济业务的发生计量，是凭证的核心要素。

（2）凭证的名称。名称标明原始凭证所记录业务内容的种类，反映原始凭证的用途，如"发票""收料单""领料单"等。

收料单反映了原材料采购后入库的情况，是常见的经济事项。"收料单"如表 3.1 所示。

表 3.1 　　　　　　　　　　　　　　收料单

运单号：　　　　　　　　年　　月　　日　　　　采购人
或账单号：

材料名称	卡片号		材料编号	规格	计量单位

材料名称	数量		购入价		标准价		差价
	应收	实收	单价	金额	单价	金额	

记账：　　　　　　　　收料：　　　　　　　　收料部门主管：

领料单反映了材料的领用，是常见的经济事项。"领料单"如表3.2所示。

（3）填制凭证的日期。如果在业务发生或完成时，因各种原因未能及时填制原始凭证，应以实际填制日期为准；销售产品时未能及时开出发票的，补开发票的日期应为实际填制时的日期。

（4）填制凭证单位或填制人姓名。

（5）经办人员的签名和盖章。经办人员签名盖章是为了通过该项内容明确经济责任。

（6）接受凭证单位的名称。将接受凭证单位与填制凭证单位或填制人联系，标明经济业务的来龙去脉。

（7）经济业务内容。经济业务内容主要是表明经济业务的项目、名称及有关的附注说明。

表3.2   领 料 单

领料单位：

用途或工程名称：   年   月   日   发料仓库：

材料编号	材料名称规格	计量单位	数量		计划价格成本		备注
			交库	实收	单位	总额	

记账：   发料：   领料部门主管：   领料：

原始凭证的要素如图 3.6 所示。

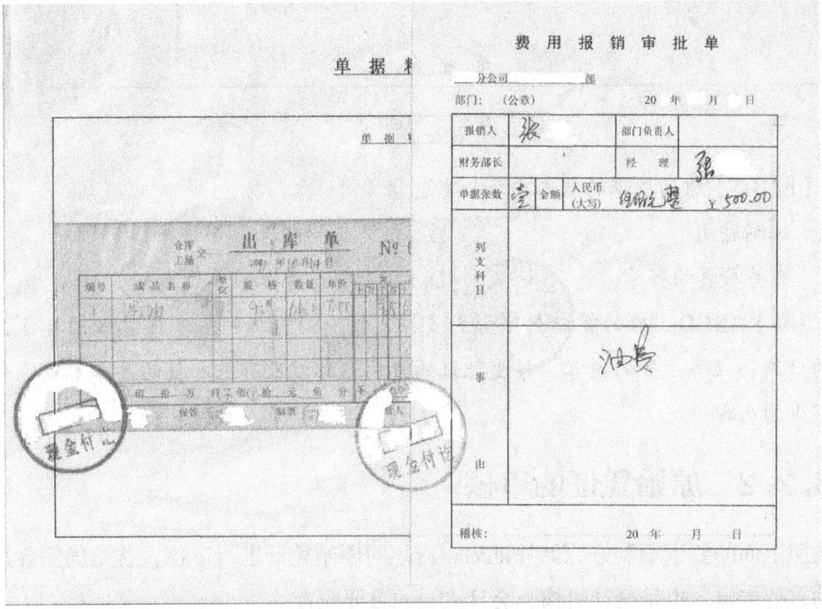

图 3.6   原始凭证

从图 3.6 可以看出，我们拿到原始的票据（包括领料单、出库单等）以后，需要先依次粘贴到单据粘贴单上，尽量粘贴得整齐，不要超过边界影响装订。如果票据有很多张，需要把同类的票据粘贴在一起，同类票据中要把相似的金额整理在一起，不能杂乱无章。

粘贴票据要尽量均匀和平整，不能把票据全部集中贴在一起，否则会导致会计凭证装订成册的难度。票据要尽量贴得稳固干净，避免掉落。

单据粘贴单（样表）如图 3.7 所示。

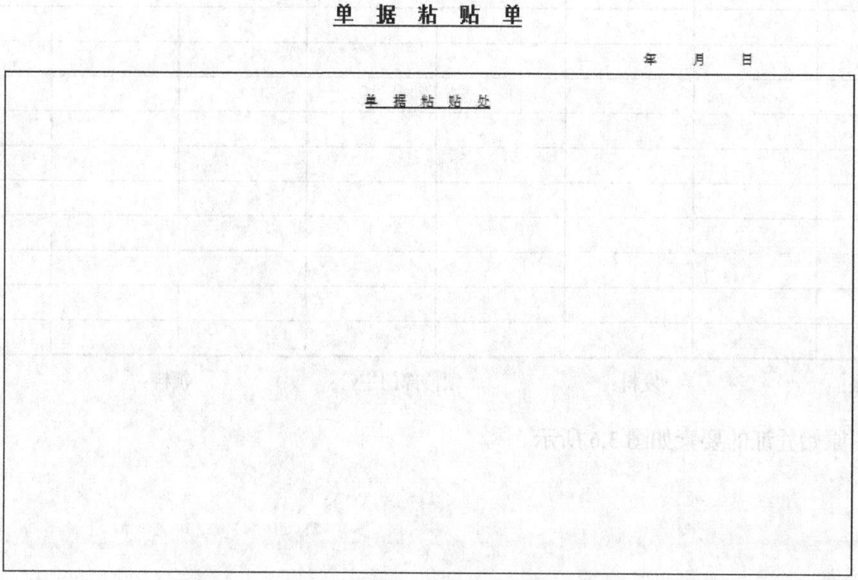

单 据 粘 贴 单

年　月　日

单据粘贴处

图 3.7　单据粘贴单

【例 3-1】 原始凭证的基本内容应当包括（　　　）。

A. 填制时间　　　　　　　　B. 经济业务内容

C. 有关人员的签章　　　　　D. 接受原始凭证的单位名称

【答案】ABCD。原始凭证虽然形式多样，但原始凭证的基本内容必须具备，凭证填制的日期、经济业务的内容、接受凭证的单位名称以及有关人员的签章都是原始凭证必不可少的内容。

3.2.2　原始凭证的审核

按照上面的要素填制好原始凭证后，应该对原始凭证进行审核，这是确保会计数据质量的重要措施，也是会计机构、会计人员的重要职责。

（1）首先，财务规范对审核原始凭证有相应的规定，其中包括：

- 必须有会计人员专门负责审核原始凭证；
- 审核原始凭证应当严格按照会计制度的规定执行；
- 审核人员对于不真实、不合法的原始凭证，有权予以相应的处理。

（2）具体来说，主要从以下两个方面审核原始凭证。

首先我们要审核原始凭证的真实性、正确性和完整性。这是一个基本要求。检查原始凭证上所有项目是否填全，有关人员或部门的签章签字是否齐全，摘要和金额是否填写清楚，日期是否填写，金额计算是否正确，金额大、小写是否一致等。

其次需要审核原始凭证的合法性、合规性和合理性。也就是说，审核原始凭证所反映的经济业务是否符合国家有关制度和规范，是否有违法乱纪的行为。如果原始凭证有发票的话，我们需要查询发票的真伪。如果是一些费用支出，需要检查是否违反公司制度，是否符合公司的相关文件规定。

（3）经审核的原始凭证根据以下不同情况做不同的处理。

- 对符合要求的原始凭证，财务人员应及时据以编制记账凭证入账。
- 若原始凭证是真实和合法合理的，只是内容不够完整，或者填写有错误，审核人员应将它退回有关经办人员，待其将有关凭证补充完整、更正错误甚至重新开具符合要求的票据以后，再办理正式会计手续。
- 对发现不真实、不合法的原始凭证，有权不予接受，并可以向上级部门报告，请求查明原因，追究有关当事人的责任。

【例 3-2】原始凭证的审核内容包括审核原始凭证的（　　　）等方面。

A. 真实性　　　　　　　　　　B. 合法性、合理性

C. 正确性、及时性　　　　　　D. 完整性

【答案】ABCD。原始凭证的审核包括：①审核原始凭证的真实性；②审核原始凭证的合法性；③审核原始凭证的合理性；④审核原始凭证的完整性；⑤审核原始凭证的正确性。

【例 3-3】原始凭证作为会计凭证之一，其作用是（　　　）。

A. 记录经济业务　　　　　　　B. 明确经济责任

C. 作为登账的依据　　　　　　D. 作为编表的依据

【答案】ABC。原始凭证作为会计凭证之一，其作用是记录经济业务，明确经济责任。登账以原始凭证（会计凭证）为依据，编表以账簿为依据，原始凭证与编表没有直接关系，不是编表的直接依据。

3.3 记账凭证的填制和审核

填制完原始凭证以后，我们就开始填制和审核记账凭证了。原始凭证是记账凭证的依据，所以原始凭证必须先填制完成，才能据此填制记账凭证。

3.3.1 记账凭证的填制要素

记账凭证的填制要素有以下几方面。

（1）在右上角应该有附件张数。除结账和更正错误，记账凭证必须附有相应原始凭证并注明原始凭证的张数。原始凭证是我们填制记账凭证的依据和基础。

如果一张原始凭证所列的支出需要由两个或两个以上的单位或部门共同负担的话，应当由保存该原始凭证的单位或者部门开给其他应负担单位或部门原始凭证分割单。分割单如表 3.3 所示。

表 3.3   分割单

年   月   日

单位名称：

原始凭证	名称	编号	金额	日期	收款单位	所附凭证类型、编号
分摊单位	单位名称		填制日期		分摊金额	
分摊说明						

财务专用章：   财务主管：   制表人：

（2）记账凭证需要编号，哪怕只有一张记账凭证，也需要编号。编号的方法有多种，但是一般都是按现金收付、银行存款收付和转账业务三类别编号，也就是"现字第

"×号""银字第×号""转字第×号"。但是如果收付业务较多，就需要按现金收入、银行存款收入、现金支出、银行存款支出和转账凭证这五类进行编号，即"现收字第×号""银收字第×号""现付字第×号""银付字第×号""转字第×号"。

我们应当根据公司的实际情况、业务的繁简程度、人员多寡和分工情况来选择适合自己的编号方法。只是所有的编号都应该按月顺序编号，也就是每月都从 1 号编起，依次顺序编至月末。下一个月开始重新编号。

（3）记账错误的处理。如果是记账之前发现原始凭证有错误，应重新编制正确的原始凭证。但是对于已经登记入账的记账凭证，更正的话就需要区分是当年内，还是当年以后。如果是在当年内发现填写错误，应用红字填写一张与原内容相同的记账凭证，在摘要栏注明"注销某月某日某号凭证"，同时再用蓝字重新填制一张正确的记账凭证，摘要注明"更正某月某日某号凭证"。这适合科目出错的情况。如果我们需要更正的凭证会计科目没有错误，只是金额错误，也可以将正确数字与错误数字之间的差额，另编一张调整的记账凭证，调增金额用蓝字，调减金额用红字。如果是以前年度的错误，则不能用后者的方法，而只能在发现以前年度错误的时候，用蓝字填制一张更正的记账凭证。

（4）如果实行了会计电算化，那么打印出来的机制记账凭证也应当符合对记账凭证的一般要求，并应认真审核，做到科目使用正确，数字准确无误。

打印出来的记账凭证上，需要加盖制单人员、审核人员、记账人员、出纳人员和稽核人员，以及会计主管的印章或者签字。

（5）记账凭证填制完经济业务事项后，如有空行则应当在金额栏自最后一笔金额数字下空行处至合计数上的空行处用直尺划线，表示以下无，予以注销。注意画直线。

（6）我们需要保证做账的基本要求，即有借必有贷，借贷必相等。所写的摘要与原始凭证内容一致，能正确反映经济业务的主要内容，而且表述言简意赅。

（7）如果只是涉及现金和银行存款之间收入或付出的经济业务，例如提取备用金，在 3.1.2 节已经提过，应该作为银行付款业务，只填制付款凭证，不填制收款凭证，这是为了避免重复。

【例3-4】原始凭证分割单必须具备原始凭证的基本内容，包括（   ）等。

A. 凭证的名称和填制凭证的日期

B. 填制凭证单位的名称或填制人的姓名

C. 接受凭证单位的名称

D. 经济业务内容，数量、单价、金额和费用的分担情况

【答案】A B C D

【例3-5】（ ）不是记账凭证的基本要求。

A. 记账凭证的名称、日期、编号及经济业务摘要

B. 交易或事项涉及的会计科目、记账方向及余额

C. 记账标记及所附原始凭证张数

D. 单位负责人的签章

【答案】D。A、B、C选项所述内容都是记账凭证的基本要素，单位负责人一般不需要在记账凭证上签章。故选D。

【例3-6】在填制记账凭证时，下列做法中错误的有（ ）。

A. 将不同类型的原始凭证合并编制一份记账凭证

B. 一个月内的记账凭证连续编号

C. 从银行提取库存现金时只填制库存现金收款凭证

D. 更正错账的记账凭证可以不附原始凭证

【答案】AC。同种类型的原始凭证可以合并编制一份记账凭证；从银行提取现金时对应编制银行存款付款凭证。

3.3.2 记账凭证的审核

填制好记账凭证后，接下来就是审核记账凭证。和原始凭证一样，所有填制好的记账凭证，都必须经过其他财务人员的认真审核。

在审核记账凭证的过程中，如果发现记账凭证的填制有误，如科目错误，或者借贷方向错误，或者金额错误，那么我们应当按照规定的方法加以更正。更正方法上面的章节已经提到，这里不再重复。经过审核无误后，稽核人员需要在记账凭证上签字或者盖章，然后这张记账凭证才能作为登记账簿的依据。

记账凭证的审核主要包括以下内容。

● 记账凭证是否附有原始凭证，也就是附件是否齐全，记账凭证的经济内容是否与所附原始凭证的内容相同。

● 记账的会计科目是否正确，金额是否正确，借贷方向是否正确。

● 记账凭证中的项目是否填制完整，如摘要是否清楚，填制凭证的时间有无填写，有关人员的签章是否齐全。

【例3-7】《会计法》要求，作为记账凭证编制依据的必须是（ ）的原始凭证和有关资料。

A. 经办人签字　　　B. 领导认可　　　C. 金额无误　　　D. 经过审核无误

【答案】D

【例3-8】记账凭证审核的主要内容有（　　　　）。

    A. 项目是否齐全　　B. 科目是否正确　　C. 内容是否真实　　D. 数量是否正确

【答案】ABC。记账凭证审核的主要内容有：①与所附原始凭证的内容是否一致，真实；②有关项目是否齐全；③会计科目与账户对应关系是否正确；④有关人员是否签字盖章。

3.4　凭证的装订处理流程

我们在一个月做完记账凭证以后，不能让凭证散着存放，而是需要按照规定装订成册。下面我们来看看凭证的装订。

3.4.1　会计凭证装订的准备工作

会计凭证每月装订一次，装订好的凭证按年分月妥善保管归档。

会计凭证装订前需要做好以下准备工作。

（1）将凭证分类整理，按顺序排列，检查日期、编号是否齐全；

（2）按凭证汇总日期归集确定装订成册的本数；

（3）摘除凭证内的金属物（如订书钉、大头针、回形针，如果不取的话以后会生锈），对大的张页或附件要折叠成同记账凭证大小，且要避开装订线，以便翻阅时数字完整；

（4）按照号数依次排列会计凭证，然后检查凭证的顺序号，看是否存在颠倒和缺号，同时需要再次检查附件有否缺漏，单据是否齐全；

（5）检查记账凭证上有关人员（如财务主管、复核、记账、制单等）的印章和签字是否齐全。

3.4.2　会计凭证装订的方法和要求

下面介绍装订会计凭证的办法，在后面的章节也会讲到会计账簿的装订，方法都是一样的。

根据不同的装订工具，可以采用不同的凭证装订方法。如果公司有打孔机或者专门的装订仪器等自动化的专业设备，可以直接在打孔机或者装订仪器上装订成册。有的公司甚至把会计凭证的装订外包，也就是付一定的费用交给专门的装订机构来装订。这样可以得到非常好的装订效果，但是需要注意的是，在验收装订好的会计凭证的时候，我们一定要认真查看装订过后的会计凭证是否有丢失和遗漏。因为会计凭证有一定的保密性，要防止资料泄密，而且会计凭证非常重要，不允许缺漏。

下面介绍的是一种不需要购买专门机械的，财务人员自己手工装订的办法。这种方法不需要打孔机等专业仪器，使用的工具较为简便，不需要太大的投入，所以比较适合会计凭证和账簿都不是太多的小企业。但是相对来说，它对出纳人员的手工作业要求较高。

（1）首先看一下所需要的装订工具，它们包括小型的电钻、订账盒、直尺、棉线和大号的针，如图 3.8 和图 3.9 所示。

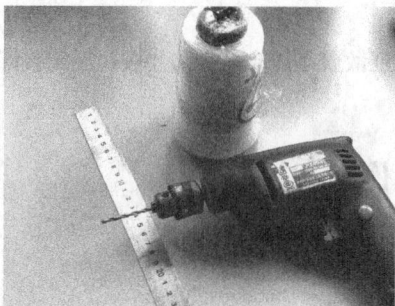

图 3.8　装订工具 1：小型电钻、直尺和棉线

图 3.9　装订工具 2：订账盒

订账盒除了有一个铁的尺寸固定的盒子用来放入会计凭证以外，还有两个把它们固定起来的工具，我们会在下面的图里见到。

（2）先拿出空白的订账盒，把固定工具 1 放入盒内，然后把要装订的会计凭证正面向下依次放入。其中封面放在最下面，放的时候注意次序和整齐。如图 3.10 所示。

（3）凭证的封面正面向下放入订账盒后，开始放入需要装订的凭证。会计凭证的封面应该是统一格式的硬纸，上面印有这本凭证的种类、号数和时间，如图 3.11 所示。

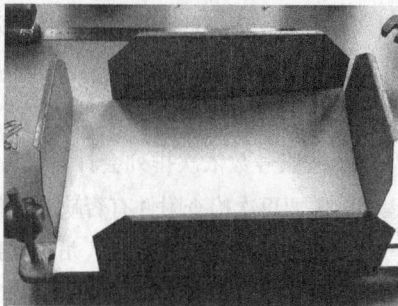

图 3.10　订账流程 1：放入凭证

（4）在依次放好需要订成一本的会计凭证以后，放入会计凭证的封底。如图 3.12 所示。

（5）接下来，把订账盒的另一个固定工具放入盒内。然后进行整理，使需要装订的凭证整齐，如图 3.13 所示。

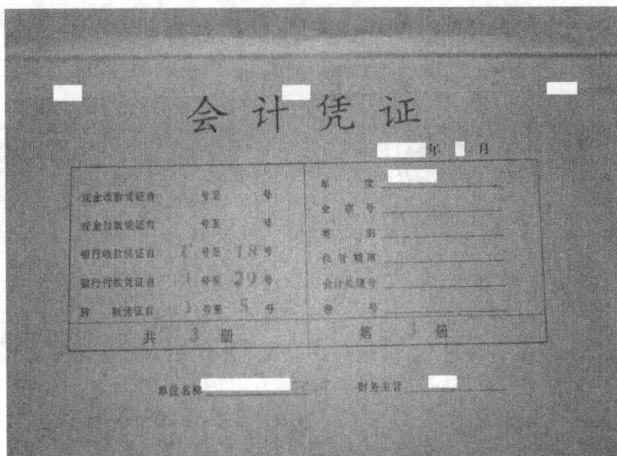

图 3.11　会计凭证封面

图 3.12　订账流程 2：放入封底

图 3.13　订账流程 3：放入卡尺

（6）在完成上面的步骤以后，拧紧固定工具两端的旋转螺丝，将会计凭证紧紧地夹在中间。这样我们才可以把这本凭证（包括封面和封底）从订账盒里面取出来，否则拿出来就会散掉，而不会成为"一本"了。所以这里一定要把两边的螺丝都拧紧，如图 3.14 所示。

（7）在拧紧螺丝以后，接下来就是确定打孔的位置了。我们需要用直尺量出间隔相等的点。打孔点位的间隔选取和凭证大小有关，但是一般需要间隔 4~5 厘米。比较普遍采用的是 3 孔，孔和孔之间都相隔 5 厘米。量好以后，用铅笔在打孔处做上标记，为下一步的钻孔做准备，如图 3.15 所示。

图 3.14　订账流程 4：拧紧卡尺

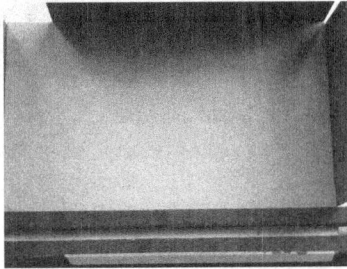

图 3.15　订账流程 5：选定打孔位置

（8）然后把会计凭证从盒子中取出。注意，这个时候是连固定工具（卡尺）一起取出，如图 3.16 和图 3.17 所示。

图 3.16　订账流程 6：取出凭证（正面）　　图 3.17　订账流程 6：取出凭证 （侧面）

（9）下一步就是用小电钻在相应的位置打孔，然后用棉线穿针打结。结和扣应是活的，打的结要尽量小，但是一定要结实，不能松动。装订时线要尽可能缩小所占部位，使记账凭证及其附件尽可能多地显露出来，以便查阅。

（10）这时还不算装订完成，我们还需要在会计凭证的侧面包上牛皮纸做的"书脊"做封皮，把我们在会计凭证上打出的孔和线结等遮盖起来，而且在上面写上该册会计凭证的时间、种类、号数等，便于查阅。侧面封皮如图 3.18 所示。

（11）填好侧面封皮的内容以后，把它粘贴到已经装订好的会计凭证上去。粘贴好的会计凭证如图 3.19 所示。

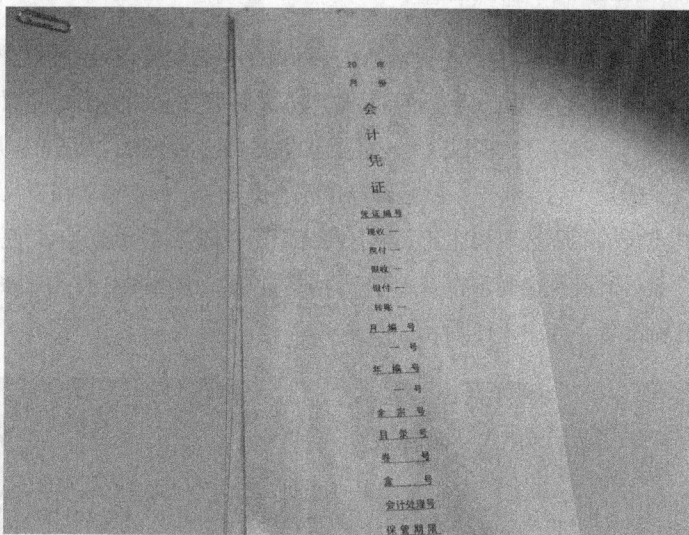

图 3.18　侧面牛皮纸封皮

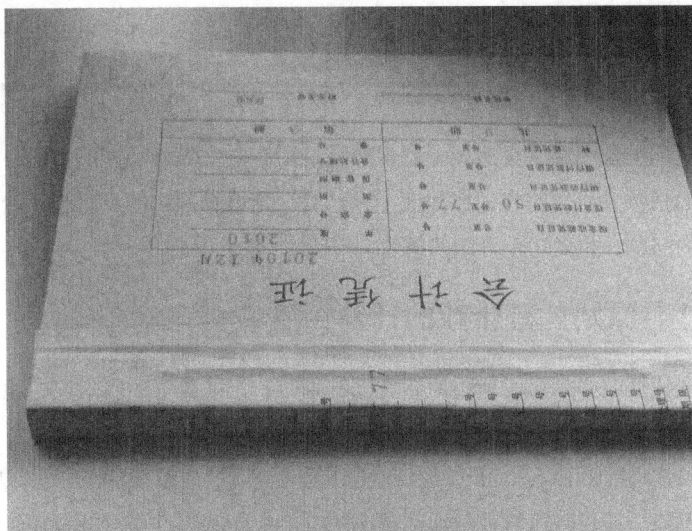

图 3.19 会计凭证（加封皮）

（12）接下来就是把装订好的会计凭证存档归类，做好档案工作，交给专门的保管人员保管。

小贴士：每本装订凭证的厚度一般为 1.5 厘米左右，不要太厚和太薄，这样可以保证装订牢固，美观大方；每本封面上填写好凭证种类、起止号码、凭证张数、由会计主管人员和装订人员签章；在封面上编好卷号，按编号顺序入柜，一个月的会计凭证整理在一起，并要在显露处标明凭证种类编号，便于查阅，如图 3.20 所示。

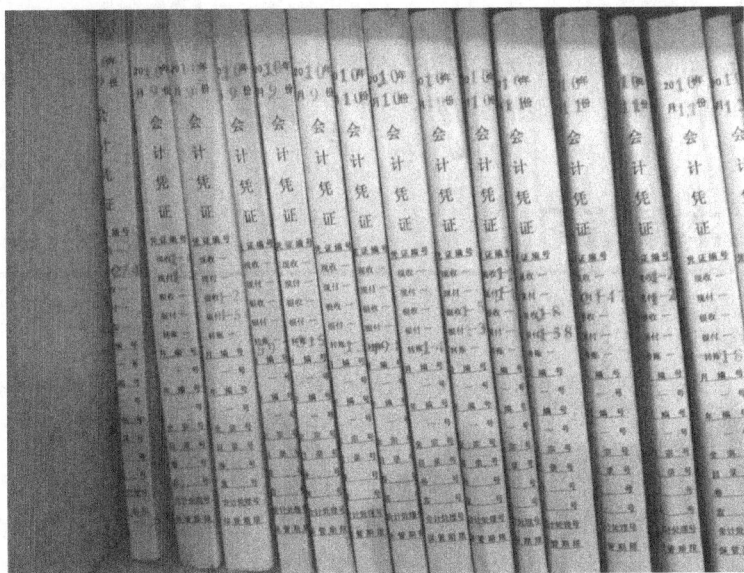

图 3.20 入柜的会计凭证

3.5 职业实践经验

在出纳实际工作中经常会遇到一张记账凭证附有多张原始凭证的情况，如何正确计算原始凭证的张数并且填写在记账凭证上，是有一定计算原则的。对于原始凭证上是否必须有公章的问题，也做一个详细的解答。

3.5.1 原始凭证张数的计算

填写记账凭证时必须填写所附原始凭证的张数，记账凭证后所附原始凭证的张数，分以下几种情况。

（1）如果该原始凭证能全面反映经济业务的活动情况，应该按自然张数来进行计算。

（2）对不能全面反映经济业务活动情况的，会有一些附件进行补充和说明，应在原始凭证上注明附件张数，并将其粘贴在一起。这里的附件不计入原始凭证的张数。

（3）对某类原始凭证已进行汇总的，如票据粘贴单（已经把单据归类在一起）、差旅费报销单、支出审批单等，其内容已对所反映的经济业务活动有了综合说明，也注明了附件的张数，所以，它们应作为一张原始凭证计算。因此我们在填制记账凭证的时候应该注意，不是后面有多少张发票或者附件，就在记账凭证上写有多少张附件的。

3.5.2 原始凭证上的公章

我们经常从外单位取得原始凭证，按照《会计基础工作规范》的要求，"从外单位取得的原始凭证，必须盖有填制单位的公章"。但是实际操作过程中，也存在一些特殊现象，出于习惯或使用单位认为不易伪造的原始凭证，则不加盖公章。如，飞机票、火车票和汽车票、停车票等一般都没有公章。

3.6 本章练习

一、选择题

1. 下列关于对外来发票出现错误金额的处理中，符合《中华人民共和国会计法》规定的是（   ）。

    A. 退回原出具单位，并由原出具单位重新开发票

    B. 退回原出具单位，并由原出具单位划线更正并加盖公章

    C. 接受单位直接更正，并要求原出具单位说明情况同时加盖单位公章

    D. 接受单位直接更正，并说明情况同时加盖单位公章

2. 下列对外来原始凭证错误更正的做法中，不违背《会计法》的是（   ）。

A. 外来原始凭证记载内容有错误的，由原出具凭证的单位重开

B. 外来原始凭证金额错误的，由原出具凭证的单位划线更正并加盖单位公章

C. 外来原始凭证中，接受凭证单位名称错误的，接受凭证单位可自行更正并加盖单位公章

D. 外来原始凭证金额出现错误的，接受凭证单位可按正确的金额改正并加盖单位公章

3. （   ）是记录经济业务完成情况、明确经济责任，并据以登记账簿的书面证明，是登记账簿的依据。

A. 记账凭证　　B. 原始凭证　　C. 会计凭证　　D. 会计账簿

4. 原始凭证是经济业务发生的过程中直接产生的，是经济业务的最初证明。它的填制时间是（   ）。

A. 登记明细账时　　　　B. 发生或完成时

C. 编制原始凭证表时　　D. 填制记账凭证时

5. 出差人员预借差旅费时，填写的借款单属于（   ）。

A. 自制的原始凭证　　B. 外来的原始凭证

C. 付款凭证　　　　　D. 单式凭证

6. 限额领料单按来源分属于（   ）。

A. 外来原始凭证　B. 累计凭证　　C. 自制原始凭证　D. 汇总原始凭证

7. 差旅费报销单属于（   ）。

A. 一次原始凭证　B. 汇总原始凭证　C. 外来原始凭证　D. 累计原始凭证

8. 在一定时期内多次记录发生同类型经济业务的原始凭证是（   ）。

A. 一次凭证　　B. 累计凭证　　C. 汇总凭证　　D. 通用凭证

9. 填制原始凭证要求做到（   ）。

A. 记录真实　B. 内容完整　C. 手续完备　D. 书写清楚、规范

10. 下列原始凭证中，属于单位自制原始凭证的有（   ）。

A. 收料单　　B. 借款单　　C. 购物发票　　D. 折旧计算表

11. 原始凭证的填制，除了记录真实、内容完整、手续完备等基本要求外，还要求做到（   ）。

A. 书写清楚规范　　　　B. 填制及时

C. 编号连续　　　　　　D. 不得涂改、刮擦、挖补

12. 下列应编制付款凭证的业务是（   ）。

A. 收回前欠货款 30 000 元　　B. 购入材料 10 000 元，货款未付

C. 以银行存款归还前欠货款 40 000 元　D. 接受投资者投入 80 000 元

13. 下列记账凭证中，只用于记录不涉及现金和银行存款业务的记账凭证是（   ）。

    A. 收款凭证　　B. 付款凭证　　　　C. 转账凭证　　　　D. 累计凭证

14. 企业将现金交存银行，一般应编制（   ）。

    A. 现金收款凭证　　　　　　　　B. 银行存款收款凭证

    C. 现金付款凭证　　　　　　　　D. 现金付款凭证和银行存款收款凭证

15. 下列经济业务应编制收款凭证的是（   ）。

    A. 从银行提取现金 3 000 元备用　　B. 将现金 50 000 元存入银行

    C. 销售产品 35 100 元货款存入银行　D. 收回甲单位前欠货款 20 000 元

16. 记账凭证可以根据（   ）编制。

    A. 同一日期的所有原始凭证汇总　B. 原始凭证汇总表

    C. 若干张同一类别的原始凭证汇总　D. 每一张原始凭证

17. 可以不附原始凭证的记账凭证有（   ）。

    A. 一张原始凭证涉及几张记账凭证时

    B. 更正错误的记账凭证

    C. 一张原始凭证需要有多个单位共同使用时

    D. 期末结账的记账凭证

18. 下面不属于原始凭证的是（   ）。

    A. 发货票　　　B. 借据　　　　C. 经济合同　　　　D. 运费结算凭证

19. 外来原始凭证一般都是（   ）。

    A. 一次凭证　　B. 汇总凭证　　　C. 累计凭证　　　　D. 联合凭证

20. 下列项目，不属于原始凭证的基本要素的是（   ）。

    A. 应记会计科目名称和记账方向　B. 接受凭证单位的全称

    C. 经办人员签名或者盖章　　　　D. 交易或事项的内容、数量、单价和金额

21. 下列各项中，不属于原始凭证审核内容的是（   ）。

    A. 原始凭证的真实性　　　　　　B. 原始凭证的合法性

    C. 会计分录的正确性　　　　　　D. 原始凭证的完整性和准确性

22. 下列各项中，属于原始凭证的是（   ）。

    A. 银行对账单　　　　　　　　　B. 购销合同书

    C. 银行存款余额调节表　　　　　D. 账存实存对比表

23. 下列项目中，不属于记账凭证基本要素的是（   ）。

    A. 应记会计科目、方向及金额　B. 交易或事项的数量、单价和金额

    C. 交易或事项的内容摘要　　　　D. 凭证的名称

24. 下列各项中，属于记账凭证应具备的内容的是（　　　）。

    A. 实物数量、单价及金额　　　　B. 汉字大写金额

    C. 出具凭证单位的财务专用章　　D. 应记会计科目、方向及金额

25. 企业的领料单、借款单是（　　　）。

    A. 原始凭证　　B. 一次凭证　　　C. 自制凭证　　　　D. 累计凭证

26. 下列会计凭证中，属于自制原始凭证的有（　　　）。

    A. 工资结算单　　　　　　　　　B. 限额领料单

    C. 发料凭证汇总表　　　　　　　D. 销售货物时开出的增值税专用发票

27. 原始凭证与记账凭证的主要区别有（　　　）。

    A. 作用不同　　B. 凭证要素不同　C. 填制人员不同　D. 格式不同

28. 记账凭证审核的主要内容是（　　　）。

    A. 与所附原始凭证的内容是否一致

    B. 有关项目是否填列齐全

    C. 会计科目与账户对应关系是否正确

    D. 有关人员是否签字或盖章

29. 原始凭证必须具备的内容有（　　　）等。

    A. 记账符号

    B. 经办人员的签名或者盖章

    C. 交易或事项的内容、数量、单价和金额

    D. 接受凭证单位的全称

30. 对原始凭证审核的内容包括（　　　）。

    A. 审核真实性　B. 审核合法性　　C. 审核完整性　　　D. 审核及时性

31. 原始凭证的合法性包括（　　　）。

    A. 符合国家法律、法规和政策

    B. 符合计划、预算与合同

    C. 要素完整，手续齐全

    D. 审核凭证所记录的经济业务，是否符合有关规定

32. 记账凭证的作用有（　　　）。

    A. 记录经济业务的详细内容　　　B. 确定账户对应关系

    C. 据以登记账簿　　　　　　　　D. 明确会计人员的责任

33. 填制记账凭证应根据（　　　）。

    A. 原始凭证　　　　　　　　　　B. 原始凭证汇总表

    C. 自制原始凭证　　　　　　　　D. 收款、付款、转账凭证

34. 企业购入一批材料已验收入库，货款已付，根据这项业务所填制的会计凭证是（　　）。

　　A. 收款凭证　　B. 付款凭证　　　C. 收料单　　　　D. 一次凭证

35. 对于单位的职工出差归来报销差旅费并交回剩余现金的事项，根据差旅费报销单和收据，应填制的记账凭证有（　　）。

　　A. 现金付款凭证　B. 现金收款凭证　C. 银行收款凭证　D. 转账凭证

36. 规定会计凭证的传递程序时，应考虑的因素有（　　）。

　　A. 传递程序要合理　　　　　　B. 传递时间要节约

　　C. 传递手续要严密　　　　　　D. 会计人员的业务水平

37. 在填制的付款凭证中，"借方科目"可能涉及（　　）账户。

　　A. 现金　　B. 银行存款　　C. 应付账款　　D. 应交税金

38. 转账凭证属于（　　）。

　　A. 记账凭证　　B. 原始凭证　　C. 专用记账凭证　　D. 通用记账凭证

39. 下列属于具有法律效力的原始凭证是（　　）。

　　A. 银行收付通知单　　　　　　B. 开工单

　　C. 生产通知单　　　　　　　　D. 限额领料单

40. 下列经济业务应该编制转账凭证的是（　　）。

　　A. 生产产品领用原材料　　　　B. 产品加工完毕，验收入库

　　C. 购入设备一台，款项未付　　D. 以银行存款预付保险费

41. 审核原始凭证时正确的做法是（　　）。

　　A. 对于真实、合理、合法但内容不完整的，应退回有关经办人员补办手续

　　B. 对于不真实、不合法的，会计人员应拒绝办理，并向负责人报告

　　C. 对于真实、合理、合法但填写金额有错的，应退回原单位重开

　　D. 对于真实、合理，但填写金额有错误的，应退回由原单位更改并盖章

42. 下列经济业务中，应填制付款凭证的是（　　）。

　　A. 提现金备用金　　　　　　　B. 购买材料预付定金

　　C. 购买材料未付款　　　　　　D. 以存款支付前欠某单位账款

43. 原始凭证的基本内容应当包括（　　）。

　　A. 填制日期　　　　　　　　　B. 经济业务内容

　　C. 有关人员的签章　　　　　　D. 接受原始凭证的单位名称

44. 在填制记账凭证时，下列做法中错误的有（　　）。

　　A. 将不同类型业务的原始凭证合并编制一份记账凭证

　　B. 一个月内的记账凭证连续编号

　　C. 从银行提取现金时只填制库存现金收款凭证

　　D. 更正错账的记账凭证可以不附原始凭证

二、实践题

填制以下记账凭证。

1. 大华公司为增值税一般纳税人，增值税税率为17%，2016年4月1日，从银行提取现金5 000元，备用。

（   ）款凭证

（   ）方科目：（   ）   年 月 日   _____字第_____号

摘　　要	（ 借 ）方科目		金　额	过账
	总账科目	明细科目		
合　　计				

会计主管　　　记账（　　　　）　　　出纳　　　　复核　　　　制单（　　　　　）

2. 2日，收到中鑫公司还来前欠货款93 600元，存入银行。

（   ）款凭证

（   ）方科目：（   ）   年 月 日   _____字第_____号

摘　　要	（ ）方科目		金　额	过账
	总账科目	明细科目		
合　　计				

会计主管　　　记账（　　　　）　　　出纳　　　　复核　　　　制单（　　　　　）

3. 2日，综合办公室王某预支差旅费3 500元，付现。

（   ）款凭证

（   ）方科目：（   ）   年 月 日   _____字第_____号

摘　　要	（ ）方科目		金　额	过账
	总账科目	明细科目		
合　　计				

会计主管　　　记账（　　　　）　　　出纳　　　　复核　　　　制单（　　　　　）

4. 5日，以现金支付业务招待费850元。

（　　）款凭证

（　）方科目：（　　　　） 　　年 月 日 　　　　_____字第_____号

摘　要	（　　）方科目		金　额	过账
	总账科目	明细科目		
合　　计				

会计主管　　记账（　　　　）　　出纳　　　　复核　　　制单（　　　　　　）

5. 6日，以银行存款偿还前欠南方公司货款146 250元。

（　　）款凭证

（　）方科目：（　　　　） 　　年 月 日 　　　　_____字第_____号

摘　要	（　　）方科目		金　额	过账
	总账科目	明细科目		
合　　计				

会计主管　　记账（　　　　）　　出纳　　　　复核　　　制单（　　　　　　）

6. 9日，从银行借入短期借款200 000元，存入银行。

（　　）款凭证

（　）方科目：（　　　　） 　　年 月 日 　　　　_____字第_____号

摘　要	（　　）方科目		金　额	过账
	总账科目	明细科目		
合　　计				

会计主管　　记账（　　　　）　　出纳　　　　复核　　　制单（　　　　　　）

7. 12 日，以现金发放职工工资 155 000 元。

（　　　）款凭证

（　　）方科目：（　　　　　　）　　　　年　月　日　　　　　　　　____字第____号

摘　要	（　　　）方科目		金　额	过账
	总账科目	明细科目		
合　　计				

会计主管　　　记账（　　　）　　　出纳　　　　　复核　　　　制单（　　　　）

8. 13 日，出售给中鑫公司甲产品 4 000 件，每件售价 150 元，货款 600 000 元和发票上的增值税税额 102 000 元尚未收到。

（　　　　）凭证

年　月　日　　　　　　　　　　字第____号

摘　要	总账科目	明细科目	借方金额	贷方金额	过账
合　　　计					

会计主管　　　记账（　　　）　　　出纳　　　　　复核　　　　制单（　　　　）

9. 14 日，办公室王某出差回公司报销差旅费 3 200 元，交回多余现金 300 元。

（　　　）款凭证

（　　）方科目：（　　　　　　）　　　　年　月　日　　　　　　　____字第____号

摘　要	（　　　）方科目		金　额	过账
	总账科目	明细科目		
合　　计				

会计主管　　　记账（　　　）　　　出纳　　　　　复核　　　　制单（　　　　）

（　　）凭证
年　月　日　　　　　　　　　　　　　字第＿＿＿号

摘　要	总账科目	明细科目	借方金额	贷方金额	过账
合　　　　计					

会计主管　　　　记账（　　　）　　　出纳　　　　　复核　　　　制单（　　　　　）

10. 16 日，以银行存款支付广告费 8 000 元。

（　　）款凭证

（　　）方科目：（　　　　　）　　　　年　月　日　　　　　＿＿＿字第＿＿＿号

摘　要	（　　　）方科目		金　额	过账
	总账科目	明细科目		
合　　　计				

会计主管　　　　记账（　　　）　　　出纳　　　　　复核　　　　制单（　　　　　）

11. 19 日，接受大新公司作为投资投入的全新生产设备一套，价值 800 000 元。

（　　）凭证
年　月　日　　　　　　　　　　　　　字第＿＿＿号

摘　要	总账科目	明细科目	借方金额	贷方金额	过账
合　　　计					

会计主管　　　　记账（　　　）　　　出纳　　　　　复核　　　　制单（　　　　　）

12. 20 日，收到中鑫公司还来前欠款项 702 000 元，存入银行。

（ ）款凭证

（ ）方科目：（   ）　　　　年 月 日　　　　　　　＿＿字第＿＿号

摘　要	（　贷　）方科目		金　额	过账
	总账科目	明细科目		
合　　　计				

会计主管　　　记账（　　　）　　　出纳　　　　复核　　　制单（　　　　）

13. 22 日，以银行存款归还短期借款 190 000 元。

（ ）款凭证

（ ）方科目：（   ）　　　　年 月 日　　　　　　　＿＿字第＿＿号

摘　要	（　借　）方科目		金　额	过账
	总账科目	明细科目		
合　　　计				

会计主管　　　记账（　　　）　　　出纳　　　　复核　　　制单（　　　　）

14. 28 日，以银行存款支付机器修理费 1 500 元。

（ ）款凭证

（ ）方科目：（   ）　　　　年 月 日　　　　　　　＿＿字第＿＿号

摘　要	（　借　）方科目		金　额	过账
	总账科目	明细科目		
				√
合　　　计				

会计主管　　　记账（　　　）　　　出纳　　　　复核　　　制单（　　　　）

第 4 章　账簿的管理

我们在前面的章节了解了出纳的基本功和凭证的管理，接下来我们来了解一下出纳最重要的工作之一——账簿的管理。

4.1　日记账

公司为了加强现金和银行存款的管理和核算，通常都会设置现金日记账和银行存款日记账，这是为了每天核算和监督现金与银行存款的收入、付出和结存情况。下面介绍日记账的概念、内容以及怎么填制日记账。

4.1.1　日记账的概念

按照经济业务的发生或完成时间的先后顺序逐日逐笔登记的账簿称为日记账，由出纳每天按现金和银行业务发生的顺序进行登记。

所以说，出纳日记账是账簿明细账里特殊的一种，它是一种序时账。

📌**小贴士**：序时账是按照收到凭证的先后顺序也就是按照记账凭证编号的先后顺序逐日进行登记的，所以序时账簿也被称为日记账。现金日记账和银行存款日记账都是日记账的一种。

现金日记账和银行存款日记账的账页一般采用三栏式，即借方、贷方和余额三栏，分别反映现金或银行存款的收入、付出与结存情况。

如果收、付款凭证数量较多，为了简化记账手续，也可以不采用三栏式而采用多栏式。如果会计科目较多，不方便登记，还可以分设现金收入日记账、现金支出日记账以及银行存款收入日记账、银行存款支出日记账。我们会在下面的章节详细讲述怎么填列最常用的三栏式日记账。

库存现金日记账，也就是我们最常用的三栏明细账如表 4.1 所示。

表 4.1 三栏明细账

科目：101 库存现金　　　　　月份：01-12　　　　　币别：人民币

2016年 月	日	凭证号	摘　要	借方发生额	贷方发生额	方向	余额
			上年结转	0	0	借	1 583.6
1	11	记-1	*提取备用金	15 000	0	借	16 583.6
1	11	记-3	*支付工资奖金	0	13 644.7	借	2 938.9
1	21	记-2	*提取备用金	2 000	0	借	4 938.9
1	21	记-4	*刘某返挂支	70	0	借	5 008.9
1	21	记-5	*殷报销职工活动费	0	1 980	借	3 028.9
1	21	记-6	*刘报销职工活动费	0	2 929	借	99.9
1			本月合计	17 070	18 553.7		0
			本年累计	17 070	18 553.7		0
2	14	记-1	*提取备用金	1 000	0	借	1 099.9
2	23	记-2	*提取备用金	2 500	0	借	3 599.9
2	24	记-3	*提取备用金	2 000	0	借	5 599.9
2	24	记-4	*刘挂支备用金	0	2 000	借	3 599.9
2	24	记-5	*陈挂支备用金	0	2 000	借	1 599.9
2	24	记-6	*陈报销招待费	0	635.7	借	964.2
2	24	记-7	*刘挂支备用金	0	500	借	464.2
2			本月合计	5 500	5 135.7		0
			本年累计	22 570	23 689.4		0
3	7	记-2	*提取备用金	3 000	0	借	3 464.2
3	10	记-4	*陈报销招待费	0	400	借	3 064.2
3	24	记-5	*提取备用金	6 000	0	借	9 064.2
3	24	记-6	*刘挂支办公费	0	5 000	借	4 064.2
3	28	记-7	*提取备用金	2 000	0	借	6 064.2
3	28	记-8	*刘挂支办公费	0	1 000	借	5 064.2
3	31	记-11	*刘返回挂支	216	0	借	5 280.2
3			本月合计	11 216	6 400		0
			本年累计	33 786	30 089.4		0

银行存款日记账（全年），也是三栏明细账，如表 4.2 所示。

表 4.2   三栏明细账

科目：102 银行存款   月份：01-12   币别：人民币

| 2016年 | | 凭证号 | 摘　要 | 借方发生额 | 贷方发生额 | 方向 | 余额 |
月	日						
			上年结转	0	0	借	51 284.76
1	11	记-1	*提取备用金	0	15 000	借	36 284.76
1	21	记-2	*提取备用金	0	2 000	借	34 284.76
1			本月合计	0	17 000		0
			本年累计	0	17 000		0
2	14	记-1	*提取备用金	0	1 000	借	33 284.76
2	23	记-2	*提取备用金	0	2 500	借	30 784.76
2	24	记-3	*提取备用金	0	2 000	借	28 784.76
2			本月合计	0	5 500		0
			本年累计	0	22 500		0
3	7	记-1	*付购买支票费用	0	20	借	28 764.76
3	7	记-2	*提取备用金	0	3 000	借	25 764.76
3	24	记-5	*提取备用金	0	6 000	借	19 764.76
3	28	记-7	*提取备用金	0	2 000	借	17 764.76
3	28	记-9	*收一季度银行利息	29.42	0	借	17 794.18
3			本月合计	29.42	11 020		0
			本年累计	29.42	33 520		0
4	1	记-1	*收上级部门模范奖金	2 000	0	借	19 794.18
4	12	记-3	*收财务决算奖	1 800	0	借	21 594.18
4	15	记-4	*提取备用金	0	1 800	借	19 794.18
4	15	记-5	*付银行回单柜年费	0	240	借	19 554.18
4	25	记-6	*付手续费	0	20	借	19 534.18
4			本月合计	3 800	2 060		0
			本年累计	3 829.42	35 580		0
6	8	记-1	*提取备用金	0	3 000	借	16 534.18
6	17	记-3	*提取备用金	0	1 000	借	15 534.18
6	28	记-6	*提取备用金	0	9 100	借	6 434.18
6	30	记-11	*计提银行二季度利息	23.79	0	借	6 457.97
6			本月合计	23.79	13 100		0
			本年累计	3 853.21	48 680		0
7	28	记-3	*提取备用金	0	2 000	借	4 457.97
7			本月合计	0	2 000		0
			本年累计	3 853.21	50 680		0
8	22	记-1	*提取备用金	0	1 000	借	3 457.97
8			本月合计	0	1 000		0
			本年累计	3 853.21	51 680		0

按照规定，现金日记账和银行存款日记账必须采用订本式账簿，不能用活页式账

簿，不能用银行对账单等其他方法代替日记账。

4.1.2 日记账的内容和填制处理

账簿虽然有很多种格式，但是它们的构成内容是一样的。日记账分为如下三个部分。

1. 封面

账簿的封面上写着会计账簿的名称，如总分类账、现金日记账、银行存款日记账等。现金日记账封面如图 4.1 所示。

图 4.1　现金日记账封面

银行存款日记账封面如图 4.2 所示。

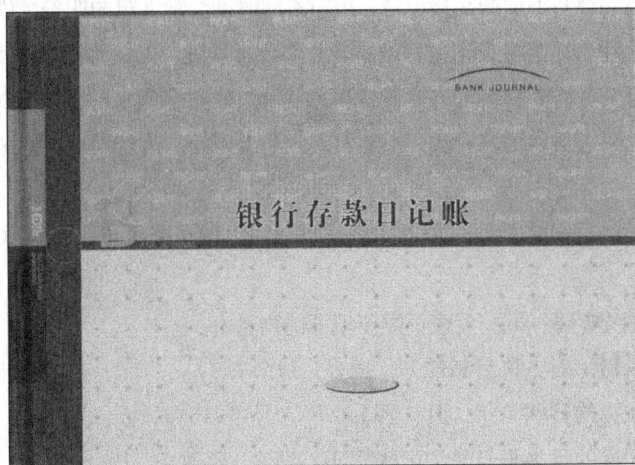

图 4.2　银行存款日记账封面

2. 扉页

账簿的扉页就像账簿的目录，主要用来填列账簿的使用方面的信息，包括科目、账簿启用的时间和启用的单位名称和经管人员，以及经管人员的交接顺序。

现金日记账的扉页如表4.3所示。

表4.3　　　　　　　　　　　　　　账簿启用及接交表

单位名称				印　　鉴				
账簿名称								
账簿编号								
账簿页数								
启用日期								

经管人员	会计科（处）长		会计主管		稽　查		记　账	
	姓名	盖章	姓名	盖章	姓名	盖章	姓名	盖章

接交记录	经　管　人　员		接　管			交　出		
	专业职务	姓　名	年	月	日	盖章	年	月	日	盖章

从表4.3可以看出，我们在启用一本新的账簿的时候，先要填写好扉页上面的信息。内容包括单位的全称和账簿名称，账簿的编号和册数，账簿的总页数，启用日期，经管人员的名称和职务，包括会计科长、会计主管、稽核、记账等人员。如果经管人员有更换的情况还要填写下面的交接记录，填写不同时期经管人员的职务、姓名和期间。这里，经管人员的姓名都要求亲笔签字并且盖上自己的名章。在右上角需要加盖启用单位的单位印鉴。如果财务科长和会计主管或者和稽核人员是同一个人，那么可以填写同一个人的名字。但是记账人员和稽核人员，不能由同一个人担任，这点大家要特别注意。

3. 账页

填写好账簿的扉页之后就可以开始登记日记账，填写账页。银行存款日记账的账页如图4.3所示。

从图4.3可以看到，每一页账页需要填写的内容有：

（1）会计科目（对方科目和借方，贷方，结余）；

（2）登记账簿的日期（年，月，日）；

（3）记账凭证的种类和号数（记账凭证、收款、付款）；

（4）摘要（记账的事由说明）；

（5）金额；

（6）页次栏和过次页拦。

年		凭证号	结算方式	摘 要	借方金额	核对号	贷方金额	余 额
月	日				亿千百十万千百十元角分		亿千百十万千百十元角分	亿千百十万千百十元角分
1	1			期初余额		0		0
1	1			进账	3000000			3000000
1	2			转出			1000000	2000000
1	29			转出			1000000	1000000
1	31			本月合计	3000000		2000000	1000000
2	1			转出			500000	500000
2	1			过次页			500000	500000

图 4.3 银行存款日记账账页

我们应当先填制好原始凭证和记账凭证，并且审核无误，再根据审核无误的会计凭证登记会计账簿。一般的会计账簿，我们可以根据业务量和自身的工作量等具体情况决定每隔几天记账。但是根据要求，现金日记账和银行存款日记账，我们应当根据已经办理完毕的收付款凭证，逐笔进行登记，并且要尽量随时登记，最少每天登记一次。

一张账页登记到最后一栏的时候，不要再登记发生的业务，而是在最后一栏写上"过次页"的字样，金额栏写上这一页的结余额。然后在新的一张账页的第一行摘要栏写上"承前页"字样，在金额栏里写上上一张账页的结余数，开始继续登记发生的收付业务。

【例 4-1】日记账账簿格式多种多样，但基本内容大致相同，其构成为（　　）。

A. 账页　　　　　B. 扉页　　　　　C. 封面　　　　　D. 封底

【答案】ABC

【例 4-2】下列账簿组成部分中，（　　）是记录经济业务事项的载体。

A. 封面　　　　　B. 扉页　　　　　C. 账页　　　　　D. 说明

【答案】C。账页是用来记录经济业务事项的载体，其格式因反映经济业务内容的不同而有所不同。

4.2　账簿登记的要求

登记账簿是财务主要工作之一。账簿是重要的会计档案资料和信息的储存工具。我们必须按规定的方法，进行账簿登记。账簿的登记应满足以下要求。

4.2.1　账簿的登记要正确和及时

登记账簿时，要按照业务发生的顺序，将日期、编号、业务内容的摘要、金额和其他有关资料记入账内，不能随意改换顺序。

要根据已经审核过的记账凭证进行账簿的登记。登记账簿后，要在已经记账过的会计凭证上签名或者盖章，并用笔画上"√"，表示已经记账。这是为了防止重复记账或者漏掉。在登记账簿的时候一定要一边记账一边标记，不可以省略，这是一个非常重要的记账习惯。工作中一定要养成良好的习惯。

账簿的登记一定要及时。在经济业务办理完毕并且取得相应的票据以后，及时填制原始凭证，经过审核后及时记账，及时核对现金和银行的余额，不能等到月末等再来记账。现金和银行存款日记账要求"日清月结"，也就是说每天都需要记账，并且把账目的余额和实际的现金余额及银行存款余额核对。

4.2.2　账簿登记要字迹清晰整齐

在第 2 章中专门讲解了出纳的基本功，其中之一就是阿拉伯数字和大写数字的书写，这个基本功在账簿的书写中尤其重要。

（1）账簿中书写的文字和数字上面要有适当空间，不要写满格，一般应只占格长的三分之一到二分之一。

（2）登记账簿要用黑色签字笔或者黑色钢笔书写，只有在更正错账中才按规定可以用红色墨水笔，不得使用圆珠笔或铅笔。

（3）字迹要工整清晰。阿拉伯数字不能连写，中文文字不能写草书。

（4）在账簿中禁止不按规定涂改，禁止刮擦、挖补、用"消字灵"或者胶带等更改字迹，金额更不可改动。

4.2.3　账簿的登记要连贯

登记账簿应该按页次顺序连续登记，在页次栏写上账页在正本账簿的页码，并且不得跳行、隔页。如果发生跳行、隔页，应将空行、空页划线注销（用笔画上斜线）或注明"此行空白"或"此页空白"字样，并由记账人员签名或盖章。

在每一账页登记完毕结转下页时，要在本页的摘要栏内注明"过次页"字样，在次页的摘要栏内注明"承前页"字样。

【例 4-3】下列对账工作，属于企业账账核对的有（　　　）。

A. 总分类账与所属明细分类账核对

B. 银行存款日记账与银行对账单核对

C. 债权债务明细账与对方单位账面记录核对

D. 会计部门存货明细账与存货保管部门明细账核对

【答案】AD。其他两项为账实核对。

【例4-4】下列选项符合账簿登记要求的是（　　　）。

A. 账簿登记完毕后，在记账凭证的"过账"栏内注明账簿页数或画钩，表示记账完毕

B. 登记账簿可以使用蓝黑墨水或圆珠笔

C. 将登记中不慎出现的空白划线注销

D. 根据红字冲账的记账凭证，用红字冲销错误记录

【答案】D。A选项，记账人员签名或注明标记（打钩）表示记账完毕；B选项，不可使用圆珠笔；C选项，只有在年终结转下年时，将空白行划线注销。

4.3　账簿的登记流程

在了解了会计账簿的内容和填写要求以后，下面介绍账簿的登记流程。

现在利用计算机登记电子账簿的单位正在逐步增多，电子账簿登记的准确性更高，容易检查，便于查询，录入效率高，更好保存，所以我们在这里来了解一下电子账簿的登记流程。电子记账软件种类繁多，这里只选取其中的一种通用财务软件，说明它的基础操作知识，给大家做一个示范性的介绍，希望大家能根据自己的实际情况，灵活运用。

4.3.1　电子记账软件的安装

我们要使用电子记账软件，第一件事情是在计算机上安装该软件。双击安装文件然后单击"下一步"，显示许可协议。单击"同意"将显示下一个安装画面，选择"不同意"则退出安装程序。单击"下一步"，显示"选择安装目的地"对话框，如图4.4所示。

选择软件将要安装的目录。系统默认为"C:\Program Files\"，若要改变路径，则单击"浏览"按钮，在"选择路径"对话框中选择

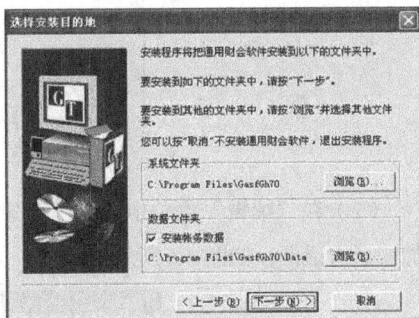

图4.4　软件的安装

新的安装目录。一般来说，因为 C 盘是一台计算机的系统盘，所以尽量不要存放在 C 盘，选择别的盘进行安装。

然后一直单击"下一步"按钮，程序会自动安装，直到安装完成。

4.3.2　电子记账的初始化

软件安装完成以后，我们可以在"程序"或者生成的快捷方式里面直接启动该软

件。这时我们需要对电子系统进行初始化。

1. 新建账套

首先，我们要知道账套的概念。

什么是账套呢？它是指一套会计软件中为多个不同的核算单位建立的账簿体系，这些账簿是各自独立的。比如我们可以为一个公司的每个下属分公司，设置一个独立的账套，这些分公司的核算记账报表，都是各自分开进行的。账套就是会计软件中为一个核算单位建立的一个数据文件或数据存放地，它使得每个账套具有独立性。

通用财会软件允许使用一套软件同时为多个核算单位记账，实现信息共享，同时为每个单位按年度分别建立账套，使各个不同的公司或者部门可以处理各自的财会核算业务，并保证各会计年度会计数据的完整性，为我们建立电子会计数据档案奠定基础。

所以要使用电子记账，第一件事情就是新建账套，输入账套基本信息，建立账簿体系和基础档案。

那么我们怎么新建账套呢？

（1）新建账套需要在"系统管理"子系统的主窗口中，单击账套管理图标打开账套管理窗口，如图4.5所示。

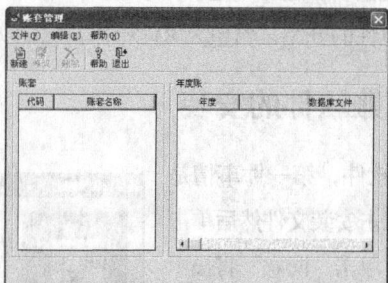

图4.5 账套管理窗口

（2）在"编辑"菜单中选择"新建账套"，或按工具条上的"新建"按钮，打开增加账套对话框，如图4.6所示。

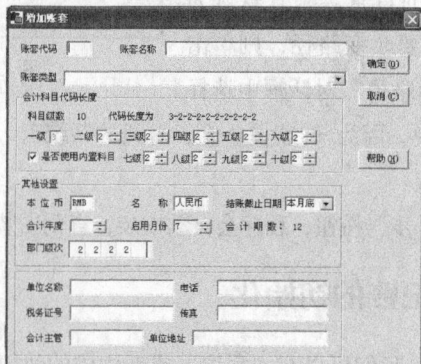

图4.6 录入账套信息

（3）如图 4.6 所示，我们在新建账套的时候，需要填写账套的基础信息，它就像为一个账套填写的"身份证"，是一个账套的"封面"，填写着名称和编号，让该账套唯一、独立，区别于其他的账套。我们需要填写下列内容：

① 账套代码：以字母或数字填写，该代码必须唯一；

② 账套名称：账套的名称。一般都是我们公司的名称，如果是分支机构或者独立部门，再在公司名称后加上分支机构或者部门的名称，但是最大长度一般有所限定，也就是说不能名称太长；

③ 账套类型：从下拉列表中选择，应根据本单位性质，执行的会计制度进行选择；

④ 本位币：设置本账套的记账本位币的代码和名称。一般默认是 RMB 人民币；

⑤ 启用日期：录入账套启用的会计年度和月份。默认日期为当前登录的年度和月份；

⑥ 结账截止日期：在下拉列表中选择结账截止的日期；

⑦ 会计期数：每个会计年度所包括的会计期数目，系统默认将每个自然月定义为一个会计期，共 12 期；

⑧ 需要填写的其他设置。

小贴士：建立账套时，这些都是必须填写的，填写好以后才能建立账套；而账套建立后，除账套名称及单位信息外其他信息如账套的编号，将不能再修改，如果发现设置有误，只能在删除该账套以后重新建立一个账套。

2．修改账套

账套新建以后，我们只能修改账套名称和单位相关信息。操作步骤如下：

（1）在"账套管理"窗口中，用鼠标选中要修改的账套；

（2）选择"编辑"菜单中的"修改账套"，弹出"修改账套信息"对话框，在该对话框上会显示所选账套的全部信息；

（3）在对话框中进行修改。填写完后单击"确定"按钮，即完成修改。

3．删除账套

如果错误地建立了一个账套或该套账已不再使用，则可以删除该账套。但是千万注意账套不能随意删除。

删除账套的程序如下：

（1）在账套列表中选择所要删除的账套；

（2）在"年度账"列表中选择要删除的年度账；

（3）选择"编辑"菜单中的"删除账套"，或直接按工具条上的"删除"；

（4）这时会出现"提示：是否删除××账套的××××年度数据"。

核对以后，选择"是"将删除该年度账，选择"否"将放弃删除操作。

这里需要注意的是，只有系统管理员才有删除账套的权限。

4.3.3 用户管理

在新建账套以后，我们需要给财务人员设置各自的用户名、密码和操作的权限，也就是进行用户管理。它是对使用系统的用户进行统一的管理，其中包括用户的基本信息管理及用户权限管理。系统有一个系统管理员，该管理员拥有"系统管理"中的所有权限，而其他操作员的权限则由系统管理员来设置。

用户管理应该包括以下要点。

（1）应该只有系统管理员才能对用户进行管理控制，比如财务主管才拥有此权限。但是有的公司财务人员较多或者有分支机构等特殊情况，也可以设置几个操作员都有系统管理的权限。这需要根据实际情况予以分配，既要提高效率，又要分清职责，防范混乱和风险。

（2）系统管理包括设置用户信息、密码、状态控制（如禁止登录）、查询在线状态、为操作员分配权限等。这样可以避免管理混乱，防止他人进入系统，防止用户越权使用，造成风险。

（3）在设置新的操作用户时，录入的用户"代码"必须唯一，不能重复。

在日常使用中，用户可以随时修改自己的登录密码，而且最好定期修改密码，这样可以加强安全性。

如果用户忘记了自己的密码，需要让系统管理员为用户撤销密码后重新设置。

4.3.4 数据管理

接下来我们来了解一下怎样进行数据管理。为什么要进行数据管理呢？也许有的财务人员认为这是计算机维护人员的工作，其实不是的。这也是我们财务人员重要的工作，该工作性质类似于手工记账中的归档和保管等管理工作。如果我们平时不对这部分的工作引起重视的话，一旦计算机出现了故障而无法修复，或者计算机被盗等，就会失去我们录入的所有数据，造成难以弥补的损失。

数据管理就是为我们录入的账务数据提供多种保护功能的工作，包括数据的备份、数据的恢复、数据的引入引出和维护等。

1. 数据备份

数据备份是数据管理的重要组成部分，它是将软件系统存放在计算机硬盘中的数据建立副本，然后存放到别的存储设施上，以利于保存。一旦硬盘数据丢失或被破坏，通过恢复功能可以使我们原来录入的系统数据得到恢复，从而保证账套的安全。

数据备份的流程如下：

（1）在"数据管理"窗口的"账套"下拉列表中选择要进行数据备份的账套。列表中列出了系统中所有的账套。默认显示最近操作的账套；

（2）在"年度账"列表中选择进行备份的年度账；

（3）从"数据"菜单中选择"数据备份"，或按工具条中的"备份"，弹出"数据备份"对话框，如图 4.7 所示；

（4）"数据备份"对话框中显示出我们要备份的账套代码、数据年度以及账套数据文件名称和存放的位置。在下拉菜单中选择要将数据备份到的驱动器及存放的路径。我们需要输入存放的文件名；

（5）单击"备份"，打开"备份文件信息"对话框；

（6）在对话框中显示出进行数据备份的用户代码以及要备份的账套代码、数据年度、备份时间等信息。在"备注"栏中输入备份数据的附加说明。单击"确定"，开始进行备份；

图 4.7　数据的备份

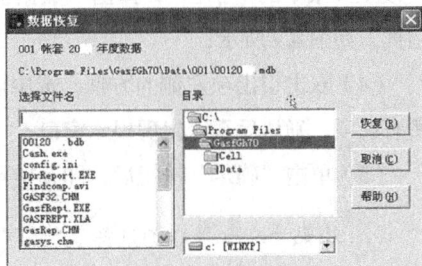

（7）如果该备份文件在该存放位置已经存在，那么系统将给出提示信息，确认是否覆盖原来的文件；

（8）备份完毕，系统提示"备份成功"。

小贴士：在备份之前，我们需要确认在存储的位置上有足够的空间。

2. 数据恢复

在了解了数据的备份以后，我们来看看数据出现问题的时候，我们该怎样恢复。

如果计算机发生故障或账务处理系统发生问题，使数据遭到破坏而只有对已备份的数据进行恢复处理，那么将使当前的财会数据恢复到备份时的情况。

（1）在"数据管理"窗口的"账套"下拉列表中选择要进行数据恢复的账套。列表中列出了系统中所有的账套，默认显示最近操作的账套。

（2）在"年度账"列表中选择要进行恢复的年度账。

（3）从"数据"菜单中选择"数据恢复"，或按工具条中的"恢复"，弹出"数据恢复"对话框。在对话框中将显示出账套代码、数据年度及账套数据文件名称和位置，如图 4.8 所示。

图 4.8　数据的恢复

（4）在上面的对话框中选择数据备份文件所在的驱动器及存放的路径。

（5）在文件列表中选择备份的文件名。

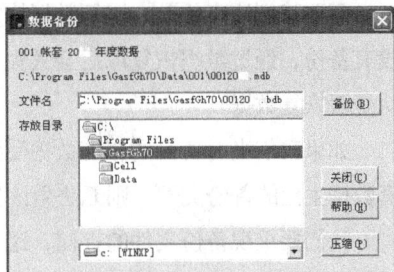

（6）单击"恢复"，打开"恢复文件信息"对话框。对话框中将显示出进行数据备份的用户代码以及要备份的账套代码、数据年度、备份时间以及在备份数据时输入的"备注"说明。

（7）单击"确定"，开始进行数据恢复。

需要特别注意的是，进行数据恢复时，将覆盖现有的账套数据，所以如果当前数据没有备份，经过数据恢复以后会丢失当前数据。在操作的时候我们应根据系统提示，确认是否恢复数据。

如果我们当时备份的存储数据受到破坏，数据格式错误，或与现有账套不是同一账套数据生出的备份文件，则无法用该备份文件进行数据恢复。

我们要重视备份文件的存储，比如将备份文件存到另外的计算机或者专门的移动介质上予以保管和存档，避免数据受到破坏而又无法恢复造成损失。

3. 数据引出

数据引出也是数据备份的一种形式，但是与上面讲的数据备份不同的是，数据引出是对整个账务系统的基础信息、凭证以及部分账表的操作。也就是说，引出可以只选择我们所想要备份的部分进行数据的引出，而数据备份只能备份一个会计年度的所有数据。

数据引出的流程如下：

（1）在"数据管理"窗口的"账套"下拉列表中选择要进行数据引出的账套。列表中列出了系统中所有的账套，默认显示最近操作的账套；

（2）在"年度账"列表中选择要进行数据引出的年度账；

（3）从"数据"菜单中选择"数据引出"，或按工具条中的"引出"，弹出"数据引出"对话框，如图 4.9 所示；

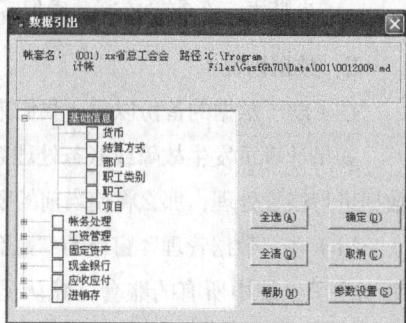

图 4.9　数据的引出

（4）双击引出项左侧的方框，选中需要引出的部分选项，或单击"全选"按钮选中所有选项，确认后系统出现提示窗口；

（5）单击"确定"按钮后，即开始数据引出操作。

小贴士：如果我们选择了凭证引出，还要相应选择需要备份哪个月的凭证。如果我们单击了"参数设置"，系统会显示引出数据的存放路径。

4. 数据引入

数据引入是上面数据引出的反向操作，也等于是一次"部分"的数据恢复。怎么进行数据的引入呢？

（1）在"数据管理"窗口的"账套"下拉列表中选择要进行数据引入的账套。列表中列出了系统中所有的账套，默认显示最近操作的账套。

（2）在"年度账"列表中选择要进行数据引入的年度账。

（3）从"数据"菜单中选择"数据引入"，或按工具条中的"引入"，弹出"数据引入"对话框，如图 4.10 所示。

（4）双击引出项左侧的方框，选中需要引入的部分选项，或单击"全选"按钮选中所有选项，确认后系统出现提示窗口。

（5）单击"确定"按钮后，即开始数据引入操作。

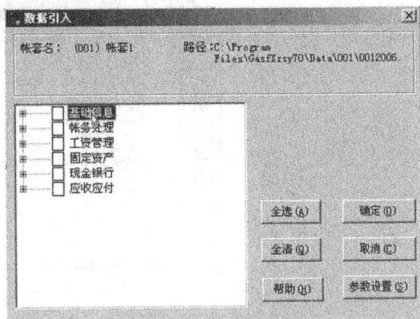

图 4.10　数据的引入

4.3.5　日志管理

操作日志记录了各用户使用系统的详细情况，便于系统管理员查看每个人的工作详细记录，以及时对系统进行维护。

因为系统管理员及其他用户在进行操作后，在日志文件中会有相应的记录，所以管理员可以根据日志上面记录的操作，来管理其他的用户，可以及时发现违规现象，防范风险。

日志管理包括"日志查询"和"日志删除"。这里重点讲一下日志查询。

日志查询是什么呢？它是将记录在系统中的用户使用情况按我们指定的条件以列表的形式显示出来，就像一个记录我们做了什么操作工作的文档。

日志记录的主要内容有，用户名称、进入时间、退出时间、各个子系统、账套名称等。可将查询的日志信息打印出来。

进行日志查询的流程如下：

（1）按照账套名称选择要进行日志查询的账套；

（2）选择操作员，我们可以选择某一用户名称，查询该用户在系统中的操作情况；

（3）选择子系统，查询某一子系统的使用运行情况；

（4）选择我们想要查询的系统功能名称予以查询；

（5）输入使用系统的时间段；

（6）单击"确定"按钮，屏幕弹出日志管理窗口，显示查询结果，如图 4.11 所示。日志管理中记录着管理员操作的详细记录。

图 4.11　日志管理

4.3.6　账务处理

在完成初始化和基本的管理流程之后，我们现在来了解如何用该软件进行账务处理。

账务处理是整个通用财会软件的核心，它包括期初建账、日常账务处理、月末结账和年末结账。我们在这里主要介绍常用操作：建立各种编码和设置账务参数；日常记账凭证处理以及分类汇总，生成总账、明细账、日记账等账务信息；月末、年末的结转。

账务处理操作流程如图 4.12 所示。

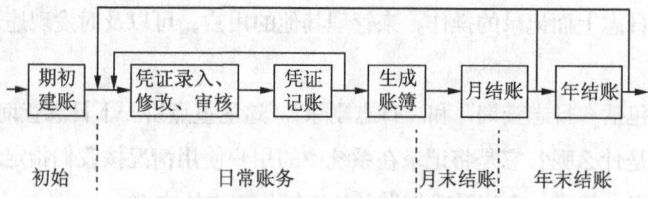

图 4.12　操作流程图

从图 4.12 可以看到，账务处理是一个周期性的工作，而且最基本的周期就是会计月度。在每个会计月度内，要依次进行日常账务处理、月度结账。日常账务包括凭证处理、凭证记账、输出账簿等。当日常账务进行到月底，要进行月度结账；当日常账务进行到年底，要进行年度结账。

1．期初建账

我们从手工会计过渡到使用财会软件，首先需要做什么呢？

首先我们必须将手工账中的有关信息录入软件系统中，才能进行日常账务处理，手工记账与账务处理相衔接的过程即期初建账。期初建账只在我们开始进行电子记账的时候进行此操作，在期初建账以后，账务处理在此基础上进行。

期初建账的流程如下。

（1）基础设置

编码是计算机存贮数据和查询数据的基础和前提条件。在初次使用通用财会软件时，首先要通过基础设置建立各种编码和设置会计参数。这些代码表包括部门、项目、银行、职工类别、职工。如果这些代码表不能满足我们的核算要求，那么通用软件还提供了由"用户自定义"核算编码的功能。会计参数的设置包括会计期、货币、会计科目、结算方式、多栏账设置、凭证类型和参数设置。

（2）部门设置

部门是指一个公司从行政上划分的一个内部管理机构，如管理部门、财务部门、科研部门等。

（3）会计科目设置

会计科目是会计核算的基础和核心。在系统管理的账套设置中，已设定会计科目代码总长度、代码级数和各级代码的长度（总长度不能超过 25 位）。系统内置的会计科目不允许删除修改，同时不允许增加一级科目。

增加科目的流程如下。单击会计科目图标，屏幕出现会计科目窗口，如图 4.13 所示。

图 4.13　会计科目设置

我们可以看到其中科目代码、科目名称必须录入。

在增加明细科目时，如果某一科目在本年度已有余额或发生额，本系统允许增加下级科目，处理方法是将该科目的余额或发生额移到第一个增加的下级明细科目中（凭证中的科目代码也同时改为这个下级明细科目）。如果需要对原科目余额或发生额在增加的下级明细科目间进行分配调整，则可以通过制作转账凭证进行记账调整。没有上级科目不允许增加下级科目。

（4）凭证类型设置

凭证类型是对凭证种类的划分，便于对凭证的管理和查询。在凭证输入前必须确定类型，凭证类型使用后只能修改（修改时，凭证字会同时修改，不能删除）。

不同的单位对凭证格式的要求是不同的。有的采用一种凭证格式，即记账凭证；有的采用三种凭证格式，即收款凭证、付款凭证、转账凭证，简称为收、付、转；有的采用五种凭证格式，即现金收款凭证、现金付款凭证、银行收款凭证、银行付款凭证和转账凭证。个别单位还有更特殊的要求。

（5）参数设置

本系统可查询当前账套的有关信息，包括单位信息和账套参数，并可重新设置当前账套的有关参数。一般可修改单位的信息，可重新设定小数位数，设置账簿余额方向、系统字体、账簿显示颜色等。

（6）初始数据录入

初次使用电子记账系统，必须设置初始余额及累计发生额，把账上各明细科目的年初余额或初始借贷方累计发生额输入系统。一旦正式运行，有关余额及发生额将由系统自动结转，不必每月另行输入。如果建账月份为元月，则只需输入年初余额；如果不是从年初使用电子记账系统，不但要输入年初余额，还要输入建账年度年初到建账月度月初为止的借贷方累计发生额。这样年末才能获得全年完整资料，才能生成年报报表。

具体操作流程如下。

① 单击初始账按钮，打开账务处理初始账窗口，单击初始账图标，然后可以看到，"科目代码""科目名称""币别"栏目的内容由系统自动列出，其中的内容是我们在设置会计科目时输入的。

② 修改科目余额方向时，选中要修改的科目方向，单击"方向"图标，就能修改一级科目的方向，即借贷方，下级科目默认一级科目的方向。

例如，在科目 101 的"年初余额"的"本币借方"处输入相应的余额数字，"本币贷方"为空。按照上述方法依次往下输入。

③ 输入完毕，单击"余额校验"按钮生成初始科目汇总表。这是为了对初始建账中各科目的各项金额按照会计等式进行平衡校验，以避免输入错误。如果输入的初始余额不平衡，系统将给予提示，我们就需要进一步去校核，直到修正错误，试算平衡方能生成初始科目汇总表，如图4.14所示。

④ 这时才算是初始数据录入完毕，按"校验"按钮，屏幕上会显示"初始数据平衡"。

以上操作完成后，账套可以启用，开始日常账务处理。如果在第一个月结账前，发现初始余额录入有错，还可对初始数据进行修改，但是月末结账后，初始数据不可修改。

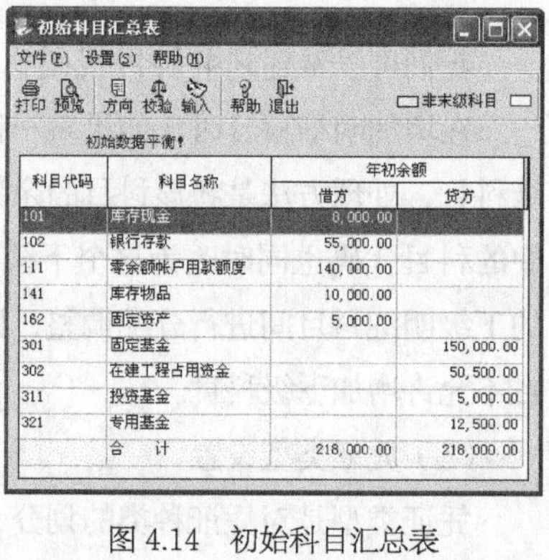

图4.14　初始科目汇总表

小贴士：*初始数据录入完成后，最好做一次数据备份。*

至此，电子记账中最基础的工作——期初建账过程结束。下面我们将介绍日常账务以及结账工作。

2．凭证处理

凭证处理是会计工作中最繁多也是最重要的工作之一。这里，凭证是指记账凭证，凭证处理包括录入、修改、审核等功能。

（1）凭证录入

完成新凭证的输入并保存凭证，是财务软件中使用最频繁的功能。一般的软件在录入过程中，都提供了快捷键等工具。熟练操作以后，使用快捷键录入比鼠标录入速度更快。

操作步骤为，单击凭证按钮，屏幕弹出账务处理凭证的窗口，然后单击凭证录入图标，打开凭证录入窗口。如图 4.15 所示。

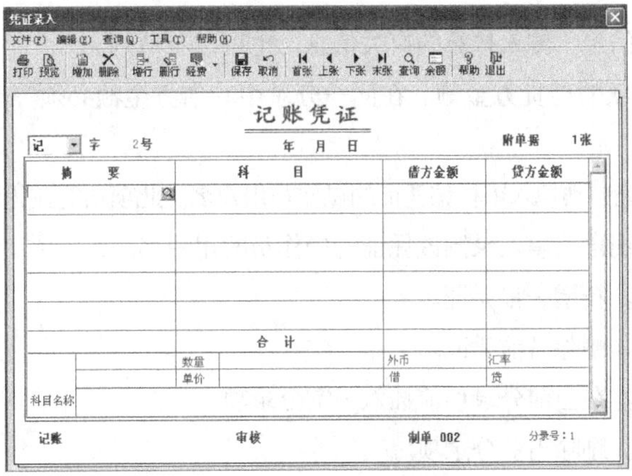

图 4.15　电子凭证录入

我们从上面的窗口中可以看到，电子凭证格式与手工状态基本是一样的。我们可以像填写手工凭证一样输入电子凭证。在录入凭证之前，我们对凭证录入格式进行一个简单的说明。

① 凭证录入窗口是典型的 Windows 风格的窗口，如图 4.15 所示，该窗口中有菜单、工具栏、工作区。

② 字、号。字即凭证类型，是选择项。系统根据建账时所设定的凭证类型提供相应的选择项，如果建账时设置凭证类型只有一类，则不需要考虑本项功能。号是凭证号，凭证号由系统自动生成。系统中按不同的类型和月份对凭证编号，因此同种凭证在一个月度内不会重复，这样可确保凭证号的连续和唯一。

③ 年、月、日。输入凭证的日期，系统默认为登录日期，"年"必须为账套的年度。

④ 附单据张。输入所附原始单据张数，系统默认设置为1。

⑤ 摘要。选择相应的汉字输入方法输入分录项的摘要，最多可输入 20 个汉字。当增加一新的分录项时，系统自动将上一分录项摘要带下来，常常只需稍做修改，即可成为新分录项的摘要。如果用户整张凭证都使用一个摘要，可直接进入科目代码的输入。

小贴士： 一般的软件都提供了"常用摘要"的功能，我们在输入时，可从我们保存的常用摘要里选择所需的摘要，避免多次录入。

⑥ 自定义摘要。我们可以自己定义本单位常用的摘要。

⑦ 科目。直接输入相应分录项的末级明细科目，可在科目栏直接输入科目名、代码或简码，按回车键后，系统自动显示对应的会计科目。

小贴士： 我们录入的是记账凭证，所以必须要求分录项中的科目为末级明细科目，才能确定明细账户。

⑧ 科目辅助信息。输入核算的有关信息，也可以不填列。

⑨ 输入分录项的借贷方金额。在同一分录中，借方金额必须等于贷方金额，否则无法正常保存。

⑩ 审核。系统自动填入审核该凭证的操作员用户名。此项功能在凭证审核时才显示。

⑪ 制单。系统自动填入录制该凭证的操作员的用户名。

⑫ 增加凭证。新增一张凭证。

⑬ 删除凭证。删除当前凭证。

⑭ 插入分录。在当前分录项前插入一空分录项。

⑮ 删除分录。删除当前分录项。

⑯ 凭证查询。对已输入的所有凭证按一定条件进行检索，并将检索出的凭证显示在屏幕上。

⑰ 上张、首张、下张、末张凭证。打开记账凭证窗口后，如果已经录有凭证，系统默认将所有的凭证都显示在屏幕上，用户可通过"首张""上张""下张""末张"按钮来翻看所查到的凭证；在进行修改时，用户查询到一批凭证后，也可通过"首张""上张""下张""末张"按钮来翻看所查到的凭证。"首张"将该类凭证的第一张凭证显示在屏幕上；"上张"将该类凭证中比当前凭证号小一号的凭证显示在屏幕上；"下张"将该类凭证中比当前凭证号大一号的凭证显示在屏幕上；"末张"将该类凭证中最后一张凭证显示在屏幕上。这四个按钮对应的功能热键分别为 Home、PgDn、PgUp、End。

⑱ 保存。将当前凭证存盘。在存入凭证时，系统会对每张存入的凭证自动进行平衡检查，还要检查科目是否为最明细科目以及是否出现资金赤字的情况。检查通过才正式存入凭证，否则要求我们继续修改。

⑲ 取消编辑。取消对当前凭证所做的最新操作。

⑳ 打印。将凭证输出到打印机。

㉑ 退出。结束凭证录入并且关闭该凭证录入窗口。如果没有保存凭证，系统会提示我们是否保存。

㉒ 在记账凭证窗口中，各功能按钮都有相对应的菜单项命令，

㉓ 存草稿。将当前没有录入完毕的凭证保存起来。

㉔ 取草稿。将上一次保存下来的凭证调出来，可以继续录入未录完的分录。

小贴士：存样和取样以及存草稿和取草稿都是为减轻用户录入凭证工作量而提供的简便工具。我们可以将常用的凭证作为样本保存起来，以后要输入类似的凭证时，取出所存的样本，稍加修改，即可完成新凭证的录入。

以下举例说明凭证的录入操作。

【例 4-5】某公司 2011 年 5 月 12 日从建设银行基本账户提取现金 1 500.00 元人民币备用。现金支票单据号为 2005。我们录入以下分录。

借：现金　　　　　　　　　　1 500

　贷：银行存款/建设银行　　　　　1 500

单击"增加凭证"按钮，光标停在"摘要"栏。

在摘要栏输入"提现"，按 ENTER 键。

在科目栏输入"1001 现金科目"，按 ENTER 键，科目栏显示相应的科目名称。如不知科目代码，在科目栏按 ENTER 键，屏幕弹出选择科目窗口，操作方法请参见前述。

在借方金额栏输入"1500"，按 ENTER 键，将光标移到摘要栏，系统自动将摘要带到下一个分录。

进行下一分录的科目、贷方金额的输入，科目处录入"1002 银行存款"，按 ENTER 键，开始科目辅助信息的录入。选结算方式为"现金支票"，结算号为"2005"，按 ENTER 键，在贷方金额栏输入"1500"，按 ENTER 键，单击"保存"按钮即可生成一张新凭证，如图 4.16 所示。

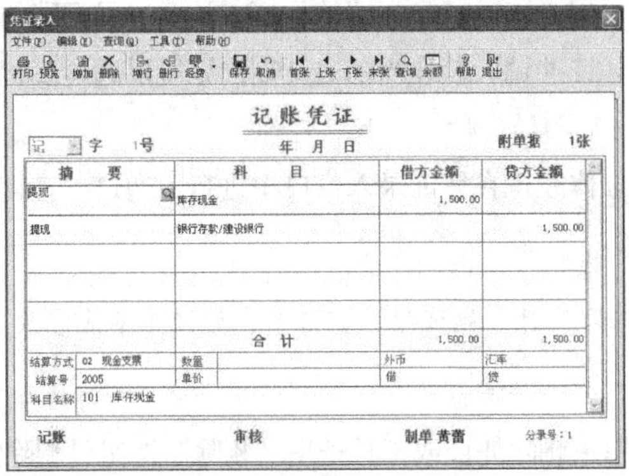

图 4.16　提取现金凭证录入

需要注意的是，在这里结算方式和结算号将作为支票管理和银行对账的标志。

【例4-6】光华公司发生的业务和会计分录如下。

购入库存物品 10 个，物品单价为 200 元／个，用建行存款支付货款 2 000 元。银行结算单据号为 1002。

借：库存物品 2 000
　　贷：银行存款/建设银行 2 000

该凭证与上面凭证的录入方法相同。但在录入第一个分录中的库存物品科目时，会自动弹出辅助核算项"购货入库"及"数量""单价"的录入提示。在"采购货物"项单击放大镜选择核算项"存货"（操作方法同初始账中核算项的选择），并在数量栏录入"10"个，单价栏录入"200"，作为进行辅助核算的依据。然后生成凭证如图 4.17 所示。

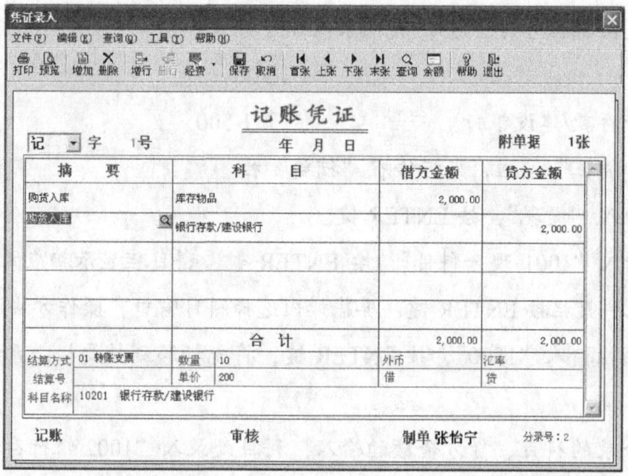

图 4.17　实例 凭证的录入

（2）凭证修改

可以修改已经录入但尚未审核、记账的凭证，注意，已记账的凭证不能修改，如有错误，只能通过红字凭证冲销。若在当前会计期内则可以通过反记账，取消审核，再进行修改。

在本软件中，凭证修改也在凭证录入窗口中进行，通过"查询凭证"找到要修改的凭证，然后进行修改。

小贴士：凭证修改时，凭证年、凭证号、凭证字不能修改。

（3）凭证的删除

单击"编辑"菜单中删除凭证或工具条中"删除"按钮可删除凭证。

（4）凭证的审核

我们所录入的凭证，必须经过审核才能进行记账。审核凭证和修改凭证的屏幕格式基本一样。

凭证审核的过程是：

① 找到要审核的凭证；

② 对凭证进行审核。

【例4-7】对1月份所有的凭证进行审核。

① 单击凭证处理窗口中的凭证审核图标，打开凭证审核窗口。

② 单击"凭证查询"按钮，出现未记账凭证查询条件对话框，如图4.18所示。

③ 单击"按会计期查询"，在"会计期"输入"01"，单击"确定"按钮，系统将1月的所有未记账凭证提取出来，当前凭证是1月的第一张凭证。

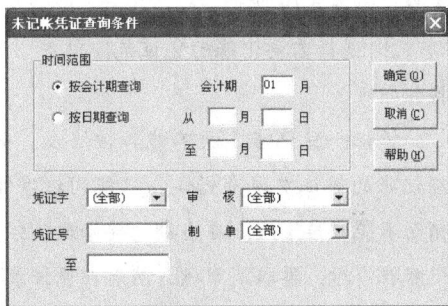

图 4.18　凭证的审核

④ 单击"审核"按钮，可对当前凭证进行审核。审核时，在"审核"栏写入当前用户名，表明该凭证已通过审核。

⑤ 按"下张凭证按钮"，依次调出满足条件的凭证进行审核。

⑥ 凭证审核后，单击"消审"按钮可取消审核，并且将"审核"栏清空。

⑦ 单击"编辑"菜单，选择"全审"，出现提示信息"本功能将对所有非您制单的凭证进行审核，是否继续？"，单击"是"，系统将审核本月的所有凭证。

⑧ 单击"编辑"菜单，选择"全消"即可取消本月所有的凭证审核。

需要特别注意的是，系统要求审核与制单不能为同一用户，同时，谁审核谁取消，所以凭证消审与凭证审核必须为同一用户。

（5）凭证查询

通过凭证查询，我们可以对已输入的凭证按一定的条件进行检索，并将检索的结果显示出来。

我们在凭证录入中使用查询可查到所有的凭证。其中已审核记账的凭证不可以修改，仅供凭证冲销时查看；只有未审核和记账的凭证可以修改。

（6）凭证汇总

凭证汇总实现对所有录入的记账凭证按一定条件范围进行汇总，并生成和输出记账凭证汇总表，以便了解某一科目的业务发生量。凭证汇总表也要单独装订成册。

（7）凭证记账

执行"记账"后，可以生成各种明细账、总账。同时凭证中的银行分录项，可供对账使用；凭证中的往来分录项，可供往来核销使用。如果没有凭证可以登账，系统将给予提示。处理完成之后，退出凭证记账功能。

【例 4-8】光华公司财务人员需要对 1 月份的凭证进行记账处理。

① 单击凭证记账图标，屏幕弹出凭证记账窗口，如图 4.19 所示。

② 选择需要记账的凭证范围单击"记账"按钮即可。

凭证一旦记账，就不能再被修改。如果已经记账的凭证发现有错误，只能用红字凭证冲

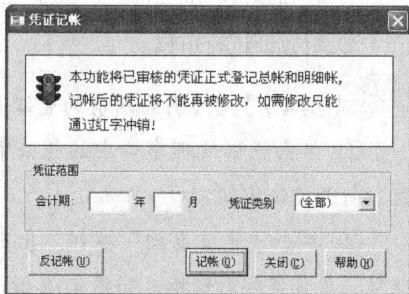

图 4.19　凭证记账

销而不能直接修改。在当期想要修改已经记账的凭证，可以直接反记账，也就是将凭证记账取消后，再取消审核，然后在凭证录入模块中进行修改。但是此操作在结账以后不能使用。

（8）凭证打印

打印的内容分为两类，也就是凭证的打印和账簿的打印。

凭证打印首先要进行打印设置，包括设置纸张、打印边距、栏目宽度和打印字体。

每张 A4 纸最多可打印两张凭证，在凭证打印设置中可进行修改。

每张凭证的分录数设置为 6 行，则凭证分录数超过 6 条时，系统自动把它分成多张凭证来打印。

在打印的凭证下方会自动生成财会主管、制单、审核等字样。但是要注意的是，现金凭证上面应该有出纳字样。

凭证也可以实现套打。也就是按固定的纸张和固定的格式将所选定的多张凭证连续地打印出来。

我们必须先为套打进行打印设置，然后选择要打印的凭证种类和凭证的时期，比如选择 12 月份的所有现金付款凭证，或者选择 1 月份的由某位财务人员制单的、凭证号以 15 号到 25 号的银行收款凭证。

（9）凭证冲销

在凭证记账后，如果是在当年内发现填写错误，和手工凭证一样，可以制作一张与原内容相同的冲销凭证，并在摘要栏内注明"冲销某月某字号某种凭证"字样。

凭证的冲销和凭证的录入是一样的，只是一个反向操作。

我们在输入冲销凭证的时候，首先打开要冲销的凭证，然后做凭证冲销，软件会自动生成一张新的凭证。该凭证和要冲销的凭证内容一样，只是凭证金额变为负数，用红字显示出来，再单击保存就可以了。

【例 4-9】光华公司的财务人员发现 11 月的银行付款凭证有错误，重复记账，现在需要冲销 11 月银行付款第三号凭证。其操作流程如下。

① 单击凭证录入图标，打开凭证录入窗口。

② 查找到 11 月银行付款 3 号凭证，查看该凭证的内容，确定是否为要冲销的凭证。

③ 单击"编辑"菜单的"冲销凭证"命令，然后屏幕会自动弹出冲销凭证窗口。输入会计期为 11 月，凭证号为 3，单击"确定"按钮，即可生成一张冲销凭证。

④ 新生成的冲销凭证可用凭证查询功能进行查看。最好查看一下银行存款的科目余额，以进一步保证做账的正确性。

⑤ 退出凭证录入窗口。

（10）生成科目汇总表

记账完毕需要生成该月份的科目汇总表。科目汇总表反映的是该月所选科目的期初余额、借贷发生额、累计借贷发生额和期末余额，以便很好的检查录入和保存是否存在错误。生成科目汇总表的流程如下：

① 单击"科目汇总表"图标，屏幕上弹出"科目汇总表"设置框。选择科目级次，币别为"人民币"，选择要检查的会计期，比如 10 月；

② 单击"□包括本年累计数"，"□"出现符号"√"，表示所输出的科目汇总表包括本年累计数。若不选，则表示所输出的科目汇总表中不包括本年累计数；

③ 单击"□包括未记账凭证"，"□"出现符号"√"表示所输出科目汇总表包括未记账凭证。如果不选择此项，那么未记账的凭证在科目汇总表里无法显示；

④ 单击"确定"按钮，输出包括明细科目的汇总表，其显示出来的账页如图 4.20 所示。

3．生成账簿

记账完成以后，需要生成账簿，以保存和归档。其中包括生成日记账、明细账、总账、余额表，以及账簿打印。

（1）生成日记账

我们可以从电子系统中直接输出现金科目和银行存款科目的日记账。

日记账账页的内容包括"借方发生额""贷方发生额"和"余额"三栏，还包括"对方科目"和"本日合计"栏。

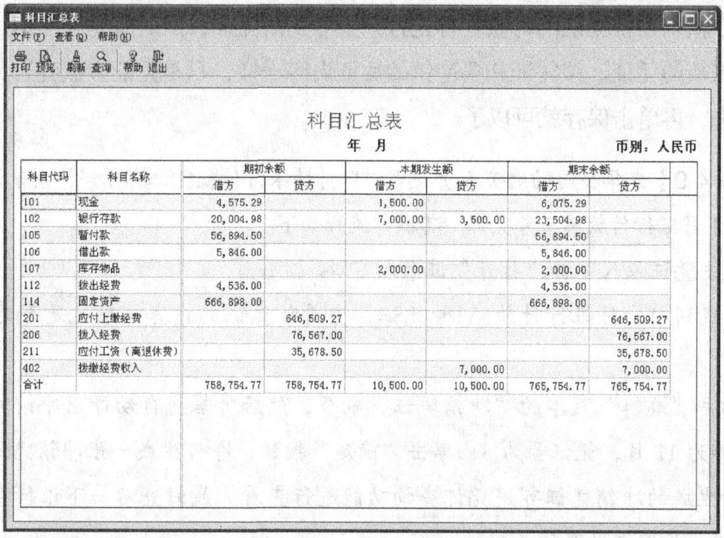
科目汇总表

年　月　　　　币别：人民币

科目代码	科目名称	期初余额		本期发生额		期末余额	
		借方	贷方	借方	贷方	借方	贷方
101	现金	4,575.29		1,500.00		6,075.29	
102	银行存款	20,004.98		7,000.00	3,500.00	23,504.98	
105	暂付款	56,894.50				56,894.50	
106	借出款	5,846.00				5,846.00	
107	库存物品			2,000.00		2,000.00	
112	拨出经费	4,536.00				4,536.00	
114	固定资产	666,898.00				666,898.00	
201	应付上缴经费		646,509.27				646,509.27
206	拨入经费		76,567.00				76,567.00
211	应付工资（离退休费）		35,678.50				35,678.50
402	拨缴经费收入				7,000.00		7,000.00
合计		758,754.77	758,754.77	10,500.00	10,500.00	765,754.77	765,754.77

图 4.20　科目汇总表

【例 4-10】光华公司财务人员 7 月记账完毕以后需要输出 7 月的现金日记账。其操作流程如下。

① 单击日记账按钮，打开账务处理里面的日记账窗口。

② 单击现金日记账图标，出现现金日记账设置对话框，如图 4.21 所示。

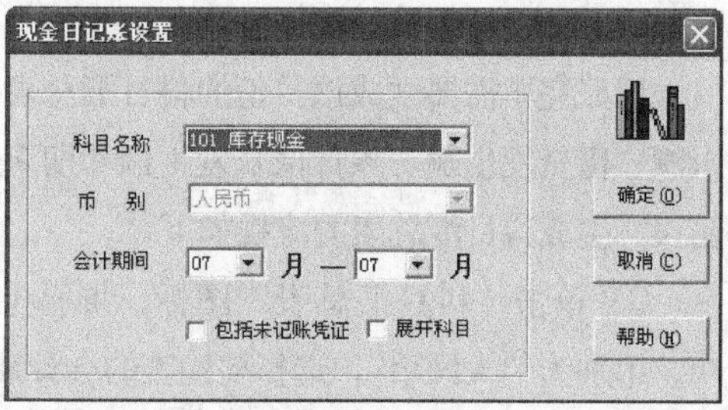

图 4.21　现金日记账设置

③ 输入现金科目“101”后，科目名称和币别自动显示，输入会计期间为“07 月—07 月”，单击“确定”按钮，屏幕弹出现金日记账，如图 4.22 所示。

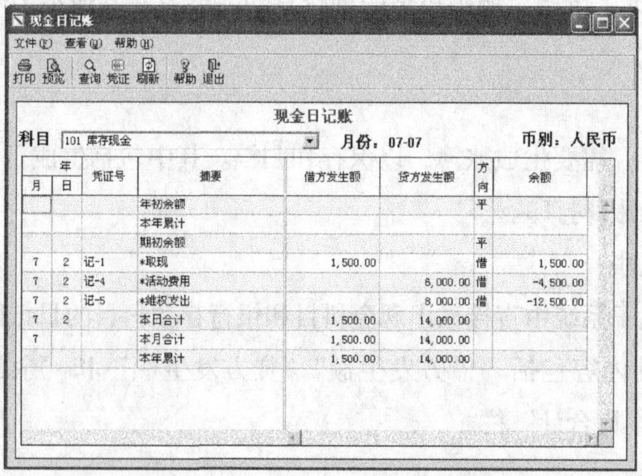
现金日记账

科目 101 库存现金　月份：07-07　币别：人民币

年		凭证号	摘要	借方发生额	贷方发生额	方向	余额
月	日						
			年初余额			平	
			本年累计				
			期初余额			平	
7	2	记-1	*取现	1,500.00		借	1,500.00
7	2	记-4	*活动费用		6,000.00	借	-4,500.00
7	2	记-5	*维权支出		8,000.00	借	-12,500.00
7	2		本日合计	1,500.00	14,000.00		
7			本月合计	1,500.00	14,000.00		
			本年累计	1,500.00	14,000.00		

图 4.22　电子现金日记账

④ 单击“退出”按钮，关闭现金日记账窗口。

⑤ 关闭日记账窗口。

如果我们想要输出全年的现金日记账，那么只要在会计期间中输入“1 月—12 月”即可。

现金日记账设置包括以下内容。

“包括未记账凭证”复选框。用鼠标单击“□”，“□”中出现“√”符号，表示所输出的现金日记账包括未记账凭证，在账簿中未记账凭证的摘要前注有“*”；再次用鼠标单击“□”，“□”的“√”消失，表示所输出的现金日记账不包括未记账凭证。

此复选框还出现在账簿的其他选择项中，操作方法相同。

现金日记账窗口中的按钮说明如下。

- 刷新：重新从数据库取数，生成现金日记账。
- 查询：弹出现金日记账设置对话框，供用户重新设置会计期间，生成新的现金日记账。
- 凭证：调入凭证查询窗口，显示账页中当前分录对应的凭证。

银行日记账输出的操作方法和现金日记账相同，这里不重复介绍，输出的账页格式如图 4.23 所示。

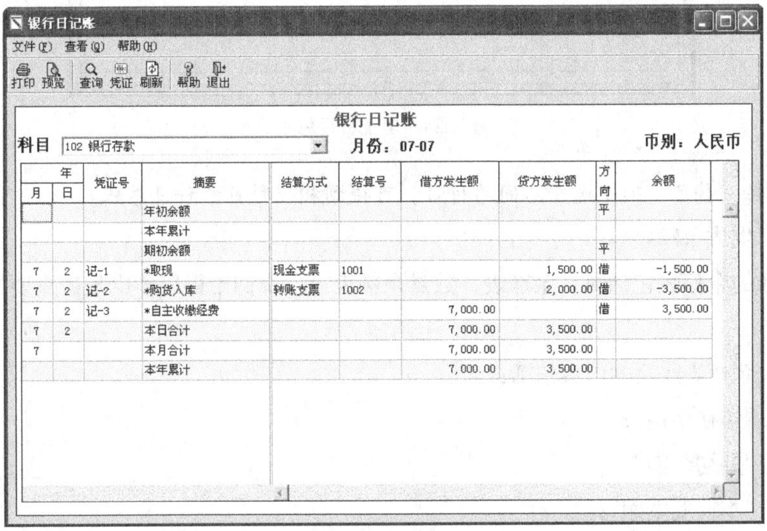

月	日	凭证号	摘要	结算方式	结算号	借方发生额	贷方发生额	方向	余额
			年初余额					平	
			本年累计						
			期初余额					平	
7	2	记-1	*取现	现金支票	1001		1,500.00	借	-1,500.00
7	2	记-2	*购货入库	转账支票	1002		2,000.00	借	-3,500.00
7	2	记-3	*自主收缴经费			7,000.00		借	3,500.00
7	2		本日合计			7,000.00	3,500.00		
7			本月合计			7,000.00	3,500.00		
			本年累计			7,000.00	3,500.00		

图 4.23　电子银行日记账

（2）生成总账

输出了银行存款和现金日记账等明细账以后，需要输出总账。总账是其所属明细账的总括。总账有不同的类型，一般分为科目总账、数量总账、核算项科目总账等。我们用得最多的是科目总账。

【例 4-11】光华公司财务人员在 1 月末记账完毕以后，生成按科目汇总的科目总账，其操作流程如下。

① 单击总账图标，打开总账窗口。

② 单击科目总账图标，弹出科目总账设置对话框。单击放大镜图标选择会计科目。如果不选则默认为全部，显示出来的科目总账会包括全部科目的内容。然后选择会计期间为"01"。如果不选择会计期间一般默认为当期。录入科目级次，复选"包括未记账凭证"。

③ 单击"确定"按钮，科目总账账页如图 4.24 所示。

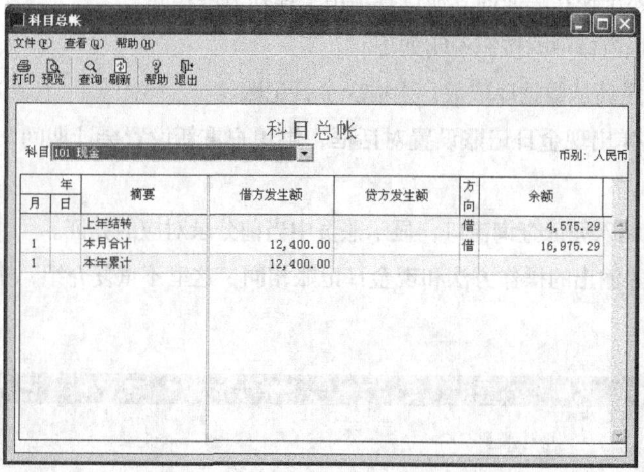

图 4.24 电子科目总账

④ 在"科目"项中选择不同的科目，可得到相应科目的科目总账。

（3）生成余额表

生成的余额表包括科目余额表、数量余额表等。我们用得最多也是最重要的是科目余额表。

科目余额表账页的内容包括：

① "年初余额"；

② "期初余额"；

③ "本期发生额"；

④ "累计发生额"；

⑤ "期末余额"。

上述内容均包括"借方"和"贷方"两个栏目。

科目余额表账簿显示如图 4.25 所示。

（4）账簿的打印

账簿的打印和凭证的打印相同，这里不再重复。

图 4.25　电子科目余额表

4．结账

出纳人员要做到日清月结，所以我们需要每天对账、结账。在电子系统的结账方面有日结、撤销结账、月结、日报表等几项功能，下面逐一介绍。

（1）日结

【例 4-12】光华公司财务人员在上月结账以后，10 月需要将出纳账结账至 10 月 10 日。其操作流程如下。

① 单击"结账"按钮，打开结账窗口。

② 日结工作可以每天进行，但是如果连续几天没有业务发生，也可以几天结一次账，在结账终止日期框中录入最近的结账日期即可。单击日结图标，打开"日结账"对话框，当前的出纳日期为"2016-10-01"，因为我们需要把账截止到 2016 年 10 月 10 日，所以在结账的终止日期中录入"2016-10-09"。

③ 单击"确定"按钮，将出纳账结账至"2016-10-10"，如图 4.26 所示。

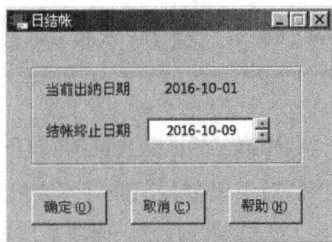

图 4.26　电子日结账

（2）撤销结账

在需要更改当期的凭证时，我们可以撤销结账。

撤销结账是与日结和月结相反的操作。平时尽量不要采取撤销结账的方式。因为撤销结账将使得撤销结账日期以后的所有记录被删除。在撤销结账日期框中输入当前结账日期以前的任意日期均可。撤销结账以后，我们输入的该日期以后的所有记账记录将被删除，同时撤销结账，如图 4.27 所示。

（3）月结

除开日结以外，我们还需要在每月月底进行月结工作。

双击月结图标，单击"确定"按钮，即可对当前的账务进行月结账，如图 4.28 所示。

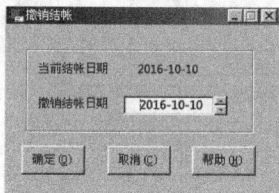

月结和日结并不会相互冲突，所以如果月结的时候有未进行"日结"的工作日，月结账仍可进行，系统会同时把当前月所有工作日结账。同样地，月结账后仍可在"撤销结账"中撤销结账，但是尽量不要采用。

月结如图 4.28 所示。

图 4.27　撤销结账　　　　　　　　图 4.28　电子月结

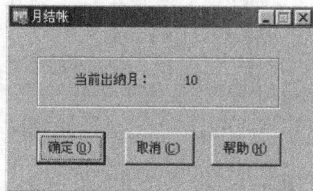

（4）日报表

日报表是一种出纳专门的报表，顾名思义，每天都可以生成日报表，它反映的是当天的资金情况。

在做完出纳日记账以后，在电子系统中打开现金和银行存款日报表，输入查询日期，单击▾按钮，就可以很轻松地查看当天的现金和银行存款科目的发生额和余额。

4.4　会计账簿的装订和归档

和第三章记账凭证的装订一样，会计账簿在年度结账后，应按时整理装订，进行归档。对于现金日记账等本来就是订本式的账簿，不用装订，但是要进行逐页逐本的检查，然后予以归档。账簿装订和归档的基本要求如下。

4.4.1　账簿的检查

翻开账簿的扉页，按账簿启用表的使用页数核对，检查账页数是否齐全，序号排列是否连续，是否有断号、漏号的情况。如果需要装订的话，要在检查无误后按账簿封面、账簿启用表、账簿目录、该账簿按页数顺序排列的账页、账簿封底的顺序排列整齐。

4.4.2 账簿装订要求

虽然有的企业用的是订本式账簿，直接手工记账，这样不用装订账簿，也有很多企业用的是电子记账的方式，所以打印出来的账簿需要进行装订。

首先，整理已登记的账页，账页数填写齐全，用牛皮纸做封面、封底，装订成册。装订方法可以参考第三章介绍的凭证的装订，当然也可以采用外包的方式到专门广告制作或者大型的复印店进行装订。

装订出来的账簿应该牢固而且不能有毁损折角、订错、漏掉页码等情况。账簿的封口处也要加盖有关的公司印章。

然后按照年为单位，对账簿的册数进行编号，并且写在封面上。

以银行日记账为例，账簿封面如表 4.4 所示。

表 4.4 账簿封面

_____有限公司_____分公司

银行日记账

年 度	2010 年	全 宗 号	_____	类 别	银行日记账
保管期限	25 年	会计处理号	_____	卷 号	_____

共 册 第 册 本册共 张

小贴士：多栏式账、三栏式账等不同类型的账不能混装，应按同类的业务、同类的账页装订在一起。

在账簿的封面上注明账目的种类，编好卷号，在账簿里会计主管人员必须签章。

以明细账为例，装订好的账簿如图 4.29 所示。

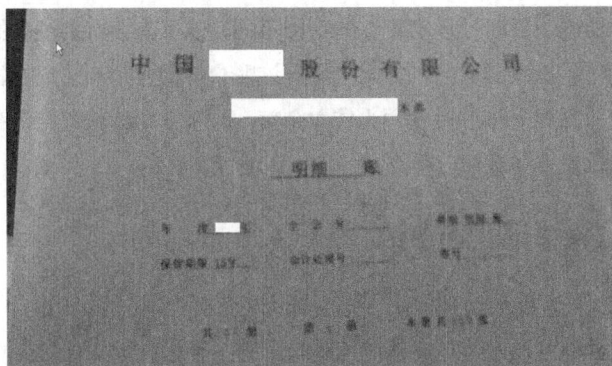

图 4.29 装订好的会计明细账簿

4.4.3　账簿的保管期限

不同种类的账簿有不同的保存年限。大部分的账簿保管期限是 15 年，但是现金日记账和银行日记账的保管期限是 25 年。账簿在保管期限届满以后，可以根据程序进行账簿的销毁。

【例 4-13】库存现金日记账和银行存款日记账必须采用（　　　）账簿。

A. 订本式　　　　　　B. 活页式　　　　　　C. 三栏式　　　　　　D. 多栏式

【答案】A。企业的总账、库存现金日记账、银行存款日记账必须采用订本式账簿。

4.5　职业实践经验

4.5.1　启用新账业务处理

为什么年初财务工作都要更换新的账本？这和账簿本身的新旧没有关系，而是为了完整清楚地反映各个会计年度的财务状况和经营成果。因此在每个年度开始的时候，要启用新的账簿，并把上年度的会计账簿归档保管。

需要每年启用新账的账簿包括现金日记账、银行存款日记账等，像固定资产明细账或固定资产卡片这些可以跨年使用，不必每年更换新账。

那么我们怎么启用新账呢？

首先，在一个年度年终结账的时候，对于有期末余额的账户，将其余额结转到下年度新账簿的相应账户中去。注意，账户必须对应，不能出现错误。也就是将有余额的账户的余额直接记入新账簿中相对应的账户中的余额栏内，这里不需要编制记账凭证。

然后，在下年度新开账户的第一行，填写日期为 1 月 1 日，"摘要"栏注明"上年结转"字样，与结转下页时"承上页"的字样不同。这里需要特别注意的是，上年结转余额记入"余额"栏数字的方向。如果上年度该账户为借方余额，那么转至本年度新账内仍为借方余额；如果上年度该账户为贷方余额，转至本年度新账内仍是贷方余额。启用新账以后，应该对期初数进行检查。

4.5.2　登错账的业务处理

如果在不允许随意涂改的账簿上，把金额或者摘要写错怎么办呢？

这时应该用红色的墨水笔把写错的原始数字打一个横杠划掉，然后在划掉的数字上方，用红色的墨水笔写上正确的数字。

这里需要注意的是，虽然用红笔划掉了原始数字，但是绝对不是乱画，不能来回打横杠甚至把写错的数字遮掉，要保证改错过后的账簿看起来依然整洁，数字依然清晰可见。要达到这一要求，出纳的基本功非常重要，平时写数字的时候只占空格的二分之一，否则就会没有地方写更正后的数字。账簿错误更正范例如图 4.30 所示。

图 4.30　日记账错误改正范例

【例 4-14】记账以后，发现账目中金额错误，应采用的更正方法是（　　　）。

　A. 划线更正法　　　B. 红字更正法　　　C. 补充登记法　　　D. 平行登记法

【答案】A。当只是金额出错时，把写错的原始数字打一个横杠划掉，然后在划掉的数字上方，用红色的墨水笔写上正确的数字。

4.6　本章练习

一、选择题

1. 下列符合新现金管理内部控制规定的是（　　　）。

　A. 出纳员登记现金日记账　　　　　　B. 出纳员负责稽核

　C. 出纳员每日盘点现金　　　　　　　D. 出纳员管理现金

2. 现金和银行存款日记账会计档案保管期限为（　　　）年。

　A. 10　　　　　　B. 15　　　　　　C. 20　　　　　　D. 25

3. 现金和银行存款日记账，据有关凭证（　　）。

　　A. 逐日汇总登记　B. 定期汇总登记　C. 逐日逐笔登记　　D. 一次汇总登记

4. 在下列中，可采用划线更正法的是（　　）。

　　A. 在结账前，记账凭证无误，但登账时金额有笔误

　　B. 结账时，计算的期末余额有错误

　　C. 发现记账凭证金额错误，并已登记入账

　　D. 发现记账凭证金额错误，原始凭证无误，记账凭证尚未登记入账

5. 如果发现记账凭证所用的科目正确，只是所填金额大于应填金额，并已登记入账，应采用（　　）更正。

　　A. 划线更正法　B. 红字更正法　　C. 平行登记法　　　D. 补充登记法

6. 会计人员在填制记账凭证时，将 650 元错记为 560 元，并且已登记入账，月末结账时发现此笔错账，更正时应采用的便捷方法是（　　）。

　　A. 划线更正法　B. 红字更正法　　C. 补充登记法　　　D. 核对账目的方法

7. 从银行提取现金，登记现金日记账的依据是（　　）。

　　A. 现金收款凭证　　　　　　　　　B. 现金付款凭证

　　C. 银行存款收款凭证　　　　　　　D. 银行存款付款凭证

二、判断题

1. 库存现金日记账的账页格式必须为三栏式。　　　　　　　　　　　　　（　　）

2. 总分类账选用订本账，库存现金日记账和银行存款日记账既可以用订本账也可选择活页账。　　　　　　　　　　　　　　　　　　　　　　　　　　　（　　）

3. 库存现金日记账要做到月清月结，账款相符。　　　　　　　　　　　　（　　）

三、实践题

1. 某企业 2016 年 11 月 30 日银行存款余额为 140 000 元，12 月发生如下经济业务。

（1）2 日，提取现金 2 000 元备用。

（2）2 日，银行传来信汇凭证收账通知，上月东海厂所欠货款 158 500 元于今日收到。

（3）5 日，向市机械厂出售商品 200 台，单价 430 元（不含税价，下同），按规定收取增值税税额 14 620 元，合计 100 620 元，收到银行本票一张，已交银行进账。

（4）7 日，日前将到期的一张银行承兑汇票送交银行，今日收到进账单收账通知，收存票款 10 200 元 。

（5）8 日，向银行申请办理银行汇票一张，金额 120 000 元。

（6）9 日，接银行托收承付通知单，支付材料款 11 146 元。

（7）10 日，信汇支付 A 公司材料采购款 115 000 元。

（8）12 日，开出转账支票一张，金额 86 000 元，向某研究所购买专利技术。

（9）13 日，向银行申请银行承兑汇票一张，金额 35 100 元，购买工具。

（10）15日，开出现金支票一张，提取现金35 000元备发工资。

（11）18日，收到银行汇票一张，金额210 000元，实际结算金额为201 708元，系销售收入。

（12）20日，现金交银行3 000元。

请根据上述业务登记银行日记账。

科目：102 银行存款　　　　　　　月份：16-11　　　　　　　币别：人民币

2016年		凭证号	摘　要	借方发生额	贷方发生额	方向	余额
月	日						
			上月结转	0	0	借	140 000
			本年累计	3 853.21	51 680		0

2. 东方公司 2016 年 8 月发生以下错账，要求将错账进行更正，并说明方法。

（1）8 日，管理人员张一出差，预借差旅费 1 000 元，用现金支付，原编记账凭证的会计分录如下。

借：管理费用　　　　　　　　　　1 000

　贷：库存现金　　　　　　　　　　1 000

并已登记入账。

（2）18 日，用银行存款支付前欠 A 公司货款 11 700 元，原编记账凭证会计分录如下。

借：应付账款——A 公司　　　　　11 700

　贷：银行存款　　　　　　　　　　11 700

会计人员在登记"应付账款"账户时，将"11 700"元误写为"1 170"元

（3）30 日，企业计算本月应交所得税 34 000 元，原编记账凭证会计分录如下。

借：所得税费用　　　　　　　　　　3 400

　贷：应交税费　　　　　　　　　　3 400

并已登记入账。

序号	更正方法	原分录	操作
（1）		借：管理费用　　　　1 000 　贷：库存现金　　　　1 000	
（2）		借：应付账款——A 公司　　11 700 　贷：银行存款　　　　　　11 700	
（3）		借：所得税费用　　3 400 　贷：应交税费　　　3 400	

3. 敏捷公司本月"银行存款"账户的月初余额为 800 000 元。

（1）1 日，投资人按投资合同送来一张金额为 250 000 元的转账支票，公司会计人员填制进账单，编号为 33214，一式两联，将之一并送存银行。

（2）3 日，填制还款凭据，编号为 183421，用银行存款 100 000 元归还为期 9 个月现已到期的银行贷款。

（3）6 日，公司会计开出转账支票，编号为 8976541，用以偿付上月的购料货款 120 000 元，已收到对方开来的收款收据。

（4）8 日，开出现金支票，编号为 0265401，从银行提取现金 2 000 元备用。

（5）10 日，公司经理出差预借 1 500 元差旅费，公司开出现金支票，编号为 02654020。

（6）12 日，收到 AQ 公司支付上月的购货款 50 000 元的转账支票一张，公司会计人员填制进账单，编号为 33215，一式两联，将之一并送存银行。

（7）15 日，凭电信话费收据开出转账支票，编号为 8976542，支付本月公司机关的电话费 1 600 元。

（8）17 日，用银行电汇支付前欠某市钢材公司的货款 40 000 元，电汇报销凭证编号为 123654。

（9）20 日，收到 MB 公司送来的支付本月劳务款 51 750 元的转账支票一张，公司将之送存银行，进账单编号为 33216。

（10）24 日，开出转账支票，编号为 8976543，付公司产品宣传广告费 4 100 元。

（11）25 日，通过银行转账上缴营业税金 3 500 元，税务收据号码为 1935624。

（12）30 日，通过查明，公司存放在某市一家金融机构的款项 50 000 元，已无法收回。

根据资料开设"银行存款日记账"，登记月初余额，根据记账凭证登记"银行存款日记账"，并结账。

银行存款日记账

第 1 页

年		记账凭证		摘要	借　方											贷　方											借或贷	余　额										
月	日	类别	号数		千	百	十	万	千	百	十	元	角	分		千	百	十	万	千	百	十	元	角	分			千	百	十	万	千	百	十	元	角	分

4. 敏捷公司本月"库存现金"账户的月初余额为 1 000 元（库存限额为 6 000 元）。当月该公司发生关于现金收支业务的经济事项如下。

（1）1 日，公司从银行提取现金 4 000 元，备作零星开支。

（2）2 日，公司营业部主任黎灵出差预借款项 1 000 元，凭有效的借款单支付现金。

（3）5 日，公司出售废旧材料，收取现金 658 元，本公司开出收款收据。

（4）5 日，填制现金缴款单，将上述收取的现金送存银行。

（5）7 日，公司营业部主任黎灵出差回来凭差旅费票据报销差旅费 846 元，退回余款。

（6）12日，公司材料部门实行定额备用金制度，核定定额为2 000元，并由采购员文海帆专门管理。文海帆借出备用金2 000元，公司用现金付讫。

（7）14日，从银行提取现金3 000元，备作日常开支。

（8）15日，用现金支付给市运输公司销售运费800元 。

（9）20日，文海帆报差旅费1 150元，公司现金支付。

（10）22日，购买采购人员的办公用品等支付现金496元。

（11）23日，管理部门的业务费400元、办公费220元，由现金付出。

（12）24日，管理部门咨询费350元，现金付讫。

（13）31日月末清点库存现金时，短缺306元，账款不符，原因待查。

（14）31日，经查，现金短缺是属于公司出纳人员工作失误所致，由其承担全部损失。

要求：

（1）根据资料开设"现金日记账"，登记月初余额。

（2）根据本月经济业务编制收付转记账凭证，编号从1号开始起。

（3）根据记账凭证登记"现金日记账"，并结账。

库存现金日记账

第 1 页

年		记账凭证		摘 要	借 方	贷 方	借或贷	余 额
月	日	类别	号数		千百十亿千百十万千百十元角分	千百十亿千百十万千百十元角分		千百十亿千百十万千百十元角分

第5章 现金管理和现金收支

现金管理是出纳工作中的重中之重，当然了，现金管理也是出纳工作中最为复杂繁重的工作。公司一切的货币资金往来都与出纳工作紧密相关。现金的管理非常重要。

5.1 现金管理

现金，一般是指存放在企业并由出纳人员保管的现钞。现金管理就是对现金的收、付、存等各环节进行的管理。出纳的现金管理业务，包括管理现金的收入、支出和存入银行等相关事务。

5.1.1 现金管理概述

现金是企业资产中流动性最强的资产，所以企业持有一定数量的现金是为了开展正常生产活动，保证企业一些零星的支出，这都是现金的优点。但是现金的缺点在于它是获利能力最弱的一项资产，不像银行存款那样可以生息，所以如果企业过多地持有现金，会降低企业的获利能力，而且持有大量的现金也不安全。

现金的管理要与其持有现金的动机联系起来，企业持有现金的动机有三种。

1. 交易性

公司持有现金是为了满足日常生产经营的需要，如在经营过程中需要购买零星的原材料，支付费用等。为了满足这种要求，企业必须持有一定数量的现金。

2. 预防性

企业在经营生产的过程中也许会出现意外情况，这个时候现金作为预防性的措施，必不可少。

3. 投机性

企业持有一定数量的现金，可以满足其投机性需求。

所以可以看出，现金管理需要同时兼顾上面的几项需求动机，既要提高资产的获利能力，不持有过多的现金，又要满足三种动机的需要，保证经营生产的正常进行。所以我们在进行现金管理的时候应该尽量做到以下两点：

① 在满足需要动机的基础上尽量减少现金的持有量；

② 在满足现金需要的情况下加快现金的周转，把现金用"活"用好。

5.1.2 现金管理的原则

总的来说，现金管理有三项重要制度，作为出纳，我们要在工作中培养自己现金管理的意识，掌握工作的原则和尺寸。

1. 钱账要分开

这项制度是出于内部控制的目的，它包括很多措施，最基本的体现就是，出纳不得兼任稽核人员、会计档案保管人员和收入、费用、债权、债务账目的登记工作。另外，公司还可以让出纳登记一些和库存现金、银行存款不产生对应关系的账簿。简而言之，出纳管"钱"，就不允许再管"账"，不能既经手现金和银行的收付，又经手全部账务的处理工作和档案的保管工作。管"钱"的出纳和管"账"的会计应该是互相监督的关系，不是谁高于或者低于谁的关系。

2. 现金审批制度

这项制度绝大部分公司都很看重，因为它关系到企业的切身利益，包括以下内容。

（1）规定企业库存现金的开支范围。也就是哪些费用以及多少金额一下可以用现金支付，而哪些情况不能。

（2）规定报销的流程，规定库存现金支付业务的报销手续。现金的支付一般都很严格，有严格的报销流程。

（3）规定现金支出的审批权限。也就是哪些职位哪些特定人员才有审批现金支出的权限。

3. 日清月结制度

这项制度是出纳的基本制度，可以说是对出纳工作考核的一个准绳。它要求每天的库存现金和现金日记账的余额相符，每月的月末银行日记账的余额和银行账户的余额核对无误。

（1）随时登记和清理现金日记账。

（2）清理现金收付款凭证，避免遗漏和重复，对于付过款的原始凭证及时打上标记。

（3）每天进行现金盘点，有不相符的情况马上查明原因。每月取得银行的对账单，与银行日记账核对。

5.2 现金开支范围

根据国务院《现金管理暂行条例》的规定，我们只可以在下面规定的范围内使用现金。

（1）发给职工的薪酬和奖励，包括发放的职工工资和津贴；个人劳务方面的报酬；

根据规定发给个人的各种奖金，如科学技术、文化艺术、体育等各种奖金；各种劳动保护、福利费用以及对个人的其他支出。

（2）向个人收购农副产品或者其他物资，需要用现金支付的价款。

（3）职工需要出差，需要携带的差旅费。

（4）在结算起点以下发生的零星支出，也就是说如果高于结算起点金额，而款项性质又不在前面所列的范围内，不能通过现金来支付。

从上面的规定可以看出，现金支出的范围主要用于支付日常的借款，也就是职工备用金、工资，以及小额费用的报销。其他的付款则以银行直接转账，或者开出支票来支付。

【例 5-1】下列各项中，单位可用现金进行结算的有（   ）。

A. 支付职工工资、津贴 1 000 元

B. 支付个人劳务报酬 600 元

C. 向个人发放防暑降温补贴 200 元

D. 支付出差人员差旅费 3 000 元

【答案】ABCD。1 000 元结算起点以上的除了向个人收购农副产品和其他物资的价款和出差人员必须随身携带的差旅费以外，不能使用现金。

【例 5-2】关于现金管理下列说法中错误的有（   ）。

A. 现金结算起点的调整，由中国人民银行确定，报财政部备案

B. 现金结算起点的调整，由中国人民银行确定，报财政部批准

C. 各单位现金收入应于当日送存银行；如当日确有困难，由中国人民银行当地分支行确定送存时间

D. 开户单位需要增加或减少库存现金限额的，应当向中国人民银行当地分支行提出申请，由中国人民银行当地分支行核定

【答案】ABCD。现金结算起点的调整，由中国人民银行确定，报国务院备案。各单位现金收入应于当日送存银行；如当日确有困难，由开户银行确定送存时间。开户单位需要增加或减少库存现金限额的，应当向开户银行提出申请，由开户银行核定。

5.3 现金的收入和提取

现金收支即现金的收入和支出，是企业资金周转的过程。企业要想正常运营并创造经济利益，就必须保持现金收支平衡，这样才能提高资金使用效率，防范资金风险。

5.3.1 现金收支的原则

按照现金管理的原则，要重视现金收支手续，出纳与会计要分清责任，严格执行账钱分管的原则，相互制约，加强现金收付业务的流程管理。

（1）公司应按规定编制现金收付计划，并按计划组织现金收支活动。超过计划的要打报告说明，并且尽量避免计划外支出。

（2）公司的出纳工作和会计工作必须分开，做到相互制约。其中现金的收付和保管应由出纳人员专门负责办理，非出纳人员不得经管现金。

（3）现金收入必须当天入账，超过库存限额的当天送存银行。当日送存银行实在有困难的，应取得开户银行同意后，按双方协商的时间送存。在取得现金收入时应开具收款收据。收入现金签发据与经手收款，按要求也应当分开，由两个经办人分工办理。如销货收入应由销售人员负责填制发票单据，出纳人员出具收款收据，以防止舞弊。

（4）执行现金清查盘点制度，这样可以保证现金安全完整。出纳人员必须每天盘点现金数，与现金日记账的账面余额核对，保证账实相符。公司的会计部门必须定期或不定期地进行清查盘点，及时发现或防止差错以及现金被挪用、贪污、盗窃等。如果出现与账面不符的长短款情况，必须及时查找原因并且追究相关人员的责任。

（5）不能利用银行存款账户代其他单位、个人存入或支取现金。公私一定要分明，不能把自己的现金和公司的现金混在一起，不能代替别的公司或者个人保管现金。这些都是很严重的违纪现象，我们一定要高度重视，予以杜绝。

（6）现金支出要有原始凭证，上面必须有经办人和批准人员的签名。经过主管领导和有关人员的依次审核后，出纳人员根据合法的票据才能付款，在付款后，应立即加盖"现金付讫"的戳记，妥善保管。

现金的支出按不同的情况应该有不同的单据，并按照不同的款项性质做不同的记录。

现金报销单上应该有报销人、财务部长、总会计师、总经理的签字审批（如果报销人有其他的直属领导也应该有该位主管领导的签字），报销的日期，票据的张数（张数需要用中文大写），票据的金额（中文大写和阿拉伯数字），以及列支的科目和该笔报销款的具体用途。

现金报销单如表5.1所示。

表 5.1 费用报销审批单

_____公司

部门：　　　（公章）　　　　　　　　　　　　　　年　　月　　日

报销人		部门负责人		分管领导	
财务部长		总会计师		总 经 理	
单据张数		金额	人民币（大写）		
列支科目					
事　　由					
稽核				年　　月　　日	

费用报销，支付现金，做会计分录如下。

借：管理费用——办公费用/差旅费用（按照费用的事由性质划分）

　　贷：库存现金

现金借款单（挂支单）如表 5.2 所示。

表 5.2 现金借款单

部门或单位：（公章）	年　　月　　日
借款类别：	票据号码：
借款人姓名：	部门负责人：
借款事由：	
借款金额：（大写）　　　　　　　¥	
主管领导：	
领款人签章：	
总 经 理：	

现金借款单（挂支单）有借款人的部门名称、借款事由、借款金额（中文大写和阿拉伯数字）、领款人，以及主管领导，总经理的亲笔审批，并且加盖借出现金当天的

"现金付讫"章。

现金借款，支付现金，做如下会计分录。

借：其他应收款——备用金（借款人姓名）

　贷：库存现金

下面我们来看一个例子。

【例5-3】小李是光华公司的出纳，今天一上班，职工小吴拿着单据来报销。小李先看单据上面有按照报销规定的签字，然后检查单据上的发票无误后，按照单据金额支付给小吴 880 元的现金。因为小吴的单据是购买办公用品的发票，事由上写着购买新员工办公用品，所以小李在现金账上做如下记录。

摘要：付小吴报销办公费

借：管理费用——办公费用　　　　　　　　　　　880

　贷：库存现金　　　　　　　　　　　　　　　　　880

职工小黄拿着已经签完字的现金借款单来找小李，挂支差旅费用（备用金）1 000 元，小李在查看借款单上的签字以后，按单据支付给小黄 1 000 元现金。然后根据借款单做如下记录。

摘要：付小黄挂支备用金

借：其他应收款——备用金——小黄　　　　　　1 000

　贷：库存现金　　　　　　　　　　　　　　　1 000

下午，司机小石拿着已签完字的加油费以及停车费用发票来找小李报销，其中加油费 600 元，停车费 37 元。小李先是确认了发票真实、金额正确，随后确认各个签名无误后支付了司机小石 637 元现金。由于把两笔款项直接归集记为 637 元不方便查账管理，所以小李把付司机小石的报销做成两笔分录。

摘要：付司机小石报销小车费

借：管理费用——差旅费　　　　　　　　　　600

　贷：库存现金　　　　　　　　　　　　　　600

摘要：付司机小石报销小车费

借：管理费用——差旅费　　　　　　　　　　37

　贷：库存现金　　　　　　　　　　　　　　37

5.3.2　现金的收入

对于现金的支出，要严格按支付流程办事，支付的金额当时就做记录，不能堆积在一起，否则容易出现错误。而现金的收入，要注意辨别钞票的真伪，搞清收入的来源。

库存现金收入的来源有三种，分别是银行存款的提取、销货或者劳务等营业收入、应收账款及其他应收款的收回。

（1）现金收入必须经过规定的程序并附上被认定的收入票据以及凭证。

（2）现金收入票据的时间与凭证文件的日期、记账日期相符。

（3）所收入的现金，在当天或第二天存入银行。

（4）公司项目部、各营业所、工厂等分支机构的营业收入等，应立刻送回总公司。

现金的收入业务，是一项重要但是同时也具有危险性的业务。收款经办应该有专人负责，特别是收款业务较多的单位，收款人员应只负责处理收款业务，避免同时处理其他的业务，否则容易出现问题。特别是收款人员兼任付款业务甚至销售业务、购买业务，就会出现内部控制上的漏洞，应该极力杜绝。

对于收到的现金，根据收到款项的性质不同，如销售收入、押金、内部人员预借差旅费等报账时的退款，应该在清点现金完毕后，开出收据。

收据本可以在一般的文具店购买。收款收据如图 5.1 所示。

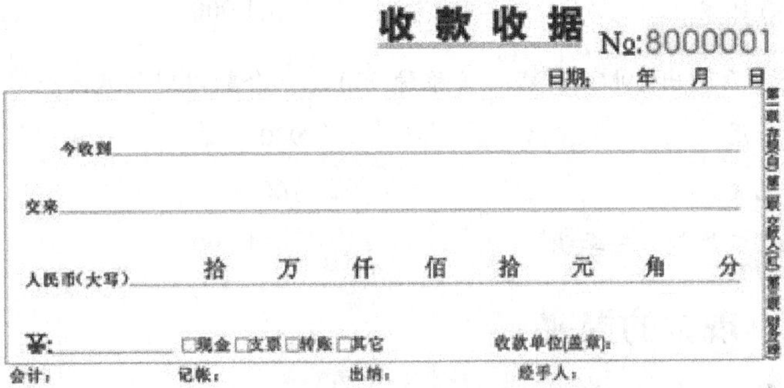
收款收据 №:8000001

日期： 年 月 日

今收到

交来

人民币（大写） 拾 万 仟 佰 拾 元 角 分

￥: □现金 □支票 □转账 □其它 收款单位(盖章):

会计： 记帐： 出纳： 经手人：

图 5.1 现金收据

从上图可以看到，开出的现金收据上应该有收据开出的日期（和收到现金的日期应相同），收到现金的事由，其中要写明缴款人的姓名，填列中文大写金额和阿拉伯小写数字金额。需要注意的是，如果大写数字后几位有零，应该依次写“零”，不能直接划掉或者不填来代替。在收据的下方应该有会计、出纳、经手人的亲笔签字，加盖收款单位的印鉴。并且一式三联，其中一联留底，另外两联，一联做账，一联给予缴款人作为收款凭据。

现金的收入有不同的情况，在收到他人备用金返还的时候，应该将现金清点无误后，开出上述收据，并且做如下会计分录。

借：库存现金

　　贷：其他应收款——备用金（借款人姓名）

【例 5-4】光华公司的出纳小李上班后，职工小黄出差归来返还备用金。小黄向小李提供了差旅费报销的票据共 700 元，小黄一共挂支 1 000 元，这次缴回现金 300 元。

在清点现金无误以后，小李做如下记录。

摘要：收小黄返备用金

借：库存现金　　　　　　　　　　　　　　300

　贷：其他应收款——备用金——小黄　　　300

另外，对于收到的小黄报销差旅费用的单据，还应该做一笔转账凭证将小黄的借款冲销，分录如下。

摘要：小黄报销差旅费

借：管理费用——差旅费　　　　　　　　700

　贷：其他应收款——备用金——小黄　　　700

【例5-5】职工李明出差预借差旅费1 000元，以现金支付。

会计分录如下。

借：其他应收款——备用金（李明）　　　1 000

　贷：库存现金　　　　　　　　　　　　　1 000

【例5-6】李明出差归来，报销差旅费900元，余款以现金返回。

借：管理费用　　　　　　　　　　　　　900

　　库存现金　　　　　　　　　　　　　100

　贷：其他应收款——李明　　　　　　　　1 000

5.3.3　现金的提取

现金的提取包括以下程序。

1．签发现金支票

有关现金支票的格式、使用范围、填写要求等参见本书第七章的有关内容。

提取现金应该填写专门的提款单，经过财务主管（或者规定的审核人）签字以后，才能领取现金支票。在填写完现金支票后，应该把现金支票的回单联粘贴在提款单上，作为原始凭证据以入账。

现金提款单如表5.3所示。

表5.3　　　　　　　　　　　　　　现金提款单

备　用　金　提　款　单

单位：　　　　　　　　　　　　　　　　　　　　　　　年　　月　　日

提款用途	备用金
提款金额（大写）	
提款金额（小写）	¥

审　核：　　　　　　　　　　　　提款人：

2. 取款

拿着签发的现金支票到银行取款时，应该先把现金支票交给银行对公部门有关人员进行审核，核对印鉴和密码，核对无误后银行柜台人员直接付款。

在领取现金的时候，一定要在银行柜台当面点清金额，不能离柜。因为如果钱数出现了错误，很难说清。

回单位后还需进一步清点。清点现金时，应先检查封签、类别和把数是否相符，然后再具体点钞。点钞时先看钞票的捆数是否正确，一般银行都是一捆一万，每捆钞票用皮筋或者纸条封装，比如提取 20 万现金，要先看钞票是不是有 20 捆。在捆数正确的情况下，再开始具体核对每捆钞票里面的具体金额。

清点的时候应当注意以下几点。

（1）如果有条件的话，清点现金不要一个人进行，应该由两位或两位以上的财务人员同时清点。在清点钞票的时候应该将每捆钞票分清楚，把每张清点清楚，清点过的捆数应该做好记号放到一边，不要混淆。不要急着把捆钞的封装纸或者皮筋丢掉，要等清点完毕，把钞票入库以后，再扔。

（2）在清点中发现有残缺、损伤的票币以及假钞应立即向银行要求调换。

（3）所有现金应清点无误后才能发放使用，切忌一边清点一边发放，否则一旦发生差错将无法查清。

（4）在清点过程中，特别是回单位清点过程中，如果发现确有差错，比如银行付款与实际取款额有误，应将所取款项保持原状，通知银行人员，妥善进行处理。

3. 记账

各单位用现金支票提取现金，应根据支票存根编制银行存款付款凭证，其会计分录如下。

借：库存现金

　　贷：银行存款

银行付款凭证见第三章图 3.5。

【例 5-7】光华公司的出纳小李根据今天现金支出的需要，到银行提取备用金 10 000 元。在开出 10 000 元的现金支票后小李做如下记录。

摘要：提取备用金

借：库存现金　　　　　　　　　　　　　10 000

　　贷：银行存款（银行开户行名称）　　　　10 000

5.4　现金核算

现金是序时核算的。所谓序时核算，是指根据现金的收到和付出，按照业务顺序发生的先后，逐日逐笔地记录现金的增减及结存情况。按照这种方式登记现金日记账来记录现金的收到和付出，以及结存情况。

现金日记账一般采用借方、贷方及余额三栏式格式。

现金日记账有三栏，我们已经在三栏式账簿图片中见过。其中，现金日记账的收入和付出，是每天根据现金的收付款凭证登记的。要注意的是，必须根据手续完备、签字完全的原始凭证和记账凭证入账。为了简化现金日记账的登记手续，对于同一天发生的相同经济业务，也可以汇总一笔登记。每日终了时，出纳人员应做好以下各项工作。

（1）在每天工作结束时，根据当天的发生额，结出"本日收入"合计和"本日付出"合计，然后计算出本日现金余额，将现金余额记入"结余"栏。

（2）将得出的现金余额与库存现金的实际余额相核对，正常情况下二者应该完全一致。如果出现不一致，应及时查明原因，如果是差错应该及时更正，使账实相符。

（3）将现金结存量保持在一个固定的数量内。如果现金的余额超过库存现金的限额，应该根据规定及时送存银行。库存现金存量太少，应及时到银行提取现金，以备不时之需。在每月终了时，还应在现金日记账上结出月末余额，并同现金总账科目的月末余额核对相符。

现金日记账的格式也可以采用多栏式现金日记账。在此种格式下，每月月末，要结出与现金科目相对应各科目的发生额合计数，并据以登记有关各总账科目。如果是有外币现金的企业，应分别按人民币现金、各种外币现金设置"现金日记账"进行序时核算，不能混同。

5.5　现金的清查和保管

5.5.1　现金的清查

出现库存现金余额和账上金额对不上时，可能是以下几种情况：

（1）接连收到几笔款项，然后缴款者登记错误；

（2）收款清点后，发生加错金额、看错金额、看错小数点、点错尾数等差错；

（3）用机器点完一把钞票，拿起来捆扎时，没有看清接钞台上是否仍留有钞票，或者在捆钞票的时候，产生一把多，一把少的现象；

（4）逐笔核对付出的现金情况，看是否真的存在付出有差错的问题，如果发现立刻纠正。

每月月末进行现金盘点，盘点现金后填列一张库存现金盘点表，如表 5.4 所示。库存现金盘点表上应该有盘点的时间，与实际金额核对的现金账面的时间，盘点单位的名称，钞票的张数和各自的金额，会计主管、监盘人员、出纳员的确认签字，还要加盖财务印鉴。这样才表示现金余额与账面金额已经一致。现金盘点表应该在每月月末放在现金支付凭证的最后一页。在不定期盘点现金的时候，也应该放入此表。

表 5.4 　　　　　　　　　　　　**库存现金盘点表**

单位：

截止日期：　　　　　　年　月　日

盘点日期：　　　　　　年　月　日

实有现金盘点记录

面　　值	张（枚）数	金额（元）
100 元		0.00
50 元		0.00
20 元		0.00
10 元		0.00
5 元		0.00
2 元		0.00
1 元		0.00
5 角		0.00
2 角		0.00
1 角		0.00
5 分		0.00
2 分		0.00
1 分		0.00
合　计	0	0.00

会计主管　　　　　　　　监盘人员　　　　　　　　出纳员

5.5.2 现金的保管

在现金的保管方面有以下的要求：

（1）超过库存限额的现金，应在下班前送存银行；

（2）为加强对现金的管理，除工作时间需要的小量备用金可放在出纳人员的抽屉内外，其余则应放入出纳专用的保险柜内，不得随意存放；

（3）限额内的库存现金当日核对清楚后，一律放在保险柜内，不得放在办公桌内；

（4）库存现金的纸币和铸币，应实行分类保管。出纳人员应对库存票币分别按照纸币的票面金额和铸币的币面金额，以及整数（大数）和零数（小数）分类保管。

5.5.3　现金的送存

库存现金有库存限额。库存限额是按规定允许留存的现金的最高额，既要保证日常零星现金支付的需要，又要尽量减少现金的使用。

库存限额不是自己规定的，是由基本户开户行按照企业 3 ~ 5 天日常零星开支所需现金核定的。如果远离银行机构或交通不便，银行可以依据实际情况适当提高库存限额，但库存限额的用量最高不得超过 15 天。

一些临时性的机构，如营业网点、分公司、项目部等，因为是独立核算而且需要保留一定量的现金，所以也要核定库存现金限额。如果没有单独开立账户，这部分的库存现金限额可以包含在银行统一核定的库存现金限额里。零售门市部也需要保留备用金找零使用，这部分的限额可根据业务经营需要核定，不包括在银行核定的库存现金限额之内。

库存现金限额的计算方式一般是：

库存现金=前一个月的平均每天支付的数额（不含每月平均工资数额）×限定天数

办理库存现金限额的一般程序为：首先填制现金库存限额申请批准书；然后，报送开户银行签署审查批准意见和核定数额。

库存现金限额一旦确定以后，应严格遵守。每日现金的结存数不能超过核定的限额。超过的及时送存银行。如果因生产和业务发展、变化需要增加或减少库存限额，可以向开户银行提出申请，经批准后，方可进行调整，不能擅自超出核定限额增加库存现金。

【例5-8】下列符合现金保管制度规定的是（　　　）。

A. 超过库存限额的现金应在当日下班前送存银行

B. 超过库存限额的现金应在次日下班前送存银行

C. 限额内的库存现金下班后可存放在出纳员的抽屉内

D. 限额内的库存现金下班后必须存放在保险柜内

【答案】AD

5.6　职业实践经验

现金业务经常遇到内部员工的借款，这是现金管理中的难点和重点。

因为各种原因，职工会拖欠归还备用金。如果挂支的备用金金额较大，那么会给企业带来较大的风险。所以在这个挂支的过程中有以下注意事项。

（1）外部单位的人员，或者虽然是内部人员但是非公务，一律不准申请借款。

（2）内部人员借款时，要看借款的员工是否有权限借现金，需要遵守公司的管理规定。对于没有权限借款的人，不能予以借款。有权限的人借款时，需要填写借款单，并且得到领导的批准。

（3）在用报销票据报销时，要先结清借款，"前不清，后不借"，也就是说，要先还清以前的借款，才能继续报销或者借支。这是为了杜绝有的人借款后不及时归还，甚至出现别的严重问题。

（4）借款要及时清查，催促其尽快还款或者报销，并且把情况随时向领导汇报，尤其是金额重大的。

（5）试用期或者临时员工的借款，应该由部门经理负责审核并签署视同担保的意见，总经理签准后才能借支。

（6）员工离职，必须先结清借款后才能结算离职工资。

同时，在借出资金后，及时清理备用金，是重点工作。

在月末、季末都需要清理备用金，查清现在借出的备用金的款项、性质，并且催促借款人及时归还或者按财务手续予以报销，如果确实不能的，需要写明具体的原因。

【例 5-9】某个总公司财务部下达的清理备用金通知以及相关表格，如表 5.5 所示。

表 5.5 清理备用金的通知

签发：		部门核稿：		
		办公室核稿：		
编 号	2016 – 090	拟稿人	电 话	
主 送：管内各单位				
标 题：	关于清理备用金的通知			

为进一步规范备用金管理，提高资金使用效率，有效控制非生产性资金占用额度，满足审计署的审计要求，经研究，决定在 2015 年 9 月份备用金清理工作基础上，在全局范围内再次组织清理备用金挂账工作。具体要求通知如下。

一、加强领导

各单位领导要高度重视清理备用金挂账工作，加强组织领导，由总会计师（财务负责人）牵头，财务部门负责，指定专人协调相关部门进行全面清理，并对每名挂支人员提出具体清理意见。

二、清理范围

凡是 2016 年 2 月 28 日挂列在备用金账下或虽未显示在备用金账下，但实质是备用金性质的挂支，均在这次备用金清理范围之内。

三、相关要求

1. 本次清理要求在 2016 年 2 月 28 日之前全部完成。

2. 做到"前账不清，后账不挂"，避免备用金滞留在个人名下时间过长，影响当期经营结果。自 3 月份起，没有合理的原因，备用金挂账金额从挂款人工资中扣款，直至清理结束为止。

3. 施行"问责制"。以"谁挂支，谁负责，谁清理"为原则，将清账落实到人，避免推诿。

4. 各单位要填报备用金清理情况统计表；对清理未完原因进行专题分析并形成分析报告，于 3 月 5 日前将报电子版资料报局机关财务科，联系人×××，联系电话×××。

5. 局财务部将在各单位清理完毕后进行抽检，并对清理不彻底或前账未清、后账继续挂支的单位将予以通报批评。

6. 2015 年全局备用金清理工作完成较好的单位和部门有下列这些单位。（略）

以下清理表要求在清理完备用金的时候提报。

附件：2016 年备用金清理情况统计表

填报单位：

序号	姓名	所在部门	截至 2015 年 12 月末余额	截至 2016 年 2 月末余额	余额是否正确	能否清理	2 月 28 日前清理金额	不能清理金额	不能清理原因
1									
2									
3									
4									
5			—				—	—	
6			—				—	—	
7			—				—	—	
8			—				—	—	
9			—				—	—	
10			—				—	—	
11			—				—	—	
12			—				—	—	
13			—				—	—	
14			—				—	—	
15			—				—	—	
16			—				—	—	
17			—				—	—	
合　计							—		

总会计师：　　　　财务部长：　　　　报表：　　　　联系电话：

××公司集团财务部

二〇一六年二月二十二日

5.7　本章练习

一、选择题

1. 根据《现金管理暂行条例》的要求，现金结算起点为（　　）。

    A. 10 000 元以下　B. 1 000 元　　　C. 大于 1 000 元　　D. 1 000 以上

2. 支票的提示付款期限为出票日起（　　）。

    A. 7 日　　　　　B. 3 个月　　　　C. 1 个月　　　　D. 10 日

3. 根据《现金管理暂行条例》规定，下列经济事项可以使用现金的是（　　）。

    A. 职工工资、津贴

    B. 2 000 元的零星支出

    C. 出差人员必须随身携带的差旅费

    D. 向个人收购农副产品和其他物资的货款

4. 下列选项中符合现金管理的基本原则有的（　　）。

    A. 现金收入应当于次日送存银行

    B. 应当对采用现金结算给予高于转账结算的优惠

    C. 开户单位应当建立健全现金账目，逐笔记载现金支付

    D. 开户单位在规定的现金使用范围内从开户银行提取现金，应当写明用途，由
       本单位财会部门负责人签字盖章，经开户银行审核后，予以支付现金

5. 下列事项中，单位开户银行可以使用现金的有（　　）。

    A. 发给公司甲某的 800 元奖金

    B. 支付给某公司的 2 000 元劳务报酬

    C. 向农民收购农产品的 1 万元收购款

    D. 出差人员出差必须随身携带的 2 000 元差旅费

6. 下列各项中，不可以使用现金结算的有（　　）。

    A. 职工工资、津贴

    B. 购买国家专控商品

    C. 个人劳务报酬

    D. 向个人收购农副产品和其他物资的价款

7. 关于现金管理中现金使用的限额，下列表述正确的是（　　）。

    A. 开户银行应当根据实际需要，核定开户单位 3 天至 5 天的日常零星开支所需
       的库存现金限额

    B. 边远地区和交通不便地区的开户单位的库存现金限额，可以多于 5 天，但不
       得超过 10 天的日常零星开支的需要量

C. 开户单位需要增加或减少库存现金限额的，应当向开户银行提出申请，由开户银行核定

D. 商业和服务行业的找零备用现金也要根据营业额核定定额，但不包括在开户单位的库存现金限额之内

8. 现金的内部控制规范的主要依据是（　　　）。

　　A.《现金管理暂行条例》

　　B.《现金管理暂行条例实施细则》

　　C. 企业会计准则

　　D.《内部会计控制规范——货币资金（试行）》

9. 下列不属于货币资金业务岗位管理内容的是（　　　）。

　　A. 建立货币资金业务的岗位责任制

　　B. 建立严格的授权批准制度

　　C. 单位不得由一人办理货币资金业务的全过程

　　D. 出纳人员不得兼任稽核、会计档案保管和收入、支出、费用、债权债务账目的登记工作

10. 因采购地点不固定、交通不便、生产或者市场急需、抢险救灾以及其他特殊情况必须使用现金的，开户单位应当向（　　　）提出申请，由（　　　）签字盖章，经开户银行审核后，予以支付现金。

　　A. 开户银行，财会部门负责人　　　　B. 人民银行，财会部门负责人

　　C. 开户银行，单位负责人　　　　　　D. 人民银行，单位负责人

11. 下列行为中违反规定，应予以处罚的是（　　　）。

　　A. 谎报用途套取现金

　　B. 利用银行账户代其他单位和个人存入或支取现金

　　C. 用不符合财务制度的凭证顶替库存现金

　　D. 未经批准坐支现金或者未按开户银行核定的坐支范围和限额坐支现金

12. 出纳人员可以从事（　　　）。

　　A. 会计档案保管　　　　　　　　　　B. 稽核

　　C. 收入、费用明细账的登记　　　　　D. 库存现金日记账的登记

13. 下列说法中正确的有（　　　）。

　　A. 单位应按规定收支和使用现金

　　B. 开户银行有权对其开户单位的现金收支进行监督

　　C. 国家鼓励开户单位在经济活动中采用转账结算方式，减少使用现金

　　D. 开户单位之间所有的经济往来，都必须通过开户银行进行转账结算

14. 以下违反现金管理制度的有（　　　）。

A. 出差人员随身携带的差旅费超过 1 000 元

B. 用本单位银行账号为他人支付现金

C. 用现金收入进行现金支出

D. 将本单位的现金借给其他单位临时支用

二、实践题

1. 某公司业务人员到贷款企业催收到期的贷款本息，将该贷款企业当日收回的销售货款 100 万元现金收回并连夜乘火车赶回公司，得到了该投资公司领导的表扬。分析该贷款企业和投资公司业务人员的做法是否正确。

2. 2016 年 5 月 6 日，建华有限责任公司收到员工李浩预借公司的现金 8 000 元。由于开户银行比较远，出纳就将钱暂时存在自己的储蓄卡里。第二天公司要购买一台售价 8 000 元的打印机，出纳直接用李浩前一天归还的钱支付了这笔款项。

上述案例中，出纳的做法是否正确，并具体说明原因。

3. 大华科技公司出纳进行现金清查，实际现金比现金账目短缺 50 元，由于金额较小，出纳未做任何处理。之后出纳人员离岗，现金收付和保管暂时由会计负责。以上行为是否正确并说明原因。

4. 江龙有限责任公司（一般纳税人）基本情况如下。开户银行为中国工商银行丰南办事处；账号为 15762835；地址为清江市青年路 26 号；税务登记号为 130002658301；增值税税率为 17%。2016 年 12 月 12 日，销售科职工王民赴京开商品展销会，经批准向财务科借差旅费 2 000 元，财务人员审核无误后以现金付讫，填制借款单。完成以下借款单的填制。

借　款　单
年　　月　　日

部　门		借款事由		
借款金额	金额（大写）			￥
批准金额	金额（大写）			￥
领导		财务主管		借款人

5. 14 日，江龙有限责任公司出纳员将当天的销售款 85 600 元现金存入银行。其中面额 100 元的 700 张，面额 50 元的 300 张，面额 10 元的 60 张。填制以下现金交款单。

中国工商银行现金交款单（回单）

年　月　日

交款单位		收款单位	全称															
款项来源			账号					开户银行										

大写金额						千	百	十	万	千	百	十	元	角	分

券别	伍角	贰角	壹角	伍分	贰分	壹分	科目（贷）
张数							
券别	壹佰元	伍拾元	拾元	伍元	贰元	壹元	对方科目（借）现金
张数							

6. 开元有限责任公司开户行为中国建设银行济源支行，账号为 4569281300。2016 年 12 月 15 日，出纳孙莉开出现金支票一张，到银行提取备用金 2 000 元。填写以下现金支票。

中国建设银行 现金支票存根 07858400 附加信息 _____ _____ 出票日期：　年　月　日 收款人： 金　额： 用　途： 单位主管　　　会计	中国建设银行　现金支票　　　07858400 出票日期（大写）　　年　月　日 付款行名称： 收款人：　　　出票人账号： 人民币（大写） 千百十万千百十元角分 用途： 上列款项请从我账户内支付 出票人签章 复核　　　记账

7. 采购员刘哲出差归来报销差旅费 4 820 元，原借款 5 000 元，多余部分退回现金。填制以下收款单。

收款收据

年 月 日　　　　N0000002

今收到：
收款事由：
人民币：
备注：
收款人经办人：　　　收款单位签章

存根白 客户红 记账黄

交款人签字确认：

第6章 账户的管理

管理现金和银行存款是出纳需要熟练掌握的基本技能，前面的章节我们学习了如何管理现金，现在我们来学习怎么管理银行存款。在本章节我们先来学习一下怎么办理银行账户的开立和撤销等事宜，以及怎么有效地管理银行账户。

6.1 银行账户的管理

要了解如何管理银行账户，我们先要大概了解什么是银行账户的管理及银行账户管理的有关规定，以及什么是银行账户的备案。

6.1.1 账户管理概述

银行存款，大家都知道，是单位存放在银行或其他金融机构的货币资金，如果有外币的话，还要包括外币。按照国家有关规定，独立核算的单位必须在当地银行开设独立的银行账户。并且在银行开设账户以后，除按核定的限额保留库存现金在公司外，超过限额的现金必须及时存入银行；也就是说，不能为了方便而把大量的现金存放在公司内。

按照《支付结算办法》的规定，除了在规定的范围内可以用现金直接支付的款项外，别的在经营过程中所发生的收付款业务，都必须通过开立的银行账户，办理存款、取款和转账等结算，而不能直接使用现金。同时办理的银行结算业务要遵守中国人民银行《人民币银行结算账户管理办法》各项规定。也就是说，应该通过银行按照事先规定的结算方式，将款项从付款单位的账户划出，再转入收款单位的账户。所以，公司不仅要在银行开立账户，还应该在账户内存入足够可供支付的存款。

银行存款账户也有不同的类型，比如基本存款账户，它是我们办理日常结算和现金收付的主要账户。员工的工资、福利费、零星的报销等现金的支取，只能通过基本存款账户办理而不能通过别的账户来办理。一个公司只能选择一家银行的一个营业机构开立一个基本存款账户。

一般存款账户，也就是我们平时说的一般户，是企业在基本存款账户以外办理的账户，一般户是不能办理现金支取业务的；还有一种常用的账户是临时存款账户，它是公司因为临时经营活动而开立的账户，可以通过临时账户办理转账结算和现金收付等业务，但是临时账户只有一个比较短的有效年限；而专用存款账户是企业因特定用途而特别开立的账户。我们在银行开立好账户后，就可以在开户银行购买银行的票据和结算凭证，如支票、电汇凭证、进账单等，用以办理银行存款的收付款项，并且按规定留存库存现金，把其他所有货币资金都存入相应银行。

6.1.2　账户管理的规定

我们在办理支付结算时，应当认真地按国家各项管理办法和结算制度执行。按照中国人民银行 1997 年 9 月 19 日颁布的《支付结算办法》规定：

- 不准签发没有资金保证的票据或支票，借以套取银行信用；
- 不准签发、取得和转让没有真实交易或债权债务的票据，套取资金；
- 不准无理拒绝付款，占用他人资金；
- 不准违反规定开立和使用账户。

其中，关于账户的使用和开立有以下原则和规定。

首先，存款人应该以实名开立银行结算账户，并对自己出具的开户以及变更、撤销等申请资料的内容真实性负责。不能伪造，变造资料开户。

其次，单位应该在注册所在地开立银行结算账户。有临时经营活动的需要可以按规定在异地（跨省、市、县）开立银行结算账户。

存款人可以自主选择银行开立银行结算账户，除开法律规定的以外，任何单位和个人不得强令存款人到指定银行开立银行结算账户。

不得利用银行结算账户进行偷税、逃税、逃避债务、套取现金等一切违法犯罪活动。

存款人应该加强对预留银行签章的管理，如果因为管理漏洞而出现经济问题由自己承担。

存款人在收到对账单和对账信息后，应及时核对银行存款余额并及时向银行回签对账回单予以确认，及时发现账务问题。

不得出租、出借银行结算账户，不得利用银行结算账户套取银行信用或进行洗钱活动。

开立成功的银行结算账户，实行生效日制度，就是说单位银行结算账户在正式开立之日起三个工作日内，除资金转入和现金存入外，不能办理付款业务，三个工作日后方可开始办理付款业务。

6.1.3　账户的备案

单位在开立银行账户以后，根据《中华人民共和国税收征收管理法》的规定，应该在开立基本存款账户和其他存款账户之日起 15 天以内，将其银行账户的账号向主管税务机关以书面报告的形式备案。如果银行账户发生变化，如账户名称、账号、账户性质发生了改变，应该在变化之日起 15 天以内，向主管税务机关出具书面报告。除了报送报告表，应该同时报送银行开户许可证的复印件。

如果没有按照规定将开立的全部银行账号向税务机关报告，由税务机关责令限期改正的同时，可以处二千元以下的罚款；情节严重，会被处以二千元以上一万元以下的罚款。

6.1.4 银行账户管理模式

账户管理有不同的模式，一个科学的适合公司自身情况的银行账户体系是资金有效运作的基础。我们按照核算清晰、集中管理的要求，选择银行所能提供的账户模式。

账户模式的选择要根据企业自身的业务需求来定，不同规模的企业有着不同的账户管理模式。一般来说，账户管理模式有收支两条线、二级账户联动和财务管理集中三种形式。

1．收支两条线的模式

收支两条线，顾名思义，就是收入和支出在不同的"线"上，即收入和支出要分开。收支两条线的管理模式要求开立一个或者一个以上的收入专户，一个或者一个以上的支出专户，实行收入和支出账户分开管理的模式。

在公司内部"总公司结算中心→子公司"，或"子公司→下属分支机构或者项目部"之间进行收支两条线管理。收支两条线的模式便于企业进行资金的来源管理和资金的支出用途控制。

2．二级账户联动的模式

如果企业有很多下属机构比如临时经营的项目部、分公司，那么可以把总公司的账户设置为一级账户，而把下属的分公司、分支营业机构设置成二级账户。

为什么要区分一级和二级账户呢？因为一级账户是二级账户的上级，对二级账户起到统驭作用，二级账户就像一级账户的明细账户一样，可以进行自己独立的收付款业务。然而，所有二级账户的资金收、付款业务可以在一级账户中查询到，这种模式便于资金集中和管控，同时也便于不同的账户分开独立使用资金。这种模式更适用于有很多异地分支机构的企业。

3．财务管理集中模式

财务管理集中模式针对的是比较大型的企业，其中包括下面两种不同的形式。

（1）分级管理模式。由总公司对下面的分公司直接进行管理、对下面的二级及其子账户进行监控；各子公司管理、监控自己下属的子账户。总公司利用账户网上银行系统集中管理和调度子公司二级账户的资金，监控所有账户的资金状况；同时子公司也利用网上银行系统管理、调度和监控其下属分支机构的账户资金状况。

（2）扁平管理模式。即总公司结算中心直接管理和监控下面的两级子账户，子公司财务权全部上收至总公司的资金结算中心。总公司资金结算中心利用网络银行系统直接管理和调度公司内部包括子公司及其下属分支机构账户的资金，直接监控所有账户的资金状况。

以上三种不同的模式各有特点，适合不同的情况，企业应该根据自身的实际情况予以选择。

【例 6-1】 关于银行账户管理，下列说法正确的是（　　　）。

A. 不准签发、取得和转让没有真实交易或债权债务的票据，套取资金；

B. 不准无理拒绝付款，占用他人资金；

C. 不准违反规定开立和使用账户。

D. 不准签发没有资金保证的票据或支票，借以套取银行信用；

【答案】 ABCD。以上选项均为中国人民银行颁布的《支付管理办法》所规定的内容。

【例 6-2】 下列选项中，属于银行结算账户管理应当遵守的基本原则的是（　　　）。

A. 一个基本账户原则

B. 自主选择银行开立银行结算账户原则

C. 守法合规原则

D. 存款信息保密原则

【答案】 ABCD

【例 6-3】 企业应在开立基本存款账户和其他存款账户之日起（　　　）天以内，将其银行账户的账号向主管税务机关以书面报告的形式备案。

A. 15　　　　　　　B. 20　　　　　　　C. 25　　　　　　　D. 30

【答案】 A

【例 6-4】 下列选项中不属于账户管理模式的有（　　　）。

A. 收支两条线　　　　　　　　　　B. 财务发散管理

C. 财务管理集中模式　　　　　　　D. 二级账户联动等模式

【答案】 ACD

6.2　银行账户的种类

下面我们来具体了解一下银行账户的种类。作为一名出纳人员，清楚地了解公司的银行账户情况及其相关的知识是非常重要的。首先，银行账户可以用不同的标准进行分类。

6.2.1 单位银行结算账户

银行账户按照账户性质来分类，可以分为以下四种。账户性质在开立账户的时候就予以确定，并且按照规定开立银行账户后，账户性质会标注在银行印鉴卡上。

1．基本存款账户

基本存款账户，是一个单位最"基本"的账户，也是单位开立银行账户时首先开立的账户。无论是申报税款，还是开立一般银行账户，单位都需要先开立基本存款账户。

单位只能选择一家银行的一个营业机构开立一个基本存款账户，不得同时开立一个以上的基本存款账户。单位的现金支取，如发放员工工资、报销费用等，只能通过基本存款账户办理。它可以说是单位最重要的账户。

2．一般存款账户

一般存款账户，是除基本户以外开立的用来办理银行结算业务的其他银行账户。这个账户只能办理银行的结算业务，而不能支取现金，但是可以办理现金缴存业务。一般银行账户可以办理多个。

3．临时存款账户

临时存款账户，是指单位因为临时需要如临时在异地进行经营活动而开立的银行结算账户。

临时存款账户和基本户一样，可以办理银行结算业务和现金的缴存和支取业务，但是临时存款账户在开立账户的时候有时效限制。根据规定，有设立临时机构、异地临时经营活动、注册验资情况的，可以申请开立临时存款账户。临时存款账户的有效期最长不得超过 2 年。在临时存款账户 2 年到期以后，如果还需要在当地办理银行结算业务，只有重新开立临时存款账户，不能到期续开。

4．专用存款账户

专用存款账户，顾名思义，是指按照规定，对有特定用途的资金进行专项管理和使用而开立的银行结算账户。

对下列资金的管理和使用，可以申请开立专用存款账户：

（1）基本建设资金、更新改造资金；

（2）财政预算外资金；

（3）粮、棉、油收购资金；

（4）证券交易结算资金、期货交易保证金、信托基金、政策性房地产开发资金；

（5）单位银行卡备用金；

（6）住房基金、社会保障基金；

（7）党、团和工会的组织机构经费；

（8）其他需要专项管理和使用的资金。

6.2.2 核准类账户和备案类账户

银行账户按照是否需要中国人民银行的核准来分类，可以分为以下两类。

1. 核准类银行账户

核准类账户，是指经过中国人民银行核准后才可以开立的银行结算账户。

核准类账户包括：

（1）基本存款账户；

（2）临时存款账户（不包括注册验资和增资验资时需要开立的账户）；

（3）预算单位专用存款账户；

（4）人民银行规定需要核准的专用存款账户。

2. 备案类银行账户

和核准类账户相对，备案类账户只需要通过普通银行系统向中国人民银行营业管理部备案即可，不需要通过中国人民银行审核。

备案类账户包括：

（1）一般存款账户；

（2）非预算单位的专用存款账户；

（3）个人银行结算账户。

【例6-5】根据《人民币银行结算账户管理办法》规定，存款人可以申请开立多少个一般存款账户？（　　　）

A. 一个　　　　　B. 二个　　　　　C. 三个　　　　　D. 没有数量限制

【答案】D

【例6-6】临时存款账户的有效期最长不得超过（　　　）。

A. 6个月　　　　　B. 1年　　　　　C. 2年　　　　　D. 5年

【答案】C

6.3 开立银行结算账户

银行账户涉及企业以后的经济业务事项，因此银行部门需要审查企业的真实性、可靠性，想开立银行账户的企业需要具备一定的条件。

6.3.1　开立银行账户的条件

首先，企业开立银行账户需要营业执照，所以应该先办理工商注册登记，领取营业执照，然后办理税务登记，领取税务登记证。

然后，开立银行账户需要公司的印章，包括公章和法人章。所以在领取营业执照以后，要去刻制公司的印章。需要刻制的印章包括公司公章、财务专用章和法人章。

小贴士：刻制公司印章不是去刻章公司就可以直接刻制的。刻制公司公章需要带营业执照原件及复印件、法人身份证原件及复印件、经办人身份证原件及复印件、法人授权书去所在地公安局申请办理，得到批准后去公安局指定的刻章公司刻制印章。

印章刻制好后，可以去公司注册地点附近的银行，或者其他合适的银行网点询问开立账户事宜。

小贴士：选择银行开立账户的时候，一定要考虑各种综合因素，包括开立基本账户的银行网点离公司的距离、不同银行的政策和特色，如有没有一些优惠政策、银行的服务水平等。

不是所有的银行营业网点都可以开立公司银行账户，有一些银行的分支机构，营业网点较小，没有对公出纳部门，不具备开立公司银行账户的条件。但是有一些银行营业网点，特别是像省分行网点这种大型的营业点，在那里开立银行账户的公司很多，在办理公司银行业务的时候一般需要等待较长的时间。

6.3.2　开立银行账户的流程

在具备了开立银行账户的条件，印章刻制完毕，选定开户银行以后，就可以去银行办理开户手续了。首先我们需要开立基本存款账户，之后再开立一般存款账户。

开立基本户一般需要携带以下资料：

（1）营业执照原件和复印件；

（2）税务登记证原件和复印件；

（3）组织机构代码证原件和复印件；

（4）法人身份证原件和复印件；

（5）如果经办人不是法人，需要携带经办人身份证原件、复印件和法人的授权委托书；

（6）刻制好的单位公章、财务章、法人章。

小贴士：如果是社会团体、民办非企业单位、外地常设机构、社区委员会等没有营业执照的组织，在开立银行账户的时候应该出具主管部门的批文或者证明。

如已进行"三证合一"的企业，则只需统一信用代码营业执照，不需营业执照、税务登记证、组织机构代码证。

法人授权委托证明书格式（样本）如图 6.1 所示。

编号：
委托人姓名：＿＿＿＿＿＿＿
委托人权限：＿＿＿＿＿＿＿
日期：＿＿＿年＿＿月＿＿日
                            第　　　　　号

法人授权委托证明书

＿＿＿＿＿＿＿

　授权我单位　　　　　同志现任　　　　职务为我方授权代理人，其权限为
在代理权限、范围内达成的协议，由我方承担责任，负责履行。

                            授权单位：　　　　　　（公章）
                            法定代表人：　　　　　（签章）
                            二〇　　年　　月　　日

附我方情况：
企业性质：
企业资质：
核准经营（生产）范围：铁路、公路、市政、房屋建筑、水利水电、隧道、桥梁、城市轨道交通、钢结构、土石方、爆破、铺架、土木工程建筑、电力、信号、通信线路安装、电气化、环保水处理、装饰装修、暖通制冷、幕墙施工；锅炉安装（限分公司经营）；对外援助成套项目工程施工；承包境外工程及境内国际招标工程；上述境外工程所需的设备材料出口、对外派遣实施上述境外工程所需的劳务人员；检测试验、工程设计、特种设备安装、维护、保养、改造、租赁；周转材料、机械设备租赁；预拌混凝土、预制构件（含桥梁构件）、建筑材料、钢材销售。
代理期限：20　年　月　日至20　年　月　日
说明：1. 委托书不准转让买卖。
　　　2. 委托书内容要填写清楚涂改无效。
　　　3. 委托签订的合同不能因法人代表和代理人职务等变动而失效。
　　　4. 委托书作为经济合同的附件提交对方。

图 6.1　法人授权委托证明

授权委托书要注明委托内容和代理期限，然后加盖公司公章，由法定代表人签字并盖法人章，方可生效，被委托人要在代理期限内尽快办理业务，避免过期作废。如果不知道授权委托书的内容具体怎么书写，可以见下面的一个授权委托书样本，如图 6.2 所示。

授权委托书

建设银行沙湾支行：

为了工作需要，现授权张伟，身份证号为 510105198605072500，到贵行开立银行账户，户名：光华有限公司，张伟为该账户的代理人。因该账户的开立、使用、撤销而产生的法律责任由我单位全部承担。

特此授权。

光华有限公司

年　月　日

图 6.2　授权委托书

准备好上面的资料以后，将资料提交给开户银行，开户银行会对我们提交的证件原件和复印件进行核对。然后我们需要填写账户开立申请表以及银行提供的其他表格，如实填写完后盖上公司的印章，提交给银行。账户申请表，也就是银行结算账户申请书如表 6.1 所示。

表 6.1　　　　　　　　　　**银行结算账户申请书**

开立单位银行结算账户申请书			
存款人名称		电话	
地址		邮编	
存款人类别		组织机构代码	
法定代表人（　）	姓名		电话
单位负责人（　）	证件种类		证件号码
行业分类			
注册资金		地区代码	
经营范围			
证明文件种类		证明文件编号	
税务登记证编号	国税		
	地税		
关联企业			
账户性质	基本（　）	一般（　）　　专用（　）	临时（　）
资金性质		有效日期至	
以下为存款人上级法人或主管单位信息：			
上级法人或主管单位名称			
基本存款账户开户许可证核准号		组织机构代码	
法定代表人（　）	姓名		
单位负责人（　）	证件种类		
	证件号码		

开立单位银行结算账户申请书由两部分组成，表 6.1 所示的部分是由我们申请开户的时候填写，下面还有由开户银行填写的部分。这部分是由银行审核通过后填写，需要

加盖企业公章和法人章，并由开户银行和人民银行盖章（如果是需要人民银行核准的账户），如表6.2所示。

表6.2　　　　　　　　　　银行结算账户申请书（2）

以下栏目由开户银行审核后填写：		
开户银行名称	开户银行代码	
账户名称	账号	
基本存款账户开户许可证核准号	开户日期	
本存款人申请开立单位银行结算账户，	开户银行审核意见	
并承诺所提供的开户资料真实、有效	同意开立存款账户	
单位（公章）　　　　　　法定代表人	经办人签章	
或负责人（签章）	银行（业务公章）	
年　月　日	年　月　日	
人民银行核准意见		
（非核准类账户除外）		
经办人（签章）		
中国人民银行（签章）		
年　月　日		

在开立申请书得到核准通过以后，单位会和开户银行签订一个结算协议，同样需要我们填写单位全称和账号，并加盖公章和法人章。

如果是给单位的分支机构，如项目部、营业所等单独开立银行账户，那么除了需要填写银行结算账户申请书以外，还需要填写以单位名称后加内设机构（部门）名称开立专用存款账户申请书，如表6.3所示。

表6.3　　　　以单位名称后加内设机构（部门）名称开立专用存款账户申请书

以单位名称后加内设机构（部门）名称开立专用存款账户申请书		
存款人名称	内设机构（部门）名称	
账户名称		
内设机构（部门）电话		
内设机构（部门）地址		
内设机构（部门）邮编		
内设机构（部门）负责人	姓名	
	证件种类	证件号码
内设机构（部门）公章	存款人（公章）	
年　月　日	年　月　日	

在申请表和提交的资料得到银行的批准以后，银行会和单位签订"_____银行人民币支付结算服务协议"，该协议里面包括了单位使用银行账户中应该遵守的条款，以及单位与银行双方应该履行的义务。我们只要在确认无误以后在银行人员指定的地点签字盖章就可以。支付结算服务协议的封面（以建设银行签订的结算协议为例）如图6.3所示。

合同编号：_____

客户编号：_____

中国建设银行
单位人民币支付结算服务协议

甲方名称：_____公司

法定代表人姓名：

营业执照（或法人登记证书等）号码：

组织机构代码证号码：

通讯地址：

邮政编码：

联系电话：

传真：

其他信息：

乙方：   中国建设银行股份有限公司_____

负责人姓名：

经办人姓名：

通讯地址：

邮政编码：

联系地点：

传真：

其他信息：

图 6.3 人民币支付结算服务协议封面

除了银行结算账户申请书、支付协议以外，申请开户的时候还要填写一些银行要求的申请表。

（1）支付密码器的申请

进行银行结算需要使用支付密码器。在开立账户的时候，应该填写申请支付密码器的表格并且盖上公章、财务专用章和法人名章。支付密码业务申请表（以某城市商业银行为例）如表6.4所示。

表 6.4 支付密码业务申请书

_____市商业银行支付密码业务申请书		
申请单位名称		
账号	单位地址	
企业代码	开户许可证号	对应支付密码协议编号
法定代表人	联系电话	邮编
经办人姓名	身份证号	支付密码器型号、编号
单位填写	遵照与贵行签订的支付密码使用协议的规定，我单位就在贵行开的以下账户：	
	1. 账号	账户性质：
	2. 账号	账户性质：
	3. 账号	账户性质：
	因_____原因，申请办理以下第_____项业务：	
	壹、 申请使用支付密码作为支付依据办理支付结算业务。	
	贰、 申请对支付密码器进行注册。	
	叁、 申请在支付密码器中增加上述账号。	
	肆、 申请删除支付密码器中上述账号。	
	伍、 申请将支付密码器中旧账号：_____变更为上述新账号。	
	陆、 申请在上述同一账号下增加支付密码器，支付密码器编号为：	
	柒、 申请更换账号密钥。	
	捌、 申请重新指定签名支付密码器，支付密码器编号为：	
	玖、 申请支付密码器解锁。	
	壹拾、 申请支付密码器停用。	
	壹拾壹、 申请支付密码器重新启用。	
	壹拾贰、 申请支付密码器挂失作废。	
	壹拾叁、 申请停止使用密码器作为支付依据办理支付结算业务。	
	壹拾肆、 申请开通通兑业务。	
单位法定代表人或负责人签字：	单位公章	
	年 月 日	
银行填写	银行处理情况：	
	会计主管： 经办人员： 业务公章	
	年 月 日	

银行审核无误后，会与申请人签订一个支付密码使用协议，需要申请人签名和盖章，然后银行会发给申请人密码支付器。

在领取密码支付器的时候需要带上经办人的身份证，领取人要与支付密码申请表的申领人一致，并且向开户银行缴纳相应金额用以购买密码支付器。密码支付器是我们办理银行结算的重要工具，它的使用方法我们会在后面的相应章节予以讲解。需要注意的是，支付密码器是可以一个密码器支持多个银行账号的，也就是说，在方便管理的情况下，可以只购买一个支付密码器，然后在开立账户的时候，向该开户银行出具已经持有的支付密码器，在银行输入相应的账户信息以后，就可以多个银行账户使用同一个支付密码器。当然，如果认为这样不好管理，也可以不同的银行账户使用不同的支付密码器。

（2）签订银行账户扣费协议

申请开立账户的时候还需要与开户银行签订银行账户的扣费协议，也就是说我们同意开户银行从该账户上扣取相应的账户管理费、手续费等。银行账户扣费协议也需要申请人签字盖章予以确认。

（3）签订银行对账协议

我们还需要与银行签订账户的银行对账协议，因为为了资金安全和监督管理，银行会定期与单位对账。与银行签订的对账协议主要约定对账的频率和方式等。某城市商业银行的对账服务协议，如表 6.5 所示。

表 6.5　　　　　　　　　　对账服务协议（例表）

_____市商业银行对账服务协议
甲方：　　　　　　商业银行_____支行
乙方：　　　　_____公司
为加强银行账户管理，维护存款人利益，甲乙双方本着自愿、平等、互利的原则，就定期核对银行账务的有关事宜，依据相关法律、法规达成如下协议，并承诺遵守本协议中的各项条款。
甲乙双方约定的对账方式与频率
1. 甲乙双方同意选择下列方式之一进行对账（在□划√）：
□纸质对账　　　　即指甲方打印纸式对账单及副本账页给乙方， 　　　　　　　　由乙方核对后反馈纸式对账回单的对账方式
□电子对账　　　　即指利用电子邮件，甲方向乙方确定的电子 　　　　　　　　邮箱发送电子对账单
□电话银行对账，即指乙方通过银行的客户服务中心自助办理对账业务
2. 甲乙双方共同约定，由甲方根据乙方的账户情况，确定对账频率和对账单送达方式 （留行待取或由银行送达）

续表

选择纸质对账方式，双方遵守下列约定：
选择电子对账方式，双方遵守下列约定：
选择电话银行对账方式，双方遵守下列约定：
为保证对账的真实有效，经乙方确定以下人员为其对账有权人（并附加盖乙方公章的身份证复印件） 1. 联系人：_____　　　　　职务：_____　　　联系电话：_____ 2. 联系人：_____　　　　　职务：_____　　　联系电话：_____ 上述信息如有变化，由乙方以授权委托书形式在变更前通知甲方。
错账处理：　　　　乙方对账中发现错账，应及时通知甲方核实，并作相应调整
其他事项：　　　　……
甲方（银行）　　　　　　　　　乙方（企业）：
甲方机构负责人　　　　　　　　乙方法定代表人（负责人） 或授权代理人：　　　　　　　　或授权代理人： （盖章）　　　　　　　　　　　（盖章）
年　月　日　　　　　　　　　　　　年　月　日

上述协议签订后，要按照银行要求，预留单位的财务印鉴，也就是在银行印鉴卡上盖上单位的财务专用章和法人章。银行印鉴卡（正面）以建设银行为例，如表 6.6 所示。

表 6.6　　　　　　　　　　　　　　**银行印鉴卡（正面）**

中国建设银行

单位全称：　　　　　　　　　　　No.

单位名称：　　　　　　　　　　账号：
地址：　　　　　　　　　　　　邮编：
E-mail:
联系人：　　　　　　　　　　　电话：
印模：
启用日期：　　年　月　日　　　注销日期：　　年　月　日

单位通过银行办理对外支付或者其他业务时，必须加盖与预留印鉴完全相同的章，银行会仔细核对，确认其印鉴与预留印鉴相符后，才办理该业务。

办理完预留银行印鉴之后，账户就算开立成功。开立基本银行账户因为需要经过人民银行的审批核准，所以办理完毕需要一周到两周的时间。

在完成开立银行账户以后，银行会发给我们一个银行开户许可证，这就像账户的身份证一样。银行开户许可证只有基本账户和临时账户才有，一般户没有许可证。银行开户许可证（以基本户为例）如图 6.4 所示。

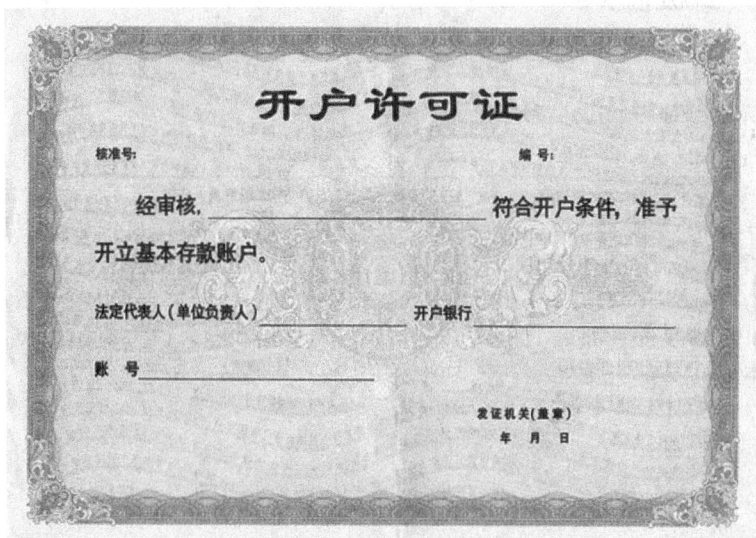

图 6.4　银行开户许可证

从图 6.4 可以看出，开户许可证上有人民银行的核准号、编号、公司的全称、准予开户的性质、法定代表人的名称、开户银行的名称，和银行账户的账号及批准时间。开户许可证是公司非常重要的证件，而且基本户的开户许可证会在开立一般账户和专用账户，以及账户年检中使用，所以一定要指定专人妥善保管。

在基本存款账户开立完毕之后才能开立一般存款账户、专用存款账户和临时存款账户。开立一般户需要提供的资料和流程与基本户一样，只是需要额外向开户银行提供基本户的开户许可证。如果是开立专用账户，需要提交专用资金的用途证明文件。如开立住房公积金专用账户需要提供单位在当地公积金中心申请缴纳公积金的申请表。但因为备案类银行结算账户不需要人民银行审批，办理起来要快一些。

开立临时存款账户的基本流程也和基本户一样，只是需要提供临时经营需要开立临时账户的原因和批准文件。如临时成立的项目部（跨地区施工需要在当地开户）需要提供除上述资料以外的项目成立文件，如图 6.5 所示。

_____有限公司文件

人〔20 〕   号

关于_____工程项目经理部的通知

管内各单位：

为保证集团公司承揽的_____工程_____施工任务的顺利完成，经研究，_____公司_____项目经理部，编制组成人员及有关要求如下：

一、编制及组成人员

1. 项目经理：_____

2. 项目总工：_____

项目经理部其他组成人员另行通知。

二、有关要求

1. 项目经理部受公司统一指挥和调度，并对所负责施工的工程项目成本、质量、安全、进度指标负责，按照集团公司项目管理的有关要求，实行工程项目成本控制管理。

2. 项目经理部及其组成人员应按照集团公司及建设单位对项目管理的有关要求，建立健全项目管理制度和管理办法，合理分工，密切协作，确保工程项目施工任务的顺利完成。

本通知自公布之日起生效。

年   月   日

主题词：机构 项目 设置 通知

_____公司办公室   年   月   日印发

图 6.5 项目成立文件样本

【例 6-7】存款人可以开立银行结算账户的地点有（   ）。

A. 本地   B. 住所地

C. 经营地   D. 注册地

【答案】ABCD。存款人在本地、住所地、经营地、注册地均可开立银行结算账户。

【例 6-8】根据《人民币银行结算账户管理办法》的规定，下列有关存款人申请开立专用存款账户向银行出具的证明文件的表述中，正确的有（   ）。

A. 财政预算外资金，应出具财政部门的证明

B. 证券交易结算资金，应出具证券公司或证券管理部门的证明

C. 期货交易保证金，应出具期货公司或期货管理部门的证明

D. 金融机构存放同业资金，应出具其证明

【答案】ABCD

【例6-9】下列关于存款人开户银行账户的预留签章表述正确的有（　　　）。

A. 存款人为单位的，其预留签章为该单位的公章或者法定代表人的签名或盖章

B. 存款人为单位的，其预留签章为该单位的公章或财务专用章加其法定代表人或授权代理人的签名或盖章

C. 存款人为单位的，其预留签章为法定代表人或授权代理人的签名或盖章

D. 存款人为个人的，其预留签章为该个人的签名或盖章

【答案】BD。根据支付结算办法规定，存款人为单位的，其预留签章为该单位公章或财务专用章加其法定代表人（单位负责人）或其授权的代理人的签名或者盖章；存款人为个人的，其预留签章为该个人的签名或者盖章。

6.4　银行账户变更、合并、迁移和撤销业务处理

随着公司的发展和变化，银行账户也需要有相应的发展和变化，所以经常需要进行变更、合并、迁移或撤销银行账户。

6.4.1　银行账户的变更

银行账户的变更，是指更换银行账户的名称。它分为以下不同的情况。

一种是在公司的性质不发生变化的情况下，需要变更账户名称或者法人的名称，而不变更账号。这种情况需要变更印章。我们需要持新变更的营业执照与印章去开户银行，提出变更申请，说明变更的事由，然后预留新印鉴。

如果公司的法人，或者经理发生了改变，我们需要向银行提交人事变更通知，变更公司在银行账户预留的法人章。人事变更通知（更改法人章）的样式如图 6.6 所示。

如果公司的名字发生了改变，那么公司在银行预留的财务专用章就要进行变更，我们应该向银行提出变更申请，填写申请变更银行账户印鉴的申请表，然后预留新的财务印鉴，废除旧印鉴。

具体怎么更换印鉴呢？其实银行印鉴卡的背面有这个用途，预留更改的新印鉴就是在原来盖有印鉴的银行印鉴卡的背面盖章，同时也要加盖更改前的印鉴。银行印鉴卡的背面如图 6.7 所示。

_____有限公司

通知〔20 〕   号

人事变更通知

_____有限公司_____经理____同志因为工作调动，任命_____同志担任该经理（或者法人）。

_____有限公司

二零   年 月 日

图 6.6　人事变更通知

图 6.7　银行印鉴卡（背面）

还有一种银行账户的变更就是在公司的性质发生了变化，如进行了体制改革，所有制发生了变化，个体经营户经过联合变成了合伙经营户等，这种情况下不仅要变更账户名称，还要变更账号，所以不能在原有的银行账户上进行变更，只能先在银行撤销原来开立的账户，然后重新开立账户。

6.4.2　银行账户的合并

银行账户的合并，是指向银行申请合并相同资金来源和相同资金性质的账户，或是两个公司合并后，需要合并双方的银行账户。

合并账户需要下面的流程。

首先依据合并账户的原因，向开户银行出示有关证件和有关证明文件，如新公司成立的文件等。然后与银行核对各自的账户账目，包括存款账户余额与贷款余额。核对无误后，银行撤销被合并的账户，并将被合并的账户余额划转到保留的账户上。这里我们需要整理被合并账户所剩余的支票等重要空白结算凭证，清点无误后，交回开户银行。

如果该开户银行同意继续使用，可以在更改凭证账号后继续使用。

6.4.3　银行账户的迁移

账户的迁移，是指由于公司的地址迁移等原因，向原开户银行提出申请，要求将账户迁往别的地点或者别的银行。账户的迁移也分不同的情况。如果是在同一个城市内迁移，需要向原开户银行提出申请，在开户银行同意后，撤销原开户银行账户，交回原账户的开户许可证，然后再在新的银行开立账户。如果是异地迁户，应该在新的地点先办理新开立账户的手续。新账户开立后，原账户应在一个月内结清，然后注销。

6.4.4　银行账户的撤销

银行账户的撤销，是指开户单位由于一些原因，向开户银行提出撤销账户的申请。开户银行审查其申请，并核对其银行存款、贷款账户后，予以办理销户手续。开户银行在 7 日内向当地人民银行申报，并交回销户者的《开户许可证》。

《人民币银行结算账户管理办法》规定："开户银行对一年（按对月对日计算）未发生收付活动的账户，应通知存款人自发出通知起 30 日内来行办理销户手续，逾期视同自愿销户。"

基本账户的撤销需要提供下列资料：

（1）开户许可证；

（2）销户申请书；

（3）剩余的支票等空白票据；

（4）银行预留印鉴卡；

（5）法人身份证原件及复印件；

（6）经办人身份证原件及复印件，及法人授权委托书；

（7）公司公章；

（8）工商局出具的"企业注销通知书"、国税、地税注销通知书原件及复印件。

如果单位不再营业，可以将剩余的银行存款以现金形式取出；若继续营业，可以选择将剩余的银行存款转入别的账户。在销户程序上，基本账户是最后一个撤销的，撤销基本户之前应该先将一般账户和专用账户撤销，将资金转入基本账户，然后再办理最后销户手续。

【例 6-10】根据《人民币银行结算账户管理办法》的规定，银行在银行结算账户的使用中，超过期限或未向中国人民银行报送账户开立、变更、撤销等资料，应给予的处罚有（　　）

A. 给予警告并处以 3000 元以上 5 万元以下的罚款

B. 对该银行直接负责的高级管理人员、其他直接负责的主管人员、直接责任人员按规定给予纪律处分

C. 情节严重的，中国人民银行有权停止对其开立基本存款账户的核准

D. 构成犯罪的，移交司法机关依法追究刑事责任

【答案】BCD。银行在银行结算账户的使用中，超过期限或未向中国人民银行报送账户开立、变更、撤销等资料，给予警告，并处以 5000 元以上 3 万元以下的罚款，对该银行直接负责的高级管理人员、其他直接负责的主管人员、直接责任人员按规定给予纪律处分；情节严重的，中国人民银行有权停止对其开立基本存款账户的核准；构成犯罪的，移交司法机关依法追究刑事责任。

【例 6-11】存款人有下列（   ）情形之一的，应向开户银行提出撤销银行结算账户的申请。

A. 被撤并、解散、宣告破产或关闭的

B. 注销、被吊销营业执照的

C. 因迁址，需要变更开户银行的

D. 其他原因需要撤销银行结算账户的

【答案】ABCD。存款人有以下情形之一的，应向开户银行提出撤销银行结算账户的申请：

（1）被撤并、解散、宣告破产或关闭的；

（2）注销、被吊销营业执照的；

（3）因迁址，需要变更开户银行的；

（4）其他原因需要撤销银行结算账户的。

6.5 银行询证函、银行对账单和银行余额调节表业务处理

因为财务制度和规定以及监管资金的需要，我们会在与银行打交道的过程中接触一些银行业务的单据，它们是银行询证函、银行对账单和银行余额调节表。学会对这些单据的处理非常重要，下面我们将一一介绍。

6.5.1　银行询证函

银行询证函是指在单位被审计事务所审计的时候，以单位的名义向开户银行发出的询证性书面文件。该文件用来验证单位的银行存款与借款、投资人（股东）出资情况以及担保、承诺、信用证、保函等其他事项是否真实、合法、完整。

银行询证函由单位送交开户银行，由开户银行核对并盖章后寄出。银行询证函样本如图 6.8 所示。

银 行 询 证 函

档案号码：　　C1026/BJA4061

农业银行　　　（银行）：

本公司聘请的德勤华永会计师事务所有限公司正在对本公司财务报表进行审计，按照《中国注册会计师审计准则》的要求，应当询证本公司与贵行的存款、借款往来及其他事项。下列数据出自本公司账簿记录，如与贵行记录相符，请在本函下端"信息证明无误"处签章证明；如有不符，请在"信息不符"处列明不符项目。如存在与本公司有关的未列入本函的其他项目，请在"信息不符"处列出这些项目的金额及其他详细资料。有关询证费用可直接从本公司存款账户（银行账号：　　　　）中收取。回函请直接寄至德勤华永会计师事务所有限公司北京分所。

回函地址：中国北京市东长安街 1 号东方广场东方经贸城西二办公楼 8 层

邮编：100738　　电话：86（10）8520 7788　　传真：86（10）8518 1218　　联系人：刘虓

于 2016 年 12 月 31 日。本公司银行存款、借款账户余额等列示如下。

银行存款

账户名称	银行账号	币种	利率	余额	起止日期 （活期/定期/保证金）	是否被抵押或质押或其他限制	备注
光华公司	749001040001756	RMB		227 849.58	活期	否	

除以上所述，本公司并无其他在贵行的存款。

银行借款

银行账号	币种	余额	借款日期	还款日期	利率	其他借款条件	抵（质）押品/担保人	备注

除以上所述，本公司并无其他自贵行的借款。

截至函证日止的一个年度内已注销的账户

账户名称	银行账号	币种	注销账户日

除以上所述，本公司并无其他截至函证日止的一个年度内已注销的账户。

委托存款

账户名称	银行账号	借款方	币种	利率	余额	存款起止日期	备注

除以上所述，本公司并无其他通过贵行办理的委托存款。

委托贷款

账户名称	银行账号	贷款方	币种	利率	余额	贷款起止日期	备注

除以上所述，本公司并无其他通过贵行办理的委托贷款。

担保（如采用抵押或质押方式提供担保的，应在备注中说明抵押或质押物情况）

被担保人	担保方式	担保金额	担保期限	担保事由	备注

除以上所述，本公司并无其他向贵行提供的担保。

尚未支付之银行承兑汇票

银行承兑汇票号码	票面金额	出票日	到期日

除以上所述，本公司并无其他由贵行承兑而尚未支付的银行承兑汇票。

已贴现而尚未到期之商业汇票

商业汇票号码	付款人名称	承兑人名称	票面金额	票面利率	出票日	到期日	贴现日	贴现率	贴现净额

除以上所述，本公司并无其他向贵行已贴现而尚未到期之商业汇票。

托收的商业汇票

商业汇票号码	承兑人名称	票面金额	出票日	到期日

除以上所述，本公司并无其他由贵行托收的商业汇票。

未完成之已开具而不能撤销信用证

信用证号码	受益人	信用证金额	到期日	未使用金额

除以上所述，本公司并无其他由贵行开具而不能撤销之信用证。

未完成之外汇买卖合约

类别	合约号码	买卖币种	未履行之合约买卖金额	汇率	交收日期
银行卖予公司					
公司卖予银行					

除以上所述，本公司并无其他与贵行未完成之外汇买卖合约。

存放于银行之有价证券或其他产权文件

有价证券或其他产权文件名称	产权文件编号	数量	金额

除以上所述，本公司并无其他存放贵行之有价证券或其他产权文件。

其他事项。如信托存款、银行提供的担保等，若无除前面所述外的其他事项，则应填写"无"。

公司盖章： 日　期：　　年　月　日 经办人：	
以下仅供被函证银行使用	
信息证明无误	信息不符 （请列明不符项目的具体内容。其他未在本函列出的项目，请列出金额及详细资料）
银行盖章 日期： 经办人：	银行盖章 日期： 经办人：

图6.8　银行询征函样本

131

6.5.2 银行对账单

在每一个月的月初银行会生成一份银行对账单要求我们予以核对。对账单上面有该银行账户上个月的所有变动情况，包括每笔银行业务的发生日期、发生额以及存款余额。单位可以以此为依据，核对自己的银行存款日记账是否正确，是否有遗漏或者差错，并且编制银行存款余额调节表。

如果开户银行在月初没有提供对账单，我们应该要求银行打印对账单，并且盖章。银行对账单可以放在当月最后一张银行付款凭证后，装订凭证的时候一起装订成册，也可以按照规定，把当年每个月的银行对账单单独装订成册。

银行对账单（以建设银行为例）如图 6.9 所示。

中国建设银行

明细查询结果

开户机构	中国建设银行	币种	人民币
账　号		利率	
账户名称		账户状态	正常

交易日期	交易时间	凭证种类	凭证号	发生额/元		余额/元	对方户名	对方账号	摘要
				借方	贷方				
2011-7-1				30 000.00	--	4 240 458.17			转账支取
2011-7-1				10.5	--	4 240 447.67			手续费
2011-7-1				242 558.00	--	3 997 889.67			转账支取
2011-7-1				15.5	--	3 997 874.17			手续费
2011-7-1		支票		3 970 000.00	--	27 874.17			往来款
2011-7-12				2 000.00	--	25 874.17			现金支取
2011-7-12				1	--	25 873.17			手续费
2011-7-13				3 000.00	--	22 873.17			ATM 取款
2011-7-18		中国建设银行电子转账凭证		400	--	22 473.17			报销
2011-7-18				4 000.00	--	18 473.17			备用金
2011-7-19		建设银行进账单		--	1 343 000.00	1 361 473.17			交换存入
2011-7-20		中国建设银行电子转账凭证		88 508.27		1 272 964.90			工资款
2011-7-21		中国建设银行电子转账凭证		8 000.00		1 264 964.90			报销
2011-7-22		建设银行进账单		--	1 443 085.00	2 708 049.90			交换存入
2011-7-23		中国建设银行电子转账凭证		3 791.00	--	2 704 258.90			报销
2011-7-23		中国建设银行电子转账凭证		400	--	2 703 858.90			报销
2011-7-25		中国建设银行电子转账凭证		615 500.00		2 088 358.90			转账支取

图 6.9　银行对账单

6.5.3 银行存款余额调节表

银行存款余额调节表，是在月末我们编制的实际银行存款余额和账目余额差额的调节表。

银行存款余额调节表是在银行对账单余额与企业账面余额的基础上，各自加上对方已收、本单位未收账项数额，减去对方已付、本单位未付账项数额，以调整双方余额使其一致的一种调节方法。银行余额调节表编制步骤如下。

（1）按银行存款日记账登记的先后顺序逐笔与银行对账单核对，对双方都已登记的事项打"√"。

（2）对日记账和对账单中未打"√"项目进行检查，确认是属于记账错误，还是属于未达账项。

（3）对查出的企业记账错误按照一定的错账更正方法进行更正，登记入账，调整银行存款日记账账面余额；对银行记账错误通知银行更正，并调整银行对账单余额。

（4）编制银行存款余额调节表，将属于未达账项的事项记入调节表，计算调节后的余额。

银行余额调节表如表 6.7 所示。

表 6.7 　　　　　　　　　　　　**银行存款余额调节表**

银 行 名 称：

银行账户名称：

银 行 账 户：

　　　　　　　　　　　　　年　　月　　日　　　　　　　　　　单位：元

项　　目	金额	项　　目	金额
银行存款日记账余额		银行对账单余额	
加：银行已收企业未收款		加：企业已收银行未收款	
减：银行已付企业未付款		减：企业已付银行未付款	
调节后存款余额		调节后存款余额	

财务负责人：　　　　　　　　　　稽核：　　　　　　　　　出纳员：

通过核对和调节，"银行存款余额调节表"上的双方余额相等，说明企业和银行的记账都没有差错。如果经调节仍不相等，则要么是未达账项未全部查出，要么是一方或双方记账出现差错，需要进一步采用对账方法查明原因，加以及时的更正。在银行存款余额调节表上应该有账户全称和账号、调节的日期，和出纳、稽核、财务负责人的签字以及财务印章。

【例6-12】光华公司的出纳人员小李在 2016 年 6 月 1 日取得了截止到 5 月 31 日公司账户的银行对账单，与自己的银行日记账核对，据此编制 5 月的银行余额调节表。

（1）经小李按顺序打钩核对银行日记账和对账单，银行日记账余额为 350 050.00 元，发现 5 月 28 日银行发生的手续费 50 元在银行日记账上漏做。补做后银行日记账余额为 35 万元。

（2）小李发现 5 月 31 日自己开出的支票 10 万元已经确认付款，而银行尚未付款。小李把这笔 10 万元放到银行余额调节表的"企业已付银行未付"。

（3）小李发现 5 月 31 日银行自动扣取了 5 月的社保费用 2 万元，还未取得银行单据无法登记银行日记账。小李把这笔 2 万元放到银行余额调节表的"银行已付企业未付"。

（4）小李发现 5 月 30 日，银行账户收到一家服装公司划来的款项 5 万元，没有取得单据，未知该笔款项的性质。小李把这笔 5 万元放到银行余额调节表的"银行已收企业未收"

（5）小李发现 5 月 20 日自己确认的一笔收入 30 万元银行账户尚未收到，把这笔 30 万元放入银行余额调节表的"企业已收银行未收"。

（6）目前的银行日记账余额为 35 万元，加上"银行已收企业未收" 5 万元，减去"银行已付企业未付" 2 万元，得到调节后的存款余额 38 万元。

（7）银行对账单上显示，5 月月末银行存款为 18 万元，加上"企业已收银行未收" 30 万元，减去"企业已付银行未付" 10 万元，调节过后的存款余额为 38 万元。

经过以上环节，也就是错账更正以及未达账项的调整以后，调节过后的存款余额数达到一致，都为 38 万元，如表 6.8 所示。

表 6.8　　　　　　　　　　**银行存款余额调节表（实例 6.1）**

银　行　名　称：中国建设银行

银行账户名称：光华公司

银　行　账　号：5101005

2016 年 5 月 31 日　　　　　　　　　　　　　　单位：元

项目	金额	项目	金额
银行存款日记账余额	350 000.00	银行对账单余额	180 000.00
加：银行已收企业未收款	50 000.00	加：企业已收银行未收款	300 000.00
减：银行已付企业未付款	20 000.00	减：企业已付银行未付款	100 000.00
调节后存款余额	380 000.00	调节后存款余额	380 000.00

财务负责人：吴部长　　　　　　　　稽核：傅会计　　　　　　　出纳员：小李

【例 6-13】银行对账，一般在（　　　）由出纳人员进行核对。

　　A．月初　　　　　　B．月末　　　　　　C．年初　　　　　　D．年末

【答案】B。银行对账是指在每月月末，企业的出纳人员将企业的银行存款日记账与开户银行发来的当月银行存款对账单进行逐笔核对，并编制银行存款余额调节表的过程。

【例 6-14】企业银行存款账面余额与银行对账单之间不一致的原因是存在未达账项，以下会使企业银行存款账面余额大于银行对账单余额的有（　　　）。

　　A．企业已收款入账，但银行尚未收款入账

　　B．企业已付款入账，但银行尚未付款入账

　　C．银行已收款入账，但企业尚未收款入账

　　D．银行已付款入账，但企业尚未付款入账

【答案】AD。企业未收银行已收、银行未付企业已付，会使银行存款账面余额小于银行对账单余额。

6.6　职业实践经验

白条，是我们在实际工作中经常遇到的术语，那白条是什么呢？财务制度规定"禁止白条抵库"，这是为什么呢？

我们一般所说的白条，是指有人开具不了符合财务制度和要求的发票、票据、收款证据或者付款凭证，然后用别的不符合要求的票据作为代替的一种手段，这是一种舞弊。按照财务相关要求，只有从税务部门领取的发票等正规的票据才可以报销。

白条出现的情况，大多是因为在实际工作中有的单位和个人借用单位的现金或银行存款，由于种种原因，钱花掉了，又无法取得正式发票，为了弥补库存现金或银行存款出现的短缺，只有用不符合财务制度规定的"白条"来做凭据。所以说，"打白条"的行为是严格禁止的。这种没有取得合法的票据，没有经过正规的审批，甚至直接在白纸上写上收支款项金额和领取货物等，充当原始凭证的行为，严重违反财务制度。我们在工作中要严格禁止"打白条"情况的出现。

6.7　本章练习

一、选择题

1. 银行为存款人开立一般存款账户、其他专用存款账户，应自开户之日起（　　　）个工作日内书面通知基本存款账户开户银行。

    A. 10　　　　　　　B. 7　　　　　　　C. 5　　　　　　　D. 3

2. 存款人开立存款账户，不需要实行核准制的是（　　　）。

    A. 基本存款账户　　　　　　　　B. 一般存款账户

    C. 预算单位开立专用存款账户　　D. 临时存款账户

3. 关于银行结算账户的变更与撤销，下列表述不正确的有（　　　）。

    A. 存款人更改名称但不改变开户银行及账号的，应于5个工作日内向开户银行提出变更申请，并出具相关证明

    B. 单位的法定代表人发生变更时，应于3个工作日内书面通知开户银行并提供有关证明

    C. 存款人因注销、被吊销营业执照的，应于5个工作日内向开户银行提出撤销银行结算账户的申请

    D. 存款人尚未结清其开户银行债务的，不得申请撤销银行结算账户

4. 下列关于一般存款账户的表述中，不正确的是（　　）。

A. 一般存款账户是存款人在基本存款账户开户银行以外的银行营业机构开立的银行结算账户

B. 一般存款账户是在基本存款账户同时开立的账户

C. 存款人可以通过本账户办理转账结算和现金缴存，但不能办理现金支取

D. 一般存款账户是存款人的主要存款账户

5. 宏大有限责任公司基本存款账户开在工行 A 市支行，现因经营需要向中国建设银行 B 分行申请贷款 100 万元，经审查同意贷款，其应在 B 分行开设（　　）。

A. 基本存款账户　B. 一般存款账户　C. 专用存款账户　D. 临时存款账户

6. 关于银行结算账户的分类方式，下列选项正确的为（　　）。

A. 按用途分为基本存款账户、一般存款账户、专用存款账户和临时存款账户

B. 按存款人不同分为单位银行结算账户和个人银行结算账户

C. 按存入币种不同分为人民币结算账户和外币结算账户

D. 按存款期限不同分为定期存款账户和活期存款账户

7. 金融机构就存放同业资金开立专用存款账户，应向银行出具（　　）。

A. 开立基本存款账户规定的证明文件

B. 基本存款账户开户许可证

C. 双方签署的资金存放协议

D. 上述都不正确

二、判断题

1. 居民委员会、社区委员会不允许开立基本存款账户。　　　　　　　　（　　）

2. 存款人应在注册地或住所地开立银行结算账户，不可以在异地（跨省、市、县）开立银行结算账户。　　　　　　　　　　　　　　　　　　　　　（　　）

3. 存款人的一般存款账户为久悬账户，银行可以为其办理其他银行结算账户的开立和变更业务。　　　　　　　　　　　　　　　　　　　　　　　　　　（　　）

三、实践题

1. 2016 年 12 月 31 日企业银行存款日记账月末余额为 12 000 元，银行对账单余额为 18 000 元，经逐笔核对，发现下列未达账项。

（1）银行代企业支付水电费 3 000 元，而企业未收到付款通知；

（2）企业开出现金支票 8 000 元，已登记入账，但持票人未到银行取现金；

（3）银行代企业收回货款 4 000 元并登记入账，但企业未收到收款通知；

（4）企业收到转账支票一张，计 3 000 元，已登记入账，而银行尚未入账。

要求：编制银行存款余额调节表。

银行存款余额调节表

2016 年 12 月 31 日   单位：元

项　目	金　额	项　目	金　额
企业银行存款日记账余额		银行对账单余额	
加：银行已收，企业未收		加：企业已收，银行未收	
减：银行已付，企业未付		减：企业已付，银行未付	
调节后的金额		调节后的金额	

2. 汇通公司 2016 年 6 月 30 日银行存款日记账余额为 80 000 元，银行对账单上的余额为 82 425 元，经过逐笔核对发现有下列未达账项。

（1）企业于 6 月 30 日存入从其他单位收到的转账支票一张计 8 000 元，银行尚未入账；

（2）企业于 6 月 30 日开出转账支票 6 000 元，现金支票 500 元，持票人尚未到银行办理转账和取款手续，银行尚未入账；

（3）企业委托银行代收的外埠存款 4 000 元，银行已经收到入账，但收款通知尚未到达企业；

（4）银行受运输机构委托代收运费，已经从企业存款中付出 150 元，但企业尚未接到转账付款通知；

（5）银行计算企业的存款利息 75 元，已经记入企业存款户，但企业尚未入账。

要求：编制银行存款余额调节表。

银行存款余额调节表

年 月 日   单位：元

项　目	金　额	项　目	金　额
企业银行存款日记账余额		银行对账单余额	
加：银行已收 　　企业未收		加：企业已收 　　银行未收	
（3）		（1）	
（5）			
减：银行已付 　　企业未付		减：企业已付 　　银行未付	
（4）		（2）	
代付电话费		（2）	
调节后存款余额		调节后存款余额	

3. XYZ 公司 2008 年 11 月 20 日至月末的银行存款日记账所记录的经济业务如下。

（1）20 日，开出支票，号码为 050，计 11 700 元，用以支付购料款。

（2）21 日，收到 A 公司开来的销货款转账户支票 35 100 元。

（3）23 日，开出支票，号码为 051，计 3 400 元，支付购料的运杂费。

（4）26 日，开出支票，号码为 052，计 1 000 元，支付下半年的报刊费。

（5）29 日，收到 D 公司开来的销货款现金支票 5 850 元。

（6）30 日，银行存款日记账的账面余额为 92 800 元。

银行对账单所列 XYZ 公司 11 月 20 日到月末的经济业务如下。

（1）22 日，收到销售转账支票 35 100 元。

（2）23 日，收到 XYZ 公司开出的支票，号码为 050，金额为 11 700 元。

（3）25 日，收到 XYZ 公司开出的支票，号码为 051，金额为 3 400 元。

（4）26 日，银行为 XYZ 公司代付本月电话费 1 280 元。

（5）29 日，为 XYZ 公司代收外地购货方汇来的货款 6 800 元。

（6）30 日，结算银行借款利息 650 元。

（7）30 日，银行对账单的存款数为 92 820 元。

要求：根据上述资料，代 XYZ 公司完成以下银行存款余额调节表的编制。

银行余额调节表

年　月　日　　　　　　　　　　　　　单位：元

项　目	金　额	项　目	金　额
企业银行存款日记账余额	92 800	银行对账单余额	92 820
加：银行已收，企业未收		加：企业已收，银行未收	
减：银行已付，企业未付		减：企业已付，银行未付	
调节后存款余额		调节后存款余额	

4. 甲公司 4 月 30 日的银行存款日记账账面余额为 83 820 元，银行对账单余额为 171 820 元。经逐笔核对，发现有以下未达账项。

（1）29 日企业开出现金支票 18 300 元支付劳务费，持票人尚未到银行办理结算手续；

（2）29 日银行代企业收取货款 52 000 元，企业尚未收到收款通知；

（3）30日银行代企业支付电话费3 600元，企业尚未收到付款通知；

（4）30日企业送存银行的转账支票35 000元，银行尚未入账；

（5）30日企业开出汇票56 300元并已入账，但会计人员尚未送银行办理电汇手续。

要求：编制银行存款余额调节表。

银行余额调节表

年　月　日　　　　单位：元

项　　　目	金　　额	项　　　目	金　　额
企业银行存款日记账余额	83 820	银行对账单余额	171 820
加：银行已收，企业未收		加：企业已收，银行未收	
减：银行已付，企业未付		减：企业已付，银行未付	
调节后存款余额		调节后存款余额	

5. 2010年1月31日企业银行存款日记账月末余额为10 000元，银行对账单余额为16 000元，经逐笔核对，发现下列未达账项。

（1）银行代企业支付水电费1 000元，而企业未收到付款通知；

（2）企业开出现金支票6 000元，已登记入账，但持票人未到银行取现金；

（3）银行代企业收回货款2 000元并登记入账，但企业未收到收款通知；

（4）企业收到转账支票一张，计1 000元，已登记入账，而银行尚未入账。

要求：计算调节后存款余额为多少？

第 7 章　银行结算票据

办理完银行账户的相关手续以后，下面来学习怎么通过银行办理结算，怎么转账汇款。银行结算方式包括支票、汇兑、银行汇票、银行本票、商业汇票、信用卡、委托收款、托收承付以及信用证，等。在实际业务中后面几种结算方式较少遇到，所以大家对于后面的几种银行结算方法只做一般性的了解就行。这一章的内容在实务工作中不但非常重要，而且掌握起来难度要大一些，尤其是怎样办理银行结算，希望大家在学习的过程中速度放慢。

7.1　银行结算票据的管理

首先我们要知道银行结算票据怎么管理，因为银行票据涉及的金额一般都很大，所以我们需要重点了解银行票据的风险，加强自身的风险意识，掌握怎么规避风险，管控票据。

7.1.1　银行票据的风险

要办理银行的结算业务，就要使用各种银行票据，在使用这些票据以前，一定要清楚银行票据的风险和防范。风险意识是作为一名财务人员一定要具备的意识，因为票据实在是太重要了，如果出现了问题，无论是个人还是公司，损失都是巨大的。

票据作为银行结算中一种重要的支付凭证，在实务中使用十分广泛。由于票据种类多，特别是遇到一些没有接触过的票据时，是缺乏鉴别能力的，所以在票据的使用过程中存在着许多风险。

形成票据风险的原因有很多。比如有人对银行票据进行伪造和变造；票据的取得是出于恶意或者重大过失；票据行为无效或者存在缺陷；一些人员工作经验不足，责任心不够；等等。

（1）票据的伪造，是指假借他人名义而签发票据的行为。例如，伪造出票人的签名、印章，或利用管理漏洞盗用他人的印章等，都属于票据的伪造行为。票据如果伪造成功，在流通转让过程中是不易被发现的，只有在票据到期后，持票人提示付款时，才会被发现。但是因为票据的债务人不能及时发现该票据系伪造，会使许多人继续接受该票据，成为直接或者间接的受害者。而票据发生伪造后，造成的损失本来应由伪造者来承担，但是在实际中，伪造票据的人，往往在行骗得手以后大肆挥霍，该票据到期发现伪造后，即使抓到伪造人，也会因他把票款已挥霍殆尽而无力弥补持票人的损失。所以，许多国家规定，票据发生伪造后，不影响真正签名的效力。伪造人和接受伪造票据的人对该票据虽然可以不负票据责任，但在被伪造的票据上确实有真正签名或盖章的人，仍应依票据的有关规定负责。但是这样，最后承担票据责任的人就要落在第一次进行背书的人，也就是接受伪造票据的人身上。在这种情况下，若该接受伪造票据的人不能向伪造者追回欠款，这部分损失只好由接受该票据的人自己承担了。

（2）票据的变造，是指未经授权或无权变更票据内容的人，擅自变更票据的行为。票据发生变造以后会影响到当事人的利益，从而引起票据风险。

（3）票据权利存在缺陷，是指持票人对票据享有的所有权有缺陷。如果票据的持有人以欺诈、胁迫、暴力或恐吓等手段，或以不合法的支付对价，或在票据的流通转让过程中违反诚信原则，或在相当于欺诈的情况下取得票据，那么这类票据在取得和流通的过程中会损害相关者的利益，从而也会产生票据风险。

（4）恶意取得票据，是指票据取得人如果明明知道票据转让者并没有处分或交付票据的权利，而仍然接受其票据。如 A 公司从 B 公司偷窃来一张支票转让给 C 公司，C 公司明知 A 公司给予的票据是偷窃得来的，却仍然接受，那么 C 公司就是恶意取得。

（5）重大过失，是说票据受让人虽不是明确知道，但如果稍加注意和核查，就可知道票据转让人是没有处分权的。如 A 公司在受理 B 方盗窃得来的支票时，明明知道 B 没有这个经济能力，不可能有数额巨大的支票，稍加追究取证即可知道这是不法取得，却不闻不问，依然受理，这就是重大过失。

票据欺诈的类型大致有以下几种情况。

第一种是伪造国外银行汇款凭证。这种情况最为普遍，在国内许多分行均有发现，其目的是诱使国内公司发货，制造预付款项等优厚条件以骗取货物。

第二种问题是伪造大额银行汇票。这种情况是钻"立即结汇"的结算方式的空子，在收款后立即调出资金，而在银行退票追索时，欺诈者已逃之夭夭，或已骗取了货物或货款并转移出境。

7.1.2　银行票据结算的管理

为了应对票据的风险，要做好风险防范措施，对银行的票据结算加强管理，明确其结算纪律和责任。

1. 银行结算纪律与责任

银行结算纪律与责任的主要有以下内容。

（1）办理银行结算，必须严格遵守银行结算办法的规定。

（2）不准出租、出借账户，不准签发空头票和远期支票，不准套取银行信用。

（3）公司办理结算，如果填写结算凭证有错误而影响资金使用，或者由于自己管理的票据和印章丢失，被他人使用等管理不善造成损失，由其自行负责。

（4）允许背书转让的票据，因不获付款而遭退票时，我们可以对出票人、背书人和其他债务人行使追票权，票据的各债务人对持票人负连带责任。

（5）如果单位和个人违反银行结算规定和纪律，银行可以根据有关规定予以经济处罚，情节严重的，应停止其使用银行结算。由此造成的后果，由公司自行负责。

（6）但是如果银行办理结算，因为银行的工作差错，发生延期等，影响企业的资金使用，应按存（贷）款的利率计付赔偿金；违反结算制度规定，发生延误、挪用、截留结算资金，影响公司和他行资金使用的，应按结算金额每天 3‰计付赔偿金；因错付或被冒领的，应及时查处，如果造成他人的资金损失，应该负责资金赔偿。

2．票据结算的管理和控制

为了避免发生丢失、被盗等管理漏洞，防止由于管理不善而给自身带来经济上的损失，应该建立健全票据结算的内部控制制度，加强对支票结算的管理和控制。具体措施包括以下方面。

（1）所有支票的管理都应该由财务部门负责，财务部门中也只能由指定的出纳员专门负责，将支票妥善保管在专门的地点，严防丢失、被盗。支票和预留银行印鉴、支付密码器也应该由专人保管，并且分别存放。支付密码器的使用密码应该由出纳人员保管，严防泄密。

（2）应该有专门的"支票领用表"，有关人员在领用支票时必须填写"支票领用单"，写明领用支票的用途、日期、金额，并且由经办人员签字，得到有关领导的批准。

（3）票据应该由指定的出纳员专人签发，出纳员根据经领导批准的"支票领用单"按照规定要求签发，并在支票登记簿上加以登记。一旦发生支票遗失，立即向银行办理挂失并且通知银行和收款单位，协助防范。

（4）一般情况下严禁携带盖好印鉴的空白支票外出，但是如果采购金额事先无法确定，实际情况又需用空白转账支票结算时，得到单位领导的同意后，出纳员可签发具有下列内容的空白支票：

① 填写好支票日期；

② 填写好收款单位名称；

③ 填写好支票用途；

④ 填写好限定的金额（在支票的右上角加注"限额××元"字样）。

同时，在签发空白支票的时候要让领用人填写"空白支票签发登记簿"，实行空白支票领用销号制度，严格控制空白支票的签发。

"空白支票签发登记簿"应包括以下内容：支票的领用日期、支票完整号码、领用人、领用用途、收款单位、限额、批准人、销号日期。领用人领用支票时要在登记簿"领用人"栏签名或盖章；领用人将支票的存根或未使用的支票交回时，应在登记簿"销号"栏销号并注明销号日期。

（5）根据银行结算制度，禁止签发空头支票，所以为避免签发空头支票，要定期与开户银行核对往来账，了解未达账项情况，准确掌握银行存款余额，避免出现空头支票的情况。

（6）建立收受支票的审查制度，避免收受空头支票和无效支票，防止发生诈骗和冒领。如果是收款，应该规定必须收到支票几天后才能发货，以便有足够的时间将收受的支票提交银行，办妥收账手续，避免不法分子的诈骗。

7.1.3 银行结算票据的填写要求

银行结算票据的填写要求如下。

首先，我们应该在票据上写明所要记载的内容，如签发票据时应写明票据的种类、金额、支付命令、支付密码、签发票据的日期以及其他需要明确的内容，如果是承兑汇票应写上"承兑"字样，保证时应写上"保证"或"担保"字样。

其次，票据需要签名和加盖在银行预留的财务印鉴，以表明对该票据承担责任。按照《票据法》规定，在票据上的签名应当为当事人的本名，而不能用笔名、艺名等。

最后，将填写好并且盖好印章的票据交付给持票人。只有票据交付了对方，票据才能发生法律效力。

银行结算凭证的填写有以下要求。

（1）为了防止填好的票据被修改，填写票据日期时，应使用规范的中文填写。填写金额的大写和小写等都不准更改。

（2）对于大写金额数字要一律用正楷或行书书写，小写的阿拉伯数字不得连笔写。

（3）在中文大写金额的前面不留空白，也就是应该顶格书写。中文大写金额数字前应标明"人民币"字样。票据大写金额数字前未印有"人民币"字样的，在填写时应在大写金额前加填"人民币"字样。

（4）中文大写金额数字到"元"为止的，在"元"字后面加"整"字；中文大写金额数字到"角"为止的，在"角"之后可不写"整"字；中文大写金额数字有"分"的，"分"后不写"整"字。

（5）阿拉伯小写金额前加"￥"人民币符号。小写的分位和角位为"0"时，一定要写上"0"，不能空着，也不能用划线代替。

（6）填写出票日期的基本规定是：在填写月、日时，月为壹月、贰月、拾月的，日为壹日到玖日、壹拾日、贰拾日、叁拾日的，应在大写汉字前加"零"字。如果为11、12月，日为11—19的，应在其大写的汉字前加"壹"字。例如，11月19日，应写为壹拾壹月壹拾玖日；12月30日，应写为壹拾贰月零叁拾日。

【例7-1】某出票人于10月30日签发一张现金支票，根据《支付结算办法》的规定，对该支票出票日期的下列写法中，符合规定的是（　　）。

A．拾月叁拾日　　　　　　　B．零拾月零叁拾日

C．壹拾月叁拾日　　　　　　D．零壹拾月零叁拾日

【答案】D

【例7-2】签发的支票必须记载的事项有（　　）。

A．出票日期　　　　　　　　B．确定的金额

C．付款人的名称　　　　　　D．出票人的签章

【答案】ABCD

【例7-3】填写票据金额时，￥10 056.00应写成（　　）。

A．壹万零伍拾陆元　　　　　　B．人民币壹万零伍拾陆元整

C．人民币壹万零零伍拾陆元整　D．人民币一万零五拾六元整

【答案】B

7.2　银行结算的种类和方法

在了解了一些基本知识以后，下面就来了解一下银行结算有哪些种类，它们的结算方法是什么。因为银行结算票据的种类很多，所以对于比较常用的结算方式，也就是前面的几种结算方式讲得更详细一些。

7.2.1　支票

支票是常见的一种十分重要的支付结算票据，一定要予以熟练掌握。

1．支票的概念和种类

支票是由出票人签发的，委托办理业务的开户银行在见票时无条件支付支票上确定的金额给收款人或者持票人的票据。

支票是实际应用中很广泛的一种结算方式，支票是商务活动中使用最多的一种票

据。在同一票据交换区域（也就是同城）的各种款项结算，均可以使用支票。

支票由发行银行统一印制，支票上印有"现金"字样的为现金支票；支票上印有"转账"字样的为转账支票，转账支票只能用于转账；未印有"现金"或"转账"字样的为普通支票，普通支票可以用于支取现金，也可以用于转账。在普通支票左上角划两条平行线的，为划线支票，划线支票只能用于转账，不得支取现金。

小贴士：支票的提示付款期限为自出票日起 10 日内，中国人民银行另有规定的除外。支票的提示付款期限在支票上有说明，超过提示付款期限的，持票人开户银行不予受理，支票作废。

2. 支票的领购

企业在开户银行领购支票。领购支票，必须填写"票据和结算凭证领用单"，写明购买的支票种类和张数，并加盖预留银行印鉴。银行一般会从企业的存款中扣去相应的支票购买费用。存款账户结清也就是要进行银行账户的合并或者注销时，需将剩余的空白支票全部交回银行注销。

从银行取得购买的空白支票时，应该仔细核对支票的张数、支票的起始号码，查看中间有无断号，检查有无票面的损伤、字迹模糊等情况。一本支票的编号应该是连续的，如果有问题，应当面交还给银行予以更正，以免为以后的工作带来不便。

3. 支票的签发填制

在签发支票之前，应该认真查明银行存款的账面结余数额，防止签发超过存款余额的空头支票。签发空头支票，银行除退票外，还将处以票面金额 5%但不低于 1 000 元的罚款。

现金支票（空白）如图 7.1 所示。

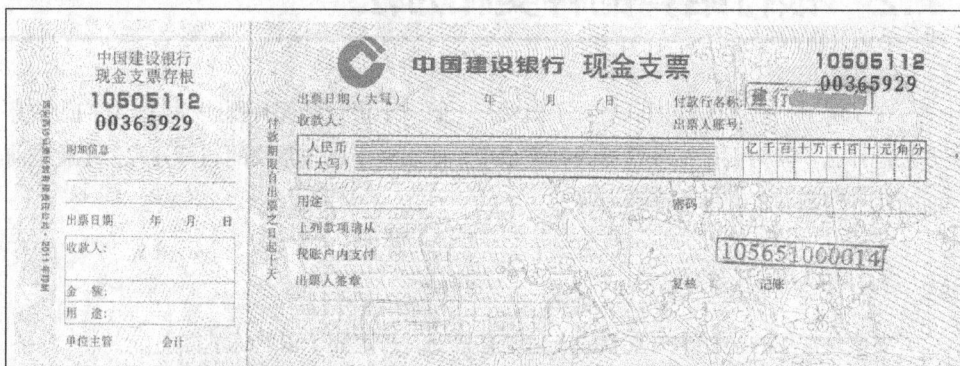

图 7.1　现金支票（空白）

转账支票（空白）如图 7.2 所示。

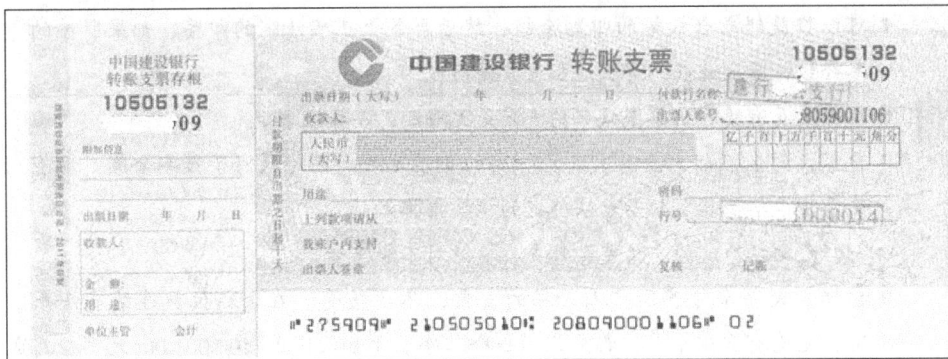

图 7.2 转账支票（空白）

在签发支票时，应使用黑色墨水笔，将支票上的各要素填写齐全，然后在支票上加盖预留银行印鉴。

一般填写支票的顺序是先右后左，从上到下。先填写虚线右边，用中文大写填写出票当日的时间，注意，只能用中文大写；然后填写收款人的全称，再用中文大写填写人民币金额以及小写金额，大写金额和小写金额要一致，填写的规范前面已经讲过，这里不再重复；然后填写用途；然后用支付密码器计算支付密码并且用阿拉伯小写字母填写在密码区。别的要素，如企业的银行账号、开户银行名称等，银行在发给我们的支票上已经盖好了，所以不用再填写。

接下来填写虚线左边，也就是存根部分。最上面是备注，接下来用阿拉伯小写字母填写出票的日期、收款人名称、金额、用途，下面是财务主管和会计的签字。填写好，盖上预留印鉴，沿虚线把左边的存根联和右边的票据联拆开，存根联作为存根使用，票据联交给持票人，或者我们自己去银行进行结算业务的办理。按照会计基础工作规范的要求，存根联上也需要盖上财务专用章。

开支票时，一定要先看账户里有没有足够的金额，如果开出支票的金额超出账户余额，就成了"开空头支票"。这种事情发生，一方面影响公司在客户中的信誉，另一方面会导致金钱损失。如果账户上没有钱或者钱不够，应该向客户说明情况，以及多久可以付款，千万不要开空头支票。

小贴士：在实际操作中，如果是收票的一方，应该注意以下几点。

● 没有签名盖章的支票是"不完全票据"，这种票据无法律效力。必须请出票人补盖印鉴方可接收。

● 出票签名和盖章模糊不清的支票不要收取，这种支票容易被银行退回，造成公司的损失。

● 支票上的签名能以盖人名章的方式代替，但不能以按指印的方式代替。

● 图章颠倒的支票是有效的，可以接受。

- 可以将盖错或者模糊的印鉴涂销，然后再盖上正确清晰的印鉴，如果所盖的印鉴经银行鉴定正确，那么这张支票是有效的。
- 票据上没有填写出票年月日的支票是无效的，不要收取。
- 票据大写金额栏内没有写“元”字的支票无效。因为只写了数字金额，没有人民币货币单位其金额是无法确定的，该票据无效。
- 大写金额经涂改的支票是无效支票，绝对不能接受。
- 票据上大写金额多写“零”字的支票，不要接受。在金额位数连续有几个零时，无论有多少个零，都应只写一个零字。比如人民币 100 001.00 元，应写成“壹拾万零壹元整”，而不能写成“壹拾万零零零壹元整”。
- 票面金额填写“拾元整”的支票，不可收取。按照前面的书写规范，对有关支票金额的写法有特别的要求，10 元应写为“壹拾元整”。

在核对完转账支票以后，还需要填制银行进账单，一并递交开户银行，银行才会予以办理。

进账单需要填写以下内容。首先是办理业务当天的日期，这里需要注意的是，如果不是在出票日去办理该笔转账业务，那么这里的日期就和转账支票上的日期不同。进账单上的日期必须和办理银行结算的日期相同，而不一定和转账支票的出票日日期相同；然后填写出票人和收款人的全称、账号和开户银行；然后填写人民币大写金额和阿拉伯小写金额，和转账支票的填写要求一样。填写完这些就可以和支票一起送交给银行办理了。进账单是多联复写的，银行受理业务办理完毕后，会在进账单的第一页盖上“付讫”章交回企业作为该笔业务办理的银行回单。但是别的进账单联和支票不再返回给企业。进账单如图 7.3 ~ 图 7.5 所示。

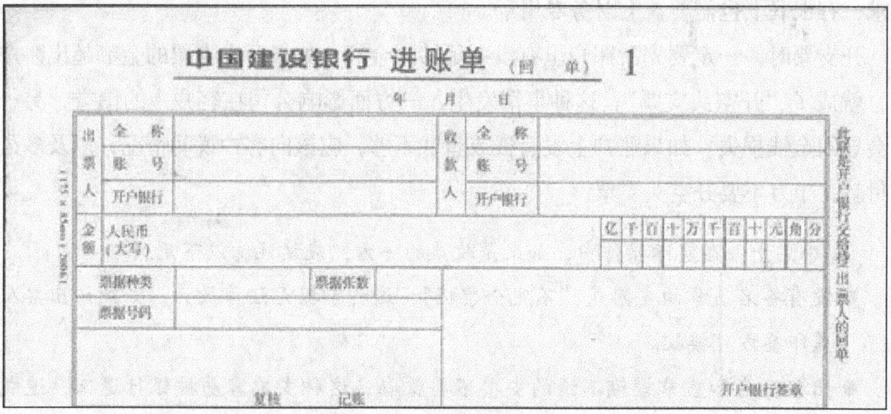
中国建设银行 进账单 （回 单） 1

年 月 日

出票人	全称		收款人	全称	
	账号			账号	
	开户银行			开户银行	
金额	人民币（大写）				亿 千 百 十 万 千 百 十 元 角 分
票据种类		票据张数			
票据号码					
复核 记账				开户银行签章	

此联是开户银行交给持（出）票人的回单

图 7.3 进账单第一联（回单）

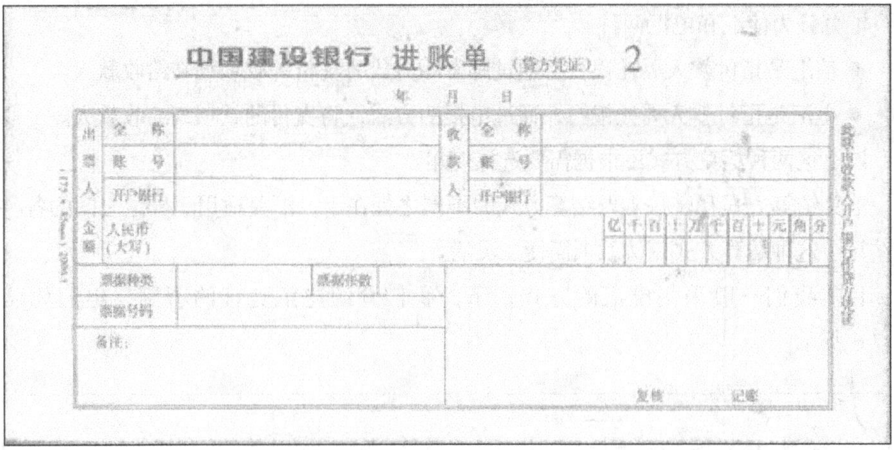
中国建设银行 进账单（贷方凭证） 2

年 月 日

出票人	全称		收款人	全称	
	账号			账号	
	开户银行			开户银行	
金额	人民币（大写）			亿 千 百 十 万 千 百 十 元 角 分	
票据种类		票据张数			
票据号码					
备注：				复核 记账	

此联由收款人开户银行作贷方凭证

图 7.4 进账单第二联（贷方凭证）

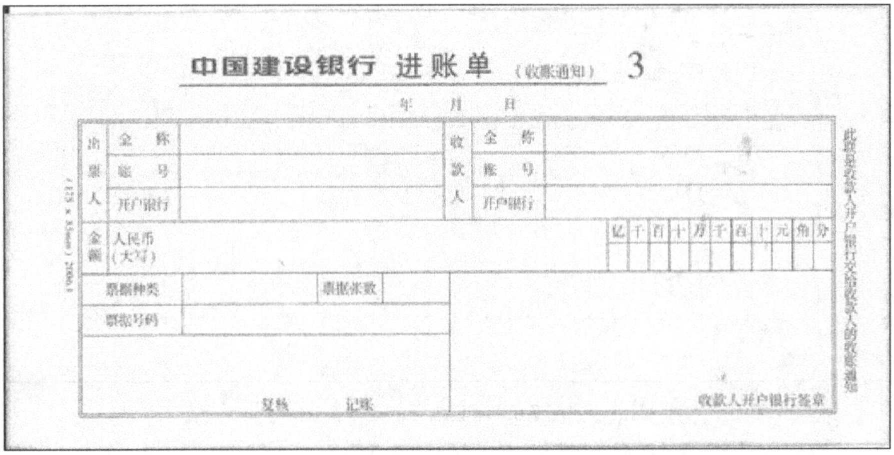
中国建设银行 进账单（收账通知） 3

年 月 日

出票人	全称		收款人	全称	
	账号			账号	
	开户银行			开户银行	
金额	人民币（大写）			亿 千 百 十 万 千 百 十 元 角 分	
票据种类		票据张数			
票据号码					
复核 记账				收款人开户银行签章	

此联是收款人开户银行交给收款人的收账通知

图 7.5 进账单第三联（收款通知）

假设我们给光华公司转账付款，转账业务发生时银行会把第一联（回单）退还我们作为我们做账的凭证，第二联（贷方凭证）由银行保存，第三联（收款通知）由银行转交给光华公司即收款单位。

无论是填写支票还是进账单，不能有一个错别字，不能涂改，写错只能整张单据重新写。日期、收款人、付款人、账号、密码有写错或漏字现象，字迹模糊，印章盖得不够清楚，以及用圆珠笔填写，这些情况银行都不予受理。

7.2.2 汇兑

汇兑是汇款人委托银行将其款项支付给收款人的结算方式。各种款项的结算，均可使用汇兑结算方式。

汇兑分为信汇和电汇两种。

- 信汇是指付款人委托银行，通过邮寄的方式将支付的款项划转给收款人。
- 电汇是指付款人委托银行，通过电报的方式，将支付的款项划给收款人。

以上这两种汇兑方式可根据需要选择使用。

汇兑结算方式和转账支票结算方式的不同之处在于，汇兑适用于异地之间的各种款项结算。这种结算方式划拨款项简便、灵活。

目前我们一般采用电汇的方式，下面我们介绍电汇凭证的填制，电汇凭证如图 7.6 所示。

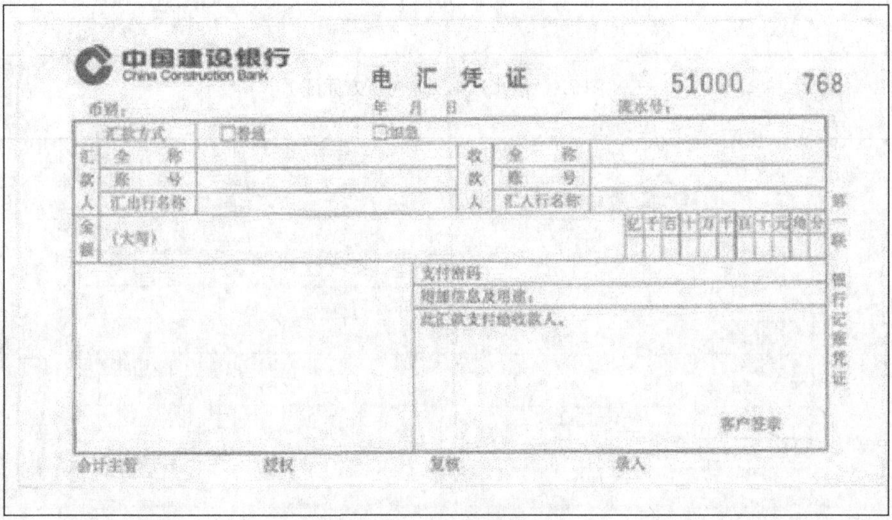
中国建设银行 China Construction Bank
电 汇 凭 证 51000 768
币别： 年 月 日 流水号：
汇款方式 □普通 □加急
汇款人 全称 / 账号 / 汇出行名称
收款人 全称 / 账号 / 汇入行名称
金额 （大写） 亿 千 百 十 万 千 百 十 元 角 分
支付密码
附加信息及用途：
此汇款支付给收款人。
客户签章
第一联 银行记账凭证
会计主管 授权 复核 录入

图 7.6 电汇凭证（空白）

填写电汇凭证时，首先应该填写出票的日期，注意，这里用阿拉伯小写字母填写就行，汇款方式可以根据实际情况勾选普通还是加急，然后填写汇款人和收款人的全称、银行账号、银行开户行名称、金额的中文大写和阿拉伯小写、支付密码和用途。然后盖上预留财务印鉴，电汇凭证是多联的，需要在银行记账凭证那一联上盖章。然后送达开户银行，委托银行将款项汇往收款行，收款行会将收到的金额支付到收款人的银行账户。电汇凭证的日期必须也只能是办理日期的当天，和支票是不同的。

电汇业务需要支付手续费。在银行审核电汇凭证无误后，在回单联盖章，连同业务收费凭证一同交给我们。

7.2.3 银行汇票

银行汇票是指汇款人将款项交存当地出票银行，由出票银行签发的，由其在见票时，按照实际结算金额无条件支付给收款人或持票人的票据。银行汇票使用灵活、票随人到、兑现性强，适用于先收款后发货或钱货两清的交易。

银行汇票可以用于转账，填明"现金"字样的银行汇票也可以用于支取现金。银行汇票的付款期限为自出票日起 1 个月内。超过付款期限提示付款不获付款的，持票人须在票据权利时效内向出票银行做出说明，并提供身份证件或单位证明，持银行汇票和解讫通知向出票银行请求付款。

在支付购货款等款项的时候，应向出票银行填写"银行汇票申请书"，其中填明收款人名称、支付金额、申请人、申请日期等事项并签章，签章要与预留银行印鉴相同。银行受理银行汇票申请书，收妥款项后签发银行汇票，然后将银行汇票和解讫通知一并交给汇款人。

7.2.4 银行本票

银行本票是指银行签发的，承诺自己在见票时无条件支付确定的金额给收款人或者持票人的票据。

银行本票由银行签发并保证兑付，而且见票即付，信誉高、支付功能强。银行本票分定额本票和不定额本票。定额本票面值分别为 1 000 元、5 000 元、10 000 元和 50 000 元。在票面划去转账字样的，为现金本票。

银行本票的付款期限为自出票日起最长不超过 2 个月，在付款期内银行本票见票即付。超过提示付款期限不获付款的，在票据权利时效内向出票银行做出说明，并提供本人身份证或单位证明，可持银行本票向银行请求付款。其流程和银行汇票相同。

7.2.5 商业汇票

商业汇票是指出票人签发的，委托付款人在指定日期无条件支付确定的金额给收款人或者持票人的票据。商业汇票的付款期限由交易双方商定，但最长不得超过 6 个月。商业汇票的提示付款期限为自汇票到期日起 10 日内。

首先需要领购商业汇票，在开户银行填写"票据和结算凭证领用单"并加盖预留银行印鉴，存款账户结清时，必须将剩余的空白商业汇票全部交回银行注销。

商业汇票可以由付款人签发并承兑，也可以由收款人签发交由付款人承兑。持票人应当在汇票到期日前向付款人提示承兑；见票后定期付款的汇票未按规定期限提示承兑的，持票人丧失对其前手的追索权。付款人应当自收到提示承兑的汇票之日起 3 日内承兑或者拒绝承兑。付款人拒绝承兑的，必须出具拒绝承兑的证明。

商业汇票按承兑人不同分为商业承兑汇票和银行承兑汇票两种，它们有一定的区别。商业承兑汇票和银行承兑汇票的承兑人是不同的，因为商业承兑汇票是商业信用，银行承兑汇票是银行信用。目前银行承兑汇票一般由银行签发并承兑，而商业承兑汇票可以不通过银行签发并背书转让，但在信用等级和流通性上低于银行承兑汇票，在银行办理贴现的难度较银行承兑汇票高。

1. 商业承兑汇票

商业承兑汇票是由银行以外的付款人承兑。商业承兑汇票按交易双方约定，由销货企业或购货企业签发，但由购货企业承兑。承兑时，购货企业应在汇票正面记载"承兑"字样和承兑日期并盖章。承兑不得附有条件，否则视为拒绝承兑。在汇票到期的时候，购货企业的开户银行凭票将票款划给销货企业或贴现银行。销货企业应在提示付款期限内通过开户银行委托收款或直接向付款人提示付款。对异地委托收款的，销货企业可匡算邮程，提前通过开户银行委托收款。汇票到期时，如果购货企业的存款不足支付票款，开户银行应将汇票退还销货企业，银行不负责付款，由购销双方自行处理。

2. 银行承兑汇票

银行承兑汇票由银行承兑，由在承兑银行开立存款账户的存款人签发。承兑银行按票面金额向出票人收取万分之五的手续费。

购货企业应于汇票到期前将票款足额交存其开户银行，以备由承兑银行在汇票到期日或到期日后的见票当日支付票款。销货企业应在汇票到期时将汇票连同进账单送交开户银行以便转账收款。承兑银行凭汇票将承兑款项无条件转给销货企业，如果购货企业于汇票到期日未能足额交存票款，承兑银行除凭票向持票人无条件付款外，对出票人尚未支付的汇票金额按照每天万分之五计收罚息。

7.2.6 信用卡

信用卡是指商业银行向个人和企业发行的，向特约企业购物、消费和向银行存取现金，且具有消费信用的卡片。信用卡按使用对象分为企业卡和个人卡；按信誉等级分为金卡和普通卡。

在银行开立基本账户的单位，可申领单位卡。单位卡可申领若干张，持卡人资格由申领单位法定代表人或其委托的代理人指定和注销，持卡人不得出租或转借信用卡。单位卡账户的资金一律从基本存款账户转账存入，不得交存现金。

单位信用卡不得用于 10 万元以上的商品交易、劳务供应款项的结算，不得支取现金。

7.2.7 委托收款

委托收款是收款人委托银行向付款人收取款项的结算方式。可凭已承兑商业汇票、债券、存单等付款人债务证明办理收取同城或异地款项。委托收款还适用于收取电费、电话费等付款人众多、分散的公用事业费等有关款项。

委托收款结算款项划回的方式分为邮寄和电报两种。

7.2.8 托收承付

托收承付是一种先有购销合同，然后根据购销合同，由合同中的收款人发货以后委托银行向异地的付款人收取款项，然后由付款人承认付款的一种结算方式。

使用托收承付结算方式的收款单位和付款单位，必须是国有企业、供销合作社以及经营管理较好、并经开户银行审查同意的城乡集体所有制工业企业。这是较少遇到的一种结算方式。

7.2.9 信用证

信用证结算方式是国际结算的一种主要方式。经中国人民银行批准经营结算业务的商业银行总行以及经商业银行总行批准开办信用证业务的分支机构，也可以办理国内商品流通小企业之间商品交易的信用证结算业务。

采用信用证结算方式的，收款方在收到信用证后，即备货装运，签发有关发票账单，连同运输单据和信用证，送交银行，根据退还的信用证等有关凭证编制收款凭证；付款方在接到开户行的通知时，根据付款的有关单据编制付款凭证。

【例 7-4】根据支付结算法律制度的规定，下列关于票据提示付款期限的表述中，不正确的是（　　）。

A. 商业汇票的提示付款期限为自出票日起 10 日

B. 银行汇票的提示付款期限为自出票日起 1 个月

C. 支票的提示付款期限为自出票日起 10 日

D. 银行本票的提示付款期限自出票日起最长不得超过两个月

【答案】A。商业汇票的提示付款期限为自到期日起 10 日内。

【例 7-5】根据《票据法》的规定，下列关于支票的说法正确的是（　　）。

A. 支票的收款人可以由出票人授权补记

B. 支票不可以背书转让

C. 支票的提示付款期限为出票日起 1 个月

D. 持票人提示付款时，支票的出票人账户金额不足的，银行应先向持票人支付票款

【答案】A。选项 B 支票可以背书转让；选项 C，支票的提示付款期限应该为出票日起 10 日；选项 D，支票的出票人账户金额不足的，应该按照签发空头支票处理，银行不垫款。

【例 7-6】根据《支付结算办法》规定，下列各项中，属于收款人根据购销合同发

货后委托银行向异地付款人收取款项，付款人向银行承认付款的结算方式是（　　）。

  A．汇兑结算方式   B．信用证结算方式

  C．托收承付结算方式   D．委托收款结算方式

【答案】C

【例7-7】根据《票据法》的规定，下列各项中，可以支取现金的支票有（　　）。

  A．现金支票 B．转账支票 C．普通支票 D．划线支票

【答案】AC

【例7-8】商业汇票的付款期限自出票日起计算，最长不得超过的时间是（　　）。

  A．3个月   B．6个月   C．9个月   D．12个月

【答案】B

7.3　网上银行业务

随着网络的发展，越来越多的银行开始普及网上银行业务，可以说，网上银行带给了我们某种"变革"。下面来看一下什么是网上银行业务以及怎么操作网上银行业务。

7.3.1　网上银行功能

网上银行业务，是指银行依托互联网推出的新一代的电子银行服务。它非常便捷，能提供非常全面及时的服务，满足客户全方位、多层次的需求，所以网上银行业务已经越来越普及。下面就来介绍一下网上银行业务的功能。

（1）强大的账户查询功能。通过网上银行，可以在联网的电脑上查询到账户的余额、明细账，等待进行的交易等，这种查询快捷及时。

（2）快捷的转账汇款和缴费支付功能。通过网上银行可以办理转账汇款和缴纳税费等业务，可实现不同银行账户之间的转账，大大节省了去银行排队办理业务和填写银行票据的时间。

（3）便利的代发代扣功能。通过网上银行可以很方便地发放职工的工资和报销款。把核对无误的工资卡号和工资金额输入电脑后，银行可以直接把银行存款发放到员工的工资卡上，省时又省力。

（4）网上对账功能和账户管理功能。通过网上银行可以进行网上的对账和对不同的账户进行管理，比如有下属的分公司，可以通过网上银行进行对分公司银行账户的监管。

7.3.2 申请开通网银流程

企业申请开通网上银行，需要提供营业执照、开户许可证、法人的身份证，经办人身份证并且加盖公司公章，以及银行要求的其他资料，到企业开户行会计柜台填写申请表，签署网银协议。

为了保证账户资金的安全，在柜台签约以后，银行会发给我们专用的网银盾，也就是平时所说的电子密钥或者证书载体，并且在开通网银的第二天可以开始使用。

如果以前申请过网上银行业务，新的账户需要开通网上银行时，只要携带开户资料到相应的开户行会计柜台填写申请表追加账户就可以。如果是追加其他法人单位账户（这种情况在企业有分子公司、项目部、营业部等分支机构的时候会发生），就还需要提供该法人的"授权书"（法人授权书在 6.3 节里有具体样式）。

如上所述，网银有多种功能，企业可以根据自己的实际需要予以开通，但是开通不同的网银功能，需要填写相关的申请表，与银行签订协议，而不是只开通网银就可以直接使用。如上面提到的代发代扣功能，企业需要填写"单位网上银行代收代付业务申请表"，签署"人民币结算协议"时勾选网银代收代付功能，携带开户资料到开户的会计柜台申请开通。

根据申请的功能不同，银行的网银业务又分为两种，一种为简版单位网银，一种是高级版单位网银。它们的区别在于，高级版网银具有简版网银的所有功能，但是简版网银没有高级版网银的转账支付等功能，简版网银一般用来进行查询业务。本节我们主要介绍可以办理银行支付业务的高级版网银。

单位网银的证书有一个有效期，下面以建行网银为例进行介绍。建行网银的网银证书有效期为五年，从申领的时间算起，也就是说，在使用该证书办理业务五年以后，需要到期换证。换证有下面两种情况。

证书到期前一个月以及到期后三个月的时间范围内，用户可以在登录界面看到证书到期的提示，直接单击该提示中的"到期换证"链接，转到"到期换证"页面即可进行证书更换。

或者，也可以可直接登录 www.ccb.com，单击左上角"网上银行服务"进入下一个页面，并在该页面右下方单击"到期换证"进行证书更换。

小贴士：在证书到期三个月后，企业不能再自行更换证书，此时，需要按证书恢复流程申请证书恢复。即需要填写证书恢复的申请表，到银行柜台办理，申请证书的继续使用。

7.3.3 网银业务初始

在第一次使用网络银行业务的时候，要先对电脑进行必要的设置，还要了解相关的基本知识，才能顺利使用网银。出于安全的考虑，最好使用固定的电脑进行网银操作。

下面以建行网银为例进行介绍。

1．操作员角色

网银系统有不同的操作员角色，其中，网银系统"主管"角色只有一个，而包括副主管在内的操作员可根据实际需要设置多个。各个角色根据主管的权限管理，均可实现查询、统计、打印、文件下载等功能，但在账务性交易，包括转账汇款、代收代付、理财等交易中，根据角色权限的不同，需要处理不同的业务。

- 制单：主要在账务性交易中，担任"出纳"工作，制作账务性交易的单据。
- 复核：主要在账务性交易中，担任"会计"工作，复核制单提交的单据。
- 制单_复核：操作员登录后可选择自己的角色，分别担任制单或复核。但在同一笔交易中不能既制单又复核。
- 副主管：有一部分的主管权限，协助主管进行管理。常用于大型的集团客户。
- 主管：每个网银客户只有一个主管，可管理所有操作员、流程，可以给副主管分配空卡，还可以在账务性交易中作为最后一级复核，即最终审批。

从上面可以看出，企业可以根据自身的情况，自行决定申请网银盾也就是电子证书或者电子密钥的个数。一般说来，财务主管持有一个密钥，也就是我们所说的"主管"，出纳员（制单员）持有一个密钥，审核人员持有一个密钥，或者出纳员或者审核人员有多少个，都可以统一称呼为操作员，他们都受"主管"的管理。"主管"通过网银盾登录网银相关页面，可以直接进行对"操作员"的管理，比如给不同的操作员授权，增加或者减少权限，修改操作员的密码，冻结操作员的网银盾，更改操作员的名字或者信息，恢复操作员的网银盾使用等。企业可以根据自己的情况和付款的流程增加密钥的个数，但是主管网银盾和出纳（也就是操作员）网银盾这两个网银盾必不可少。

小贴士：一些业务和人员较少的公司可以根据需要到银行填写"流程优化申请表"单独申请开通"单一授权"。开通后，制单角色可不经复核，直接提交银行处理，也就是说可以一个财务人员全权处理付款等业务，但是正因为这样，该角色有一定的操作风险，一般不推荐使用。

如果需要增加网银盾和增加操作员，填写"网上银行企业客户证书载体申请登记表"送交开户行会计柜台即可申领空卡。次日由主管进行操作员新增，给予相应的授权即可。

2．网银业务初始设置

（1）输入地址

把银行密钥插入电脑的 USB 接口以后，打开 Internet，键入建行单位银行的网址。

简版单位网银登录地址为 www.ccb.com，打开以后单击页面左上方"网上银行服务"选择"简版企业银行"。

高级版单位网银登录地址为 https://b2b.ccb.cn。

🏷 **小贴士**：http 后面还有一个 s，这和我们平时使用的大部分网址 http:// 不同。

（2）安装驱动

在输入建行的电子银行网址以后，使用网银需要安装驱动吗？

目前建行使用的网银盾属"无驱"类型，也就是无须手动安装，网银盾驱动将自动安装以便我们使用。但是如果安装失败，也可以按如下步骤手动安装。

手动安装时，使用网银盾配送的光盘，插入电脑光驱后根据提示单击"企业网银"即可安装。同时也可在建行网站 www.ccb.com 下载安装程序。

（3）进行必要电脑设置

在安装好驱动以后，由于电脑程序各不相同，不同程序间可能兼容性等性能也有差别，所以我们需要在使用前先对 IE 浏览器进行以下设置。

① 清理临时文件。因为 IE 浏览器的设置不同，如果没有及时清理临时文件，可能会影响登录使用网银，所以需手动清理。具体操作步骤为，在打开 IE 浏览器后，在工具（或选项）菜单下打开"Internet 选项"，在"常规"中间部分单击"删除"按钮即可，如图 7.7 所示。

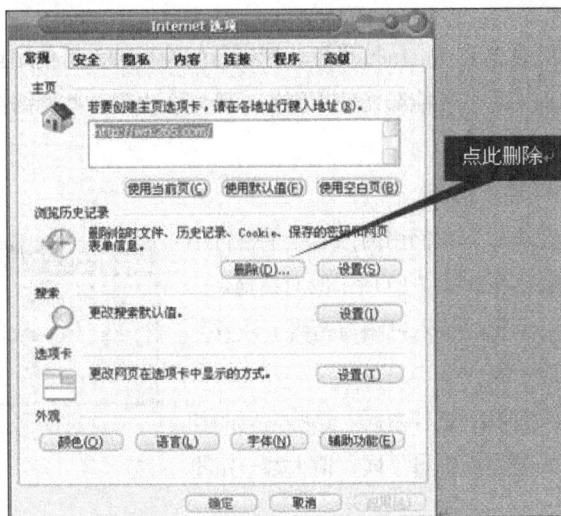

图 7.7　设置浏览器（清理临时文件）

② 设置安全级别。在图 7.7 的"Internet 选项"下选择"安全"，选择"受信任站点"，然后单击添加单位网银的登录地址 https://b2b.ccb.com（以高级版本网银的地址为

例），如图 7.8 所示。

另外，我们还需要在"自定义级别"（该选项也在"安全"选项中），将 ActiveX 控件改为"启用"或"提示"。这是相当重要的一点。如果我们在后面发现网银系统无法使用，很有可能和这里的设置有关系，还有，需要关闭弹出窗口阻止程序，以免建行自动弹出的网页被禁用而无法显示。这也同样在设置里面可以看到，如图 7.9 所示。

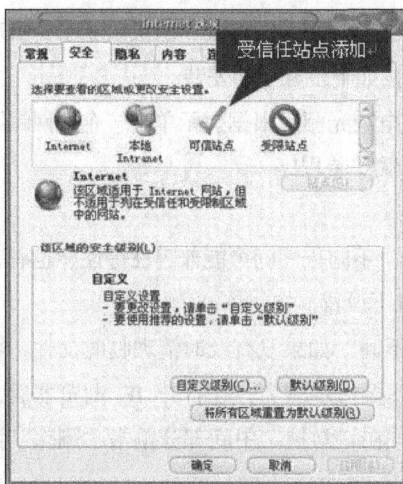

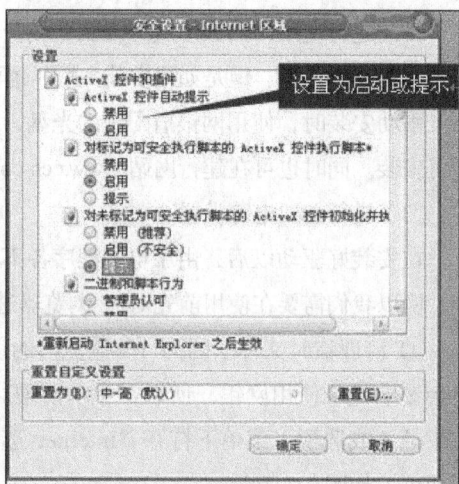

图 7.8　设置浏览器（设置安全级别）　　　　图 7.9　设置浏览器（设置控件）

按照以上要求更改电脑 Internet 设置，把银行的网页加入可信站点，降低安全性，关闭阻止弹出窗口程序后，才能顺畅使用网银。否则会出现一些网络银行的内容被禁止而无法使用的情况。

3．网银的登录和密码设置

在前面都设置完毕后，我们用网银盾登录建行单位银行网站的时候会出现如图 7.10 所示的对话框。

在这个弹出的对话框里输入网银盾密码。注意，这里输入的是网银盾密码。

图 7.10　建行网银登录窗口

高级版单位网银有以下三种密码。这些密码的初始密码，以及遗忘的处理都各自不同，请大家一定不要混淆。

（1）网银盾密码

这是在图 7.10 对话框中输入的密码。首次登录时有一个初始密码，这个密码和网银盾是配套使用的。第一次使用网银盾的时候，银行会自动提示更改初始密码。这个自己设定的密码需要妥善保管，因为在登录和支付的时候，都必须输入，否则网银盾不能

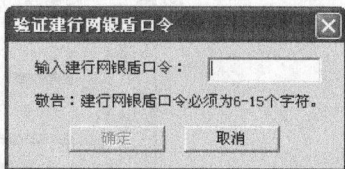

使用。该密码一旦遗忘，申请恢复比较麻烦，需要填写"证书恢复申请表"到银行重新申领新的网银证书。这也是平时登录网银需要输入的第一道密码。

（2）登录密码

登录密码，即在登录页面输入中，除开客户号、操作员号之外的内容，界面如图 7.12 所示。其中，主管的初始密码为 999999，其他操作员的初始密码由主管设置。如该密码遗忘，主管需填写"证书恢复申请表"交经办行申请重置，而操作员则只需请主管通过主管登录到相应界面进行管理和重置。

（3）交易密码

交易密码也称设置密码，是在进行设置、交易确认时需要输入的密码。其中，主管的初始密码也是 999999。

小贴士：主管的登录密码、交易密码重置后，是客户号"#"前 6 位，不足 6位的是 111111。

为了保证账户的安全，在登录后，进入网银界面的"服务中心" — "服务管理" —"修改密码"菜单进行初始密码修改。修改界面如图 7.11 所示。

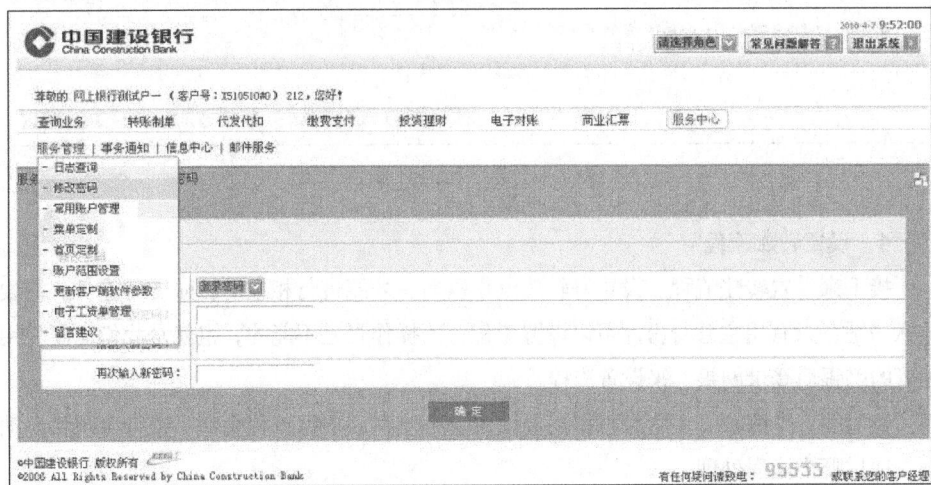

图 7.11 建行网银修改登录密码

小贴士：使用网银要注意密码不能连续多次输错，否则就会被锁定或者冻结。

网银盾密码，连续输错 10 次密码会被锁，此时需要填写"单位网银证书恢复申请表"到开户行会计柜台办理重置。

登录密码、交易密码各连续输错 6 次也会被锁定，登录时提示："操作员已被冻结或注销，不能进行交易。请向主管咨询有关情况"。这时被锁定的网银盾的操作员可以让主管为其解锁。但是，如果是主管输错密码超过 6 次，被锁，那么只能到开户行会计柜台填写证书恢复申请表重置，其所需手续与签约相同。

在输入网银盾密码以后会出现网络银行的登录界面，如图 7.12 所示。

进入网上银行以后的界面如图 7.13 所示。此时，我们就可以进行各项操作了。

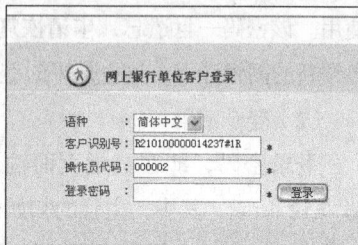

图 7.12　建行网银登录界面

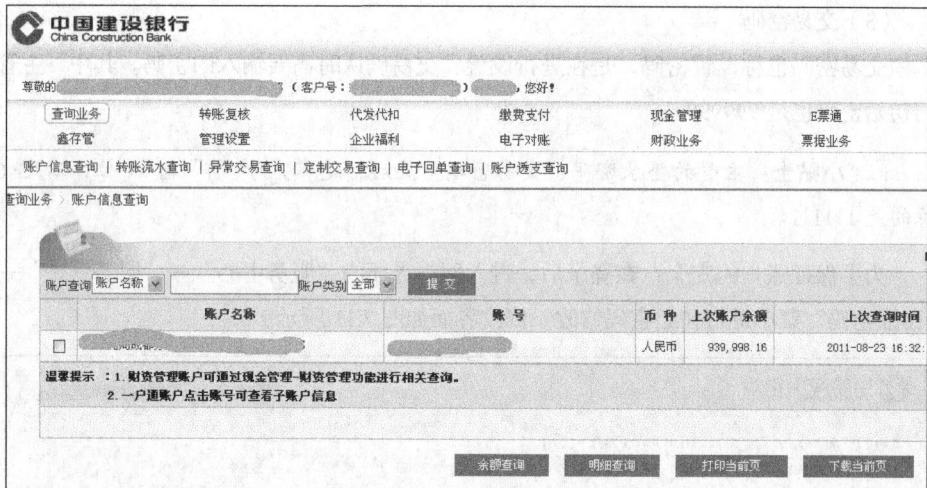

图 7.13　建行网银操作界面

4. 设置转账流程

接下来设置转账流程。设置好转账流程以后，才能进行相应的转账支付业务。需要注意的是，只有用主管身份才可以设置流程，而操作员是不能的，也就是我们需要先用主管的网银盾登录网银，来设置流程。

针对同一个账户，主管可根据需要设置多个流程，根据流程金额，银行系统将自动选择通过哪个流程处理。

如果同时开通了银行转账业务和代发代扣业务，那么对于转账业务和代发代扣，都需要设置相应的流程。设置流程完毕以后，才能办理支付业务。

这里需要注意的是，大于设置的流程金额的金额，最后都需要由主管审批。

【例 7-9】一家公司办理了网上银行业务，其网银账户有制单人员（出纳）A、B 两名，复核人员（会计）C、D 两名，主管（财务部长）一名，分别都有网银盾。主管对该网银账号设置了两个流程，流程金额分别为 100 万、500 万。100 万设置 A 制单，C 复核；500 万设置 B 制单、D 复核。

以上设置后，这家公司的交易金额小于等于 100 万元的交易就由 A 制单，C 复核；

交易金额大于 100 万元而小于等于 500 万元的交易由 B 制单、D 复核；

交易金额大于 500 万元则由 B 制单、D 复核，再交给主管审批。

5．网上银行转账操作

在设置好流程以后，接下来就可以按照转账流程进行相应的网上转账操作了。

网银的支付业务分为两大类。

● 公对公转账，也就是公司账户对另外一家公司或者机构账户的支付。

● 公对私转账，也就是公司账户对个人账户进行的转账支付操作，比如公司给员
工发工资，从公司的账户直接转账到员工的个人工资卡里。

（1）公对公转账的支付操作分为以下步骤

① 首先让流程里面有权限的操作员按照上面的提示登录网银系统，输入密码，然
后单击"转账制单"。可以看到制单下面的菜单栏里面有"快速制单""自由制单""实
时跨行转账"的选项。

"快速制单"针对的是以前已经支付过的账户，因为已经保存了对方收款账户的账
户信息，所以直接选择该账户而不用再次输入收款账户的信息。

第一次制单时应该选择"自由制单"。如果收款单位是建行的账户，那么就选择收
款单位为建行，如图 7.14 所示。

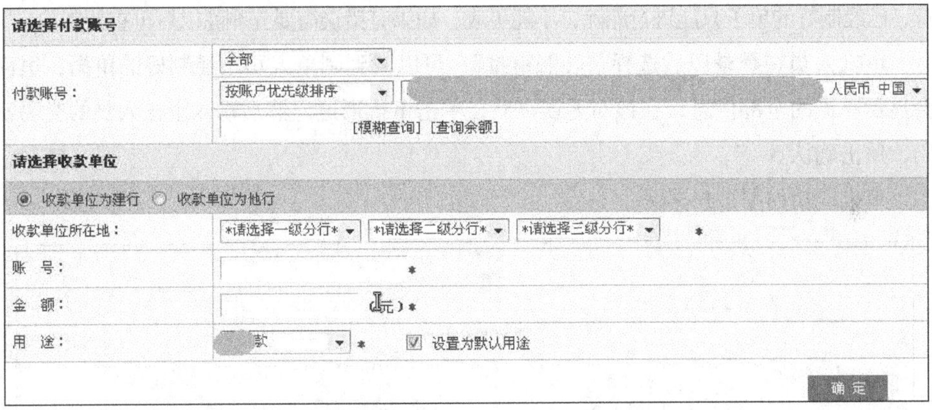

图 7.14　建行网银付款（同行）

从图 7.14 可以看到，同行转账付款时先选择付款账户，然后输入收款单位的信
息，分别输入收款单位开户银行的所在地、银行账号，和付款的金额以及用途。从这里
可以看到，因为是同行转账，所以不用输入收款账户的全称。

在输入完毕以后，单击"确定"按钮，网银界面会再次显示收款方和付款账户的信
息以及金额，再次核对以后，输入操作员的交易密码。单击"确定"按钮，制单成功。

如果收款方账户不是建行，而是别的银行，那么在制单的时候选择"收款单位为他
行"，如图 7.15 所示。

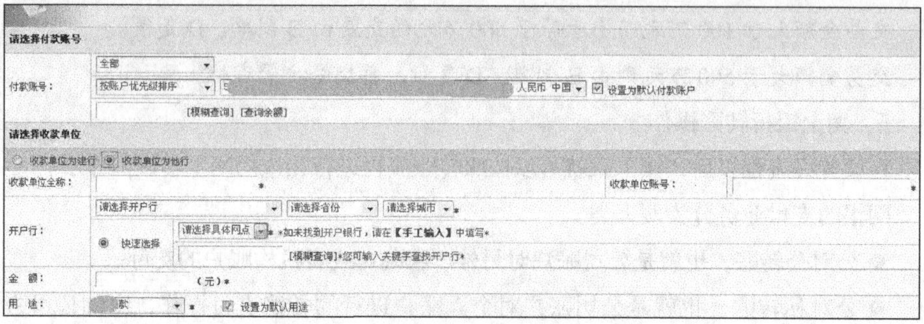

图 7.15 建行网银付款（他行）

他行转账和同行转账的流程一样，只是他行转账需要输入收款单位的账户全称，还有该收款单位开户行的具体名称，也就是需要输入收款账户的开户银行具体网点的名称，如某支行或者某营业部。如果在快速选择里面无法找到该网点，必须手工输入，也就是先单击"手工输入"按钮，然后将该银行网点的名称直接输入该对话框中。然后和同行付款制单一样单击"确定"按钮。

② 在制单完毕以后，可以进入下一个流程，即审批。

具有相应权限的审批人员（包括复核人员和主管），用网银盾登录网上银行对制单进行审批。在制单完毕以后，只要没有审核，制单人员可以对已经填制的单子进行删除。注意，已经制好的单子只能进行删除，不能更改，如果有错误需要先删除以后再重新制单。

审批人员在登录以后选择"转账审批"，可以看到制单人员已经制好的单据，里面会显示单据的全部信息，在核对无误以后，单击审批通过，然后输入审核人员的交易密码，单击确认。

审批成功如图 7.16 所示。

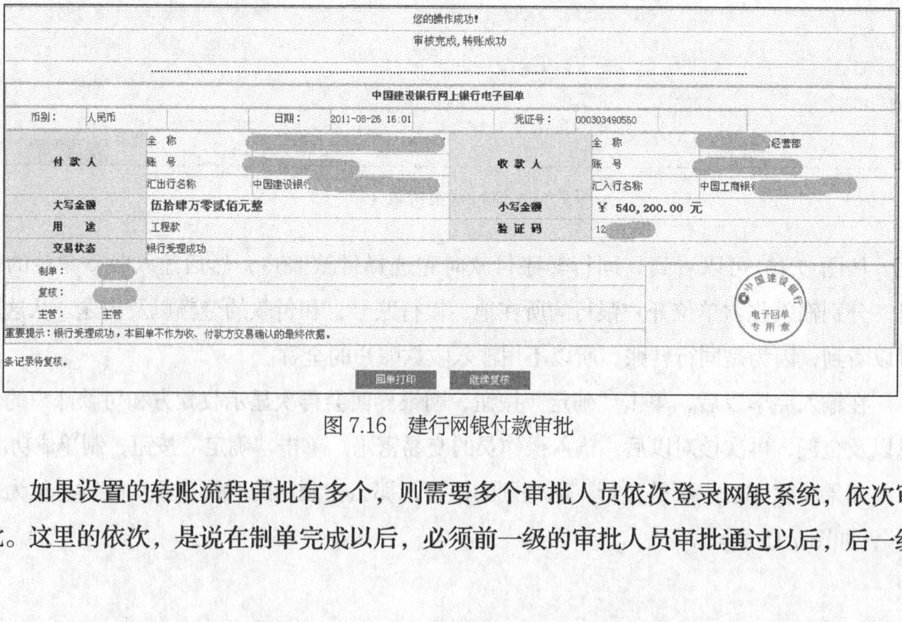

图 7.16 建行网银付款审批

如果设置的转账流程审批有多个，则需要多个审批人员依次登录网银系统，依次审批。这里的依次，是说在制单完成以后，必须前一级的审批人员审批通过以后，后一级的审批人员再审批。如果前一级的审批人员没有通过，那么后一级的审批人员是看不到该笔单据的。

审批完成以后，会显示银行已经受理，这相当于我们已经将支付的口令和信息提交给了银行，我们的工作就算是完成了。但是，银行受理不一定等于支付，因为开户行会根据银行自身的情况予以处理，可能会延后一些才支付出去，如果不是工作日，则会等到下一个工作日予以支付。我们可以稍后在网上查询到支付的结果。

如果审批人员不同意支付该笔业务，也就是审批不通过，那么该结果会返回给制单员，进入不了下面的支付流程。

（2）公对私转账的支付操作分为以下步骤

和公对公转账一样，公对私转账首先需要网银的操作员制单，在"代发代扣"菜单中选择"代发"即可（代扣功能用得较少，这里不单独讲述）。

公对私有以下两种常用的制单方式。

● 单笔制单，即一次支付给一个私人账户的制单方式。这种方式适合于给少量的账户支付的时候使用。它的制单和审核查询都非常方便。

● 批量制单，即一次性支付给多个私人账户的制单方式。这种方式适合于给数量较多的私人账户支付的时候使用。它需要将制单信息输入一个表格，然后将该表格上传，银行系统将根据我们上传的表格里面的支付金额总数予以显示，并且同时按照每一个明细账户的金额予以支付。

单笔代发业务的办理流程是，填写收款人的姓名和账号，以及要支付的金额还有用途，单击确定即可。

小贴士：收款人的银行卡必须是建设银行，不能是其他银行，否则，没有办法进行公对私支付。

单笔代发制单界面如图 7.17 所示。

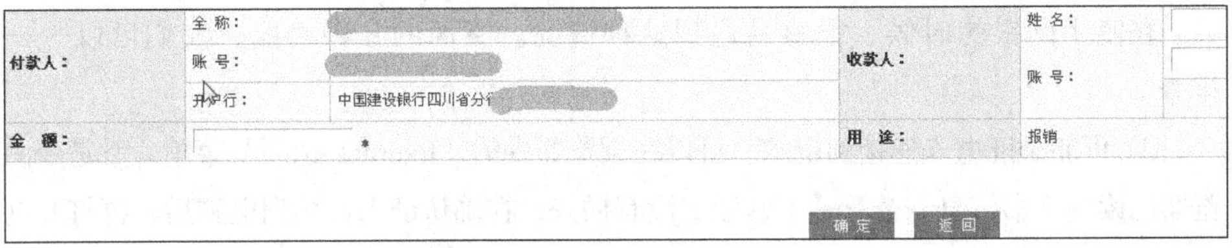

图 7.17 建行网银付款代发制单（单笔）

小贴士：如果高级版单位网银证书损坏、丢失该怎么办？

一般操作员（非主管）的网银盾损坏、丢失：应该由主管登录网银，在"操作员管理"菜单删除已丢失证书的操作员，操作界面见图 7.18.，进行相应的空卡删除。

删除之后由经办人携带开户资料、证书遗失说明、"网银盾申请表"到经办行柜台，重新申领网银盾。证书关联后，由主管登录网银，重新分配操作员以及设置流程。

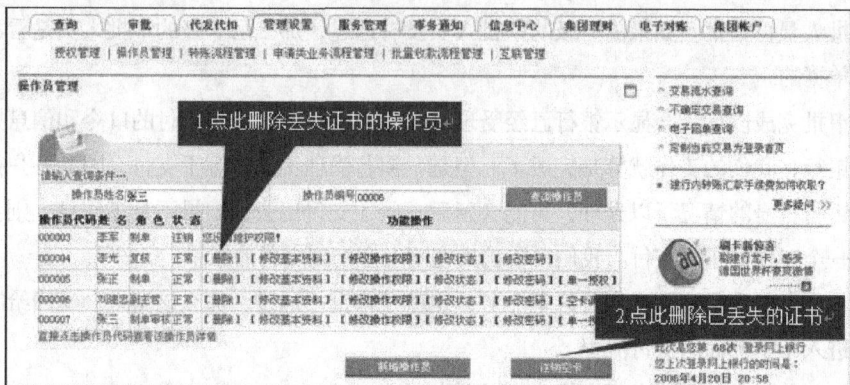

图 7.18　建行网银删除证书界面

主管的证书损坏或丢失：这时只有去开户行，申请更换主管证书。

6．出现问题的处理

（1）以上所介绍的操作，都是在 windows XP 系统中运行，但是如果计算机的操作系统是 Vista 系统或者 windows7 系统，那么怎么使用网银呢？

如果我们是 Win7 的客户，需要在建行网站 www.ccb.com 下载安装网银盾驱动程序，再在 http://www.ccb.com/cn/jump/download.htm 下载新版的 E 路护航安全组件，之后直接运行 CCB_Security_Client.exe，完成安装即可。

如果我们是使用 Vista 的客户，则需要先使用管理员身份登录，插入网银盾，弹出"用户账户控制"对话框，询问您是否允许"HDZB_USB 网银盾_Setup.exe"程序运行，选择"允许"；或者选择将 UAC 管理功能关闭后插入 USB 网银盾。关闭 UAC 的方法是，打开控制面板—用户账户，单击你的用户，单击"打开或关闭用户账户控制（UAC）"，取消 UAC 管理功能，然后按系统提示重启计算机。

（2）以往可以正常登录，但是这次登录时却提示"该页无法显示"，该怎么办？

在使用网银的时候，很容易遇到这种情况。下面的几种情况，我们可以一一排查。

① 可能是证书未连接到电脑。可以在浏览器中的"Internet 选项"菜单，看是否浏览器已读到证书信息。查看是不是证书没有插好，在确认证书连接到电脑后，再打开浏览器。

② 可能是载体管理工具文件损坏。检查客户的载体管理工具，通过工具检查证书状态、密码校验，看是否能成功。如确认损坏，直接安装驱动即可。

③ 可能是证书到期。通过载体管理工具或浏览器中的"Internet 选项"菜单检查，如已到期，在到期后 3 个月内，可自行在 www.ccb.com 换证，如到期已超过 3 个月，须联系经办行重置证书。

④ 可能是根证书丢失。联系经办行拷贝根证书安装即可。

⑤ 可能是其他程序冲突。自查是否同时在使用其他银行或证书等程序，如有其他证书在同时使用，部分程序可能会有冲突，建议暂时关闭其他证书或程序。

⑥ 可能是浏览器控件问题。检查浏览器 ActiveX 控件，改为"启用"状态。

⑦ 可能是网址输入错误，或者使用了收藏夹的内容。输入 https://b2b.ccb.cn 登录高级版；输入 www.ccb.com 登录简版。

（3）如果在转账的时候出现"错误代码 B917，该账号没有可供选择的操作员或操作员对该账号没有转账权限"，如何处理？

① 可能的原因是主管未授予该操作员该账户的转账权限。

主管登录网银，在"操作员管理"—"操作员权限管理"中将该账号选中，并勾选相应转账权限。其中，操作员对该账户有查询权限，应选择"修改"增加转账权限；操作员对该账户无任何权限，应选择"新增"增加转账权限。

② 可能操作员权限不对，主管在"操作员管理"中检查所设置的操作员类型，是否未设置操作员，或只有制单（或只有复核），不能形成完整的流程。

正常情况下至少需要一个制单、一个复核；如需一个人操作，我们需要通过经办行申请"单一授权"；开通单一授权后，设置操作员"单一授权"权限，无需设置流程。

（4）登录报错"输入信息有误，请核实后重新填写"是怎么回事？怎么处理？

① 如果是当日签约，次日才能使用。

② 可能是我们把客户号输入错误，可以对照柜台打印的确认书，检查所输入的客户号是否正确；重新输入正确的客户号进行登录。

③ 可能是操作员号输入错误，第一次登录必须使用主管的代码 999999，其他操作员角色应由主管登录后设置相应信息。

④ 可能是临时文件未清理。需要打开浏览器，在"工具"或"选项"菜单下，进入"Internet 选项"，单击删除文件。

⑤ 对照柜台打印的确认书，检查所使用的网银盾及证书是否是主管角色。如经核实证书绑定有误，则需要通过经办行申请证书重置。

（5）如果在办理网银业务的时候，遇到"签名数据错误"报错，如何处理？

这时下载"企业客户签名通"安装即可。其方法是打开 www.ccb.com 建行网站首页，然后单击页面左上方"网上银行服务"下面的"下载"。

（6）对于已制单未复核或者已复核未审批的单据，可以删除吗？

只要后一级复核或者主管未复核、审批，就可以由制单、复核删除。

（7）做批量代发代扣或批量制单业务时，出现"上传文本格式错误"，应怎么解决？

首先，格式内容应按以下模版输入：

公对私批量代发文本格式内容为，序号|账号|姓名|金额|；

公对公批量代发文本格式内容为，收款账号|收款账号户名|收款方开户机构代码|转账金额|摘要|；

公对私批量代扣文本格式内容为，扣款账号|扣款账号户名|转账金额|；

公对公批量代扣文本格式内容为，序号|扣款账号|扣款账号户名|转账金额|摘要|。

其次，最好使用建行客户端或 txt 文本格式制作批量代收代付文件，并检查文件内容，避免出现空格、空行等多余信息。如姓名中有生僻字、特殊姓名（如英文、有符号等）等情况，建议使用单笔代收或单笔代付功能。

另外，如需使用 Excel，请注意不要添加任何不必要格式。特别是从其他系统中下载的内容、其他文件中拷贝的内容，通过"选择性粘贴"，只粘贴文本，或只粘贴数值，以避免同时带入其他格式，如图 7.19 所示。

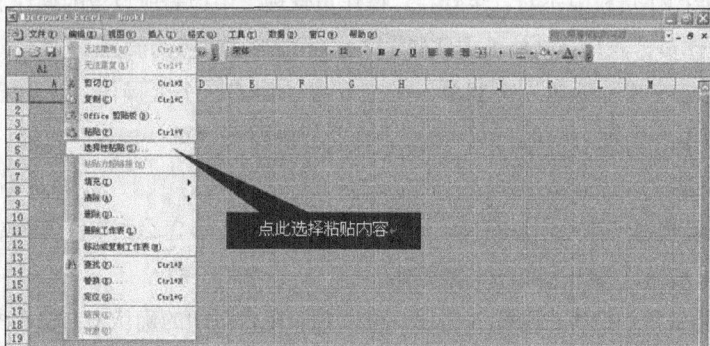

图 7.19　选择性粘贴

拷贝文本时，如图 7.20 所示，框中选择文本，以避免粘入其他格式。

在拷贝数值时，如图 7.21 所示，框中选择数值，以避免粘入其他格式。

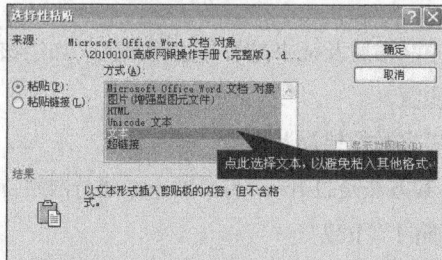

图 7.20　只粘贴文本

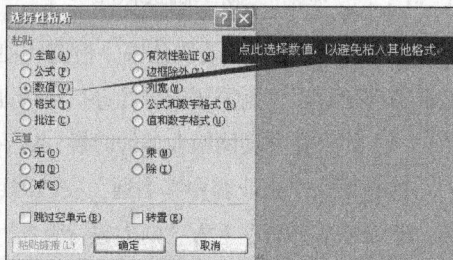

图 7.21　只粘贴数值

在选择性粘贴数据时，须先将 B 列选为文本格式，如图 7.22 所示，否则，所粘贴账号可能显示不出完整的内容。

图 7.22　将 B 列选为文本格式

（8）在节假日，或者上班时间以外，可以使用网银吗？

其实这个时间有一些业务是可以使用网银的，比如查询业务。网银系统是 24 小时服务系统，任意时间，任意地点均可使用。

有一部分需银行柜台处理的内容，包括跨行转账、凭证打印等操作需待柜台营业时才可以完成，也就是双休日等国家法定假日，无法办理此类业务。如果我们在法定假日做了如转账支付等网银操作，那么需要等到最近的工作日，银行会自动办理。

7.4　职业实践经验

在实际工作中，经常听到空头支票这一词语，下面来具体解释一下什么是空头支票，还有支票遗失、被盗后的处理方法以及密码支付器的使用方法。

7.4.1　支票遗失、被盗后如何处理

已经签发的支票，无论是普通支票还是现金支票，因为遗失、被盗等而丧失，应立即向银行申请挂失。

首先我们应当出具公函或有关证明，证明已经丢失，同时填写两联挂失申请书，加盖预留银行印鉴，向开户银行申请挂失止付。开户银行在查明该支票确未支付，经收取一定的挂失手续费后受理挂失，在挂失人账户中用红笔注明支票号码及挂失的日期。这样，丢失的支票就没有办法得到银行的付款，可以避免资金损失。

如果丧失的支票在挂失之前已经由付款银行支付票款，由此所造成的一切损失，均由失票人自行负责。

7.4.2 空头支票的简介

空头支票是财务中经常可以看到的一个术语。它是指公司签发了支票，但是支票上面的票面金额，超过签发人银行存款账户的余额或透支限额，该支票失去效力。

签发空头支票是破坏结算纪律的行为，所以支票存根的背面，都写着如果签发空头支票，银行可以按规定对签发空头支票的公司按票面金额的一定比例且不低于一定的金额进行处罚。而且对签发空头支票骗取财物，情节恶劣的，依法追究刑事责任。如果签发空头支票骗取财物的行为情节轻微，不构成犯罪，票据法规定要依照国家有关规定给予行政处罚。

近年来，中国人民银行在规范支付结算秩序方面制定了有关规定和措施，商业银行也积极配合中国人民银行，可是虽然如此，空头支票案件仍居高不下。

7.4.3 支付密码器使用方法介绍

在填写票据的时候需要填写一个支付密码，这个支付密码是由支付密码器生成的。

通过把票据上的出票时间、票据金额、票据号码等要素输入支付密码器后，密码器会生成一串 16 位支付密码。将该密码填写在票据上，银行会核对该密码，也就是对照我们在票据上填写的要素与支付密码翻译过来的要素是否一致。只有完全一致，银行才会付款。下面我们来认识一下密码器，以及怎样生成支付密码。

密码器如图 7.23 所示。

左下角的橙色那个键是开机键，单击开机键后如图 7.24 所示。

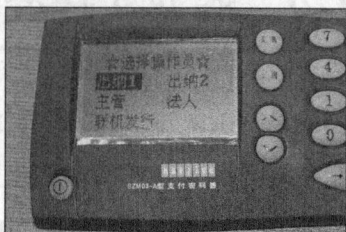

图 7.23　密码器　　　　　图 7.24　密码器——开机画面

选择出纳 1（银行会帮助我们设置权限，主管可设置出纳权限，法人可设置主管权限）并输入密码后，会显示出纳界面，如图 7.25 所示。

现在使用的各种支付密码器在外观上有一定区别，但功能都相同，如有防拆功能，即不能随意拆卸。

选择计算密码后，选择业务种类，如图 7.26 所示。

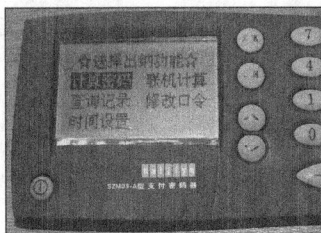

图 7.25 密码器——出纳界面

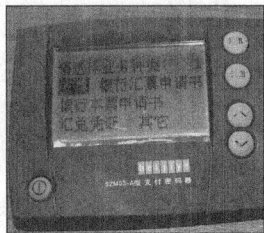

图 7.26 密码器——业务种类选择

　　我们选择支票来作为介绍对象，各个业务之间相差不大，只要按提示输入即可，如图 7.27 所示。

　　按提示录入各要素后，点右下角的确认键，支付密码就显示出来了，一共 16 位，如图 7.28 所示。将支付密码抄写到支票上的时候请注意一定要正确无误，因为在支票上是不允许涂改密码的。

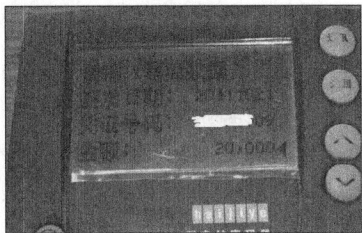

图 7.27 密码器——要素录入

图 7.28 密码器——支付密码

7.5　本章练习

一、选择题

1. 下列各项中，对于屡次签发空头支票的单位，说法正确的是（　　　）。

A. 处票面金额 10% 但不低于 1 000 元的罚款

B. 处票面金额 3% 但不低于 1 000 元的罚款

C. 处票面金额 5% 但不高于 1 000 元的罚款

D. 银行停止为其办理支票或全部支付结算业务

2. 关于银行本票性质的表述中，不正确的是（　　　）。

A. 银行本票不可以背书转让

B. 持票人超过提示付款期限不获付款的，可向出票银行请求付款

C. 银行本票的付款人见票时必须无条件付款给持票人

D. 注明“现金”字样的银行本票可以用于支取现金

3. 根据《票据法》的规定，背书人在汇票上记载"不得转让"字样，其后手再背书转让的，将产生的法律后果是（   ）。

　　A. 该汇票无效

　　B. 该背书转让无效

　　C. 原背书人对后手的被背书人承担保证责任

　　D. 原背书人对后手的被背书人不承担保证责任

4. 根据《票据法》的规定，我国商业汇票的付款期限，自出票之日起最长不得超过（   ）。

　　A. 3个月　　　　B. 6个月　　　　C. 9个月　　　　D. 1年

5. M公司向N公司出售商品，收到N公司开来的商业汇票，M公司出纳不慎将该商业汇票丢失，M公司可以采取的补救措施是（   ）。

　　A. 普通诉讼　　B. 注销银行账号　C. 变更工商登记　D. 变更开户银行

6. 根据支付结算法律制度的规定，下列票据欺诈行为中，属于伪造票据的是（   ）。

　　A. 假冒出票人在票据上签章　　　　B. 涂改票据号码

　　C. 对票据金额进行挖补篡改　　　　D. 修改票据密码

7. 根据支付结算办法的规定，下列各项中，不可作为支付结算和资金清算的中介机构的是（   ）。

　　A. 城市信用合作社　　　　　　　　B. 农民信用合作社

　　C. 银行　　　　　　　　　　　　　D. 个体工商户

8. 根据《票据法》的规定，下列表述中，符合规定的有（   ）。

　　A. 普通支票可以用于支取现金，也可用于转账

　　B. 支票的收款人，可以由出票人授权补记

　　C. 用于支取现金的支票可以背书转让

　　D. 支票的出票人不得签发与预留银行签章不符的支票

9. 根据《支付结算办法》的规定，下列各项中，属于银行不予受理的有（   ）。

　　A. 更改金额的票据

　　B. 出票日期用小写填写的票据

　　C. 中文大写金额和阿拉伯数码不一致的票据

　　D. 中文大写出票日期未按要求填写的票据

10. 根据《支付结算办法》的规定，下列各项，不会导致票据无效的是（   ）。

　　A. 原记载人更改金额，并在更改处签章证明

　　B. 原记载人更改出票日期，并在更改处签章证明

　　C. 原记载人更改票据用途，并在更改处签章证明

　　D. 原记载人更改收款人名称，并在更改处签章证明

11. 根据《支付结算办法》的规定，下列各项中，属于无效票据的有（　　）。

    A. 更改签发日期的票据

    B. 更改收款单位名称的票据

    C. 中文大写金额和阿拉伯数码不一致的票据

    D. 使用的签章与预留银行签章不符的票据

12. 根据《支付结算办法》的规定，签发票据时，可以更改的项目是（　　）。

    A. 出票日期　　B. 收款人名称　　C. 票据金额　　D. 用途

13. 某单位于 2012 年 10 月 19 开出一张支票。下列有关支票日期的写法中，符合要求的是（　　）。

    A. 贰零壹贰年拾月玖日　　　　　B. 贰零壹贰年壹拾月壹拾玖日

    C. 贰零壹贰年零壹拾月拾玖日　　D. 贰零壹贰年零壹拾月壹拾玖日

14. 下列各项中，表述正确的有（　　）。

    A. 票据中的中文大写金额数字应用正楷或行书填写

    B. 票据中的中文大写金额数字前应标明"人民币"字样

    C. 票据的出票日期可以使用小写填写

    D. 票据中的中文大写金额数字到"元"为止的，在"元"之后，应写"整"或"正"字

15. 下列票据中，不属于《票据法》调整范围的是（　　）。

    A. 汇票　　B. 本票　　C. 支票　　D. 发票

16. 根据《票据法》的规定，下列各项中，不会导致票据失效的是（　　）。

    A. 未记载付款日期　　　　B. 未记载付款地

    C. 未记载"不得转让"字样　　D. 未记载出票人签章

17. 下列不属于支票的绝对记载事项的是（　　）。

    A. 无条件支付的承诺　　　B. 表明"支票"的字样

    C. 付款人名称　　　　　　D. 确定的金额

18. 根据《中华人民共和国票据法》的规定，下列各项中，属于支票上可以由出票人授权补记的事项有（　　）。

    A. 金额　　B. 收款人名称　　C. 付款人名称　　D. 出票日期

19. 下列关于支票的提示付款期限的表述中，正确的是（　　）。

    A. 自出票日起 10 日内　　B. 自出票日起 20 日内

    C. 自出票日起 30 日内　　D. 自出票日起 60 日内

20. 根据《支付结算办法》的规定，下列各项中，属于银行应予以退票情形的有（　　）。

A. 出票人签发空头支票

B. 签章与预留银行签章不符的支票

C. 使用圆珠笔填写的支票

D. 使用支付密码地区的，签发支付密码错误的支票

21. 根据支付结算法律制度的规定，下列有关汇兑的表述中，不正确的是（   ）。

A. 汇兑分为信汇和电汇两种

B. 汇兑每笔金额起点是 1 万元

C. 汇兑适用于单位和个人各种款项的结算

D. 汇兑是汇款人委托银行将其款项支付给收款人的结算方式

22. 根据支付结算法律制度的规定，下列票据中，属于见票即付的有（   ）。

A. 转账支票　　 B. 银行汇票　　　 C. 银行承兑汇票　 D. 商业承兑汇票

23. 根据支付结算法律制度的规定，关于支票的下列表述中，正确的有（   ）。

A. 支票基本当事人包括出票人、付款人、收款人

B. 支票金额和收款人名称可以由出票人授权补记

C. 出票人不得在支票上记载自己为收款人

D. 支票的付款人是出票人的开户银行

二、实践题

1. 甲公司向乙公司购买一批货物，于 9 月 20 日签发一张转账支票给乙公司用于支付货款，但甲公司在支票上未记载收款人名称，约定由乙公司自行填写。乙公司取得支票后，在支票收款人处填写上乙公司名称，并于 9 月 26 日将该支票背书转让给丙公司。丙公司于 10 月 8 日向付款银行提示付款。甲公司在付款银行的存款足以支付支票金额。

要求：根据上述情况和《票据法》的有关规定，回答下列问题。

（1）公司签发的未记载收款人名称的支票是否有效？简要说明理由。

（2）甲公司签发的支票能否用于向付款银行支取现金？说明理由。

（3）付款银行能否拒绝向丙公司付款？说明理由。

2. 2016 年 4 月 6 日，甲公司为履行与乙公司的买卖合同，签发一张由本公司承兑的商业汇票交付乙公司，汇票收款人为乙公司，到期日为 10 月 6 日。4 月 14 日，乙公司将该汇票背书转让给丙公司。9 月 8 日，丙公司持该汇票向其开户银行 Q 银行办理贴现。该汇票到期后，Q 银行向异地的甲公司开户银行 P 银行发出委托收款。P 银行于收到委托收款的次日通知甲公司付款，甲公司以乙公司一直未发货为由拒绝付款。

要求：根据上述资料，分析回答下列小题。

（1）该汇票的付款人是（   ）。

A. 甲公司　　　　　 B. 乙公司　　　　 C. P 银行　　　　 D. Q 银行

（2）下列各项中，属于转让背书行为的是（   ）。

A. 甲公司将汇票交付乙公司 B. 乙公司将汇票转让给丙公司

C. 丙公司持汇票向 Q 银行办理贴现 D. 汇票到期 Q 银行办理委托收款

（3）下列当事人中，属于该汇票债务人的是（　　　）。

A. 甲公司 B. 乙公司 C. 丙公司 D. P 银行

（4）Q 银行为丙公司办理该汇票贴现时，计算贴现利息的贴现天数是（　　　）。

A. 28 天 B. 29 天 C. 30 天 D. 31 天

（5）关于该汇票付款责任的下列判断中，正确的是（　　　）。

A. 乙公司未发货，甲公司可以拒绝付款

B. 乙公司应当对 Q 银行承担第一付款责任

C. Q 银行是善意持票人，甲公司不得拒绝付款

D. Q 银行遭拒付后，可从丙公司的存款账户直接收取票款

3. 2010 年 12 月 26 日，欣欣有限责任公司收到宏利工厂付材料款转账支票一张。欣欣有限责任公司开户银行是中国工商银行丰南办事处，账号为 15762835。要求：填制进账单。

中国工商银行转账支票

中国工商银行进账单 （回单或收账通知）

4. 2016 年 10 月 16 日，光旭有限责任公司财务科出纳员郝静开出现金支票一张，从银行提取现金 1 500 元，以备零用。光旭有限责任公司开户行是工商银行平安里支行，账号为 5469821357896423。要求：填写现金支票。

中国工商银行 现金支票存根	中国工商银行　现金支票	支票号码

中国工商银行 现金支票存根

支票号码
附加信息＿＿＿＿＿＿

出票日期　年　月　日
收款人：
金额：
用途：

单位主管　　会计

中国工商银行　现金支票　　支票号码

出票日期　　　年　月　日　　付款行名称：
收款人：　　　　　　　　　出票人账号：

人民币　　　　　　　亿 千 百 十 万 千 百 十 元 角 分
（大写）

用途：　备用金

密码（略）

上列款项请从
我账户内支付
出票人签章　　　　　　复核　　记账

5. 嘉欣食品是一家生产面食类产品的工业企业，其主要原材料是面粉，辅助材料有糖、酵母等。企业会计是王小，出纳是张美，财务科长是万立方，开户行是建设银行沈海支行，账号是 5647892458796543。2015 年 12 月 1 日，该企业向天天农产品公司购买原材料一批，价值 5 000 元，取得了增值税专用发票，并开出转账支票付款。请你代替张美开出该张转账支票。

中国建设银行 转账支票存根

07683480

附加信息

出票日期：　年　月　日
收款人：
金　额：
用　途：
单位主管　　会计

本支票付款期限十天

中国建设银行 转账支票　　07683480

出票日期（大写）　　年　月　日
　　　　　　　　　　　　　付款行名称：
收款人：　　　　　　　　　出票人账号：
人民币　　　　　　　　千 百 十 万 千 百 十 元 角 分
（大写）
用途：
上列款项请从
我账户内支付
出票人签章
　　　　　　复核　　　记账

6. 2016 年 9 月 13 日，明发商贸有限公司向上海沪鑫制造厂购买设备一台，根据购销合同约定，签发付款期限为 5 个月的银行承兑汇票一张，金额 10 万元，并与开户银行签订银行承兑协议一份。明发商贸有限公司开户行是工行城建路支行，账号为 4521897300215698；上海沪鑫制造厂开户行是建设银行嘉华支行，账号为 20030005986427。要求：填制银行承兑汇票。

7. 2016 年 4 月 28 日，嘉禾集团有限公司向北京华穆集团有限公司销售空调一批，货已发出，连同运费办理托收承付结算手续，金额为 160 000 元，填制托收凭证。嘉禾集团有限公司账号是 200001354485368，地址是上海长清市建华路 46 号；北京华穆集团有限公司账号是 200322569810156，地址是北京市海淀区信息路 82 号。要求：填制托收凭证。

第8章 工商操作指南

前面讲到的很多事项，都有一个基础，那就是我们先要成立一个公司。本章我们来简单地看一下如何注册一个公司，以及注册公司有哪些注意事项。

8.1 企业注册

要成立一个企业，第一件事情就是到所在的工商局注册登记，拿到营业执照，才能开始以后的工作。

8.1.1 申请公司登记的流程

企业注册，应该按照下面的程序办理。

（1）领取并填写"名称（变更）预先核准申请书""投资人授权委托意见"。

（2）等待名称审核，领取"企业名称预先核准通知书"。

（3）向工商部门提供企业注册的各种资料，包括章程、房产证、房屋租赁协议、有关部门对企业成立的审批文件等。没有审批成立文件的内资企业应向具有法定资格的会计师事务所申办验资，也就是聘请专门的事务所人员对于企业的资产（包括银行存款和实物等）进行验证，以确定其资产符合企业成立的规定，并出具验资报告。在这几步做完，材料备齐后到注册大厅受理窗口申报注册。

（4）在工商部门受理申报以后，我们应该在通知的时间按时到注册大厅发照科查询结果，领取统一信用代码营业执照。

统一信用代码营业执照分为正本和副本。正本应该按要求悬挂在企业的营业场所，副本由专人保管，在办理相关事项时出示。

统一信用代码营业执照正本如图8.1所示，营业执照副本如图8.2所示。

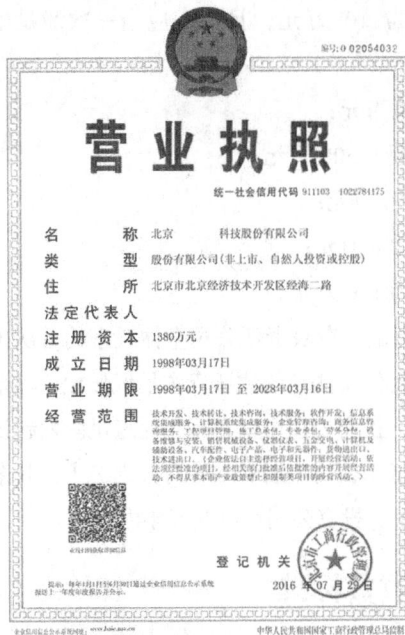

图 8.1 营业执照（正本）

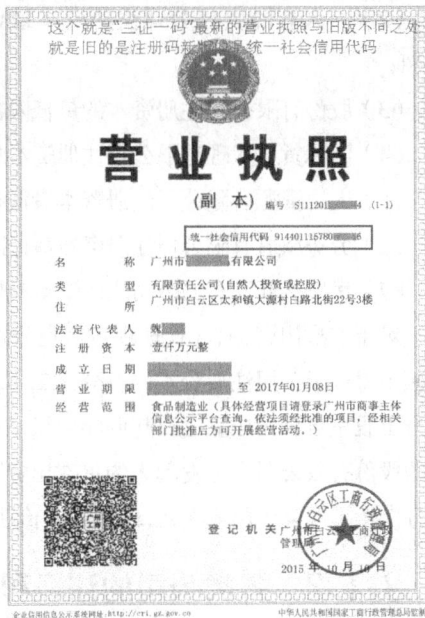

图 8.2 营业执照（副本）

8.1.2 公司注册资本的有关规定

《公司注册资本登记管理规定》是为规范公司注册资本登记管理而制定的法规，经中华人民共和国国家工商行政管理总局局务会审议通过，2014 年 2 月 20 日国家工商行政管理总局令第 64 号公布，自 2014 年 3 月 1 日起施行。

有限责任公司的注册资本为在公司登记机关依法登记的全体股东认缴的出资额。

股份有限公司采取发起设立方式设立的，注册资本为在公司登记机关依法登记的全体发起人认购的股本总额。

股份有限公司采取募集设立方式设立的，注册资本为在公司登记机关依法登记的实收股本总额。

《管理规定》指出，股东或者发起人可以用货币出资，也可以用实物、知识产权、土地使用权等可以用货币估价并可以依法转让的非货币财产作价出资。股东或者发起人以货币、实物、知识产权、土地使用权以外的其他财产出资的，应当符合国家工商行政管理总局会同国务院有关部门制定的有关规定。

《管理规定》明确，股东或者发起人必须以自己的名义出资。股东或者发起人不得以劳务、信用、自然人姓名、商誉、特许经营权或者设定担保的财产等作价出资。

《管理规定》对有限责任公司和股份有限公司注册资本的最低限额分别予以明确：

（1）有限责任公司注册资本的最低限额为人民币 3 万元；

（2）一人有限责任公司注册资本最低限额为 10 万元，且股东应当一次缴足出资额；

（3）股份有限公司注册资本的最低限额为 500 万元；

（4）国际货运代理有限公司注册资本最低限额为 500 万元；

（5）人力资源有限公司注册资本最低限额为 50 万元；

（6）劳务派遣有限公司注册资本最低限额为 200 万元；

（7）房地产开发有限公司注册资本最低限额为 100 万元。

对于首次出资额，《管理规定》也分别做出规定：有限责任公司全体股东的首次出资额不得低于公司注册资本的百分之二十，也不得低于法定的注册资本最低限额，其余部分由股东自公司成立之日起两年内缴足；其中，投资公司可以在五年内缴足。发起设立的股份有限公司全体发起人的首次出资额不得低于公司注册资本的百分之二十，其余部分由发起人自公司成立之日起两年内缴足；其中，投资公司可以在五年内缴足。

8.1.3 各类公司的注册和挂失收费标准

不同性质的公司有不同的注册收费标准，但是这里不再区分内资公司和外资公司，注册收费标准如下：

（1）公司注册时按注册资本收费，注册资本在人民币 1 000 万元以下的，按总额的 0.8‰收取。如果超过 1 000 万元，超过部分按 0.4‰收取，超过一亿元的超过部分不再收费。开业登记收费最低款额为 50 元。注册资本增加按注册资本增加额收费，如果此后发生变更，则其他变更每次收费 100 元；

（2）分支机构包括下属开立的门店、分公司、工厂，设立注册收费 300 元，如果发生变更缴纳 100 元。

另外，如果营业执照丢失，申请补发执照收费 50 元，副本补发收费 10 元。

【例8-1】房地产开发有限公司注册资本最低限额为（　　　）万元。

A. 100　　　　B. 200　　　　C. 300　　　　D. 400

【答案】A

【例8-2】A公司注册资本为人民币 6 万元，注册时收费为（　　　）元。

【答案】50。开业注册最低收费为 50 元。

【例8-3】根据我国公司法规定，发起设立的股份公司，下列选项中正确的是（　　　）。

A. 不允许分期缴纳出资　　　　B. 不可以分次发行公司股份

C. 发起人必须认足一定股份　　D. 发起人必须在公司成立时缴足认缴的股份

【答案】BC

8.2 公司的合并、分立、解散清算

本节我们下面来看一下办理公司合并、分立、清算的流程。

8.2.1 公司的合并

什么是公司的合并呢？公司合并是指两个或两个以上的公司，订立了合并协议，然后依照规定，直接结合为一个公司的法律行为。

公司合并有不同的形式。一种是吸收合并，是指一个公司把其他公司吸收后存续，除了那一个吸收的公司以外，被吸收的公司予以解散；另外一种是新设合并，是指两个或两个以上的公司合并设立成为一个新的公司，合并各方全部解散。

依照《公司法》的相关规定，公司的合并流程有以下几项。

（1）首先，我们要决定合并的对象，也就是做出合并决定或决议。如果是股份有限公司的合并，必须经过国务院授权的部门或者省级人民政府的批准，经批准同意的才能合并。

（2）在我们决定合并并且得到批准以后，我们需要和合并方进行商谈，签订合并协议。合并协议应当包括的主要内容有：合并各方的全称、注册地址以及其他情况，还有合并后公司的名称、注册地址；我们的资产状况及其处理办法；尤其关键的是，合并各方债权债务应当由合并存续之后的公司承继。

（3）在合并协议签订好后，清点公司资产和负债，编制资产负债表和财产清单，进行财产的盘点。

（4）清理公司的债务情况然后通知债权人。按照规定，公司应该自做出合并决议之日起 10 天内通知债权人，在 30 天内在报纸上公告。债权人在接到通知书之日起 30 天内，或者在报纸上公告之日起 45 天内，有权要求本来的公司清偿债务，如果不能清偿债务则应该提供相应的担保。不清偿债务或者不提供相应担保的，不能合并。

（5）在处理好上面的事项后，就可以办理合并登记手续。按照规定，公司合并的，应当自合并决议或者决定做出之日起 90 天后申请登记。

8.2.2 公司的分立

公司的分立，是指一个公司通过依法签订分立协议，不进行清算，而分为两个或两个以上公司的法律行为。

公司的分立也有两种形式。一种是派生分立，是说公司本身不变，但是以公司的部分资产另设一个或数个新的公司，也就是说原公司存续；还有一种是新设分立，是说将公司的全部资产分别划归为两个或两个以上的新公司，而原公司予以解散。根据合同法的规定，在公司分立以后，除公司和债权人另有约定的以外，原来公司的债权债务，应该由分立以后的法人继承，享受连带债权并且承担连带的债务。

8.2.3　公司的解散清算

一家公司如果因为种种原因不再继续经营下去，那么就要进入公司的解散清算流程。按照公司解散原因的不同，解散清算可分为不同的类型。下面我们来了解公司的清算流程。

1．公司解散的原因

一般公司解散的原因有两种，一种是一般原因的解散，一种是强制原因的解散。

（1）一般原因的解散主要有以下三种情况：

① 根据公司的章程规定的营业期限已经届满，或者公司章程规定的其他解散事由出现；

② 经过股东股东大会决议解散；

③ 公司合并或者分立需要解散。

（2）强制原因的解散，是指由于某种情况的出现，使主管机关或人民法院命令公司解散。按照法规强制解散公司的原因主要有，主管机关决定解散，或者责令关闭，吊销营业执照。

2．非破产情况下的公司清算流程

所谓清算程序，就是终结已解散公司的一切法律关系和处理公司所有剩余财产的程序。按照规定，除公司合并或者分立进行的解散无须经过清算程序，或者因为破产而解散适用破产清算程序以外，其他的情况都应该按公司法进行清算。

（1）首先要成立清算组

根据公司法的规定，应当自公司解散之日起 15 日内成立清算组。清算组专门负责公司财产的保管、清理、处理和分配工作。

（2）清理财产，清偿债务

清算组除了对公司资产进行清理以外，还应该对公司的债权债务进行清理。在清算期间，不得开展新的经营活动。只有清算组能够处分公司的财产，其他任何人如果没有得到清算组的批准，不能随意处分公司财产。

公司的清算组先清理公司的财产，然后编制资产负债表和列出财产清单，发现公司财产不足清偿债务的，应当向人民法院申请宣告破产。经人民法院裁定宣告破产后，清算组应当将清算事务移交给人民法院。公司财产能够清偿公司债务的，清算组应先拨付清算费用，然后按照下列顺序清偿。

优先清偿职工工资和劳动保险费用，然后清偿所欠税款，再清偿公司的债务（债权人的权利），再分配剩余财产也就是股东权利。

小贴士：清算组在支付清算费用、职工工资和保险费用、税金，清偿公司债务后，才将剩余的公司财产按照股东的出资比例或者持有的比例分配给股东。

在清算结束后，清算组应当制作清算报告，提交有关部门和股东大会确认。

3．公司的破产清算流程

还有一种清算，和解散清算不同，是破产清算。

破产清算是指当公司丧失债务的清偿能力时，由法院强制执行其全部财产，公平清偿全体债权人。破产概念专指破产清算制度，即债务人宣告破产、清算还债的制度。

清算，是企业破产的主要工作，工作量很大，涉及的工作程序、法律法规很复杂，基本分为以下步骤。

（1）企业被人民法院宣告破产。如果企业因经营管理不善，导致严重亏损，无力清偿到期债务，而且经和解和整顿以后仍不能实现约定的清偿义务，在由人民法院裁定后，宣告破产。

（2）宣告破产以后，由人民法院主持成立破产清算小组，成员一般由法院从破产企业的上级主管部门、财政部门、银行、工商、审计、经委、税务、物价、劳动、社保、土地、国资、人事等部门组织，负责清理企业的财产，处理善后事宜包括民事诉讼活动。

（3）清算组在人民法院宣告企业破产之日起五日内组成，然后立即接管破产企业的账册、文书、资料、印章行使权利。

（4）清算组依法接管破产企业后，开始处理善后事宜，包括对企业财产进行保管、清算、估价、变卖、分配，交付属于他人的财产，并且追收破产企业在法院受理破产案件前六个月至宣告破产之日期间内非法处理的财产。

（5）清算组在清理破产企业的财产、处理完善后事宜和破产债权后，在确定破产企业财产的基础上编制财产分配方案，提交债权人讨论，通过后交给人民法院裁定。

（6）清算组编制的破产财产分配方案经人民法院裁定后，清算组根据方案的要求以现金或者实物偿还破产企业的债务。清偿结果如果有剩余财产，在企业所有者之间进行再次分配。另外，清算组在接管破产企业后，应定时或不定时向人民法院报告清算工作的进度，向人民法院负责。

（7）在清算组清偿完破产企业的债务后，清算工作结束，应当向人民法院报告，请求终结破产程序，解散清算组。

（8）在清偿后，应该由监察和审计部门负责，查明企业破产的责任，对责任人依责任大小给予行政、刑事处罚。

（9）在人民法院终结破产程序后，清算组应当在原破产企业登记机关注销其登记，终止其法人地位。

（10）另外，从破产程序终结之日起一年内，如果发现破产企业有故意损害债权人利益的非法处置的财产，由人民法院负责追回，并按原清算组拟定并经债权人讨论、人民法院裁定的方案进行分配，如有剩余，股东可进行再次分配。

8.3 企业资本的变更登记

　　一般说来，如果企业规模发生了变化，也就是企业资本发生了改变，那么应该进行企业资本的变更登记。

　　变更登记需要提交以下资料。

　　（1）公司法定代表人签署的"公司变更登记申请书"并且加盖单位公章。"公司变更登记申请书"如表 8.1 所示。

表 8.1　　　　　　　　　　　　　　　公司变更登记申请书

注册号

项　目	原登记事项	申请变更登记事项
名　称		
住　所		
邮政编码		
法定代表人姓　名		
注册资本	（万元）	（万元）
实收资本	（万元）	（万元）
公司类型		
经营范围		
营业期限		
股　东（发起人）		
备案事项		

本公司依照《中华人民共和国公司法》、《中华人民共和国公司登记管理条例》申请变更登记，提交材料真实有效。谨此对真实性承担责任。

法定代表人签字：　　　　指定代表或委托代理人签字：　　　　公司盖章：

　　年　月　日　　　　　　　年　月　日　　　　　　年　月　日

　　注：1. 申请变更登记事项只填申请变更的内容。

　　　　2. 提交的文件、证件应当使用 A4 纸。

　　　　3. 应当使用钢笔、毛笔或签字笔工整地填写表格或签字。

　　（2）"公司股东（发起人）出资情况表"并且加盖公章。"公司股东（发起人）出资情况表"如表 8.2 所示。

表 8.2　　　　　　　　　　公司原股东（发起人）出资情况表

股东（发起人）名称或姓名	证件名称及号码	认缴出资额（万元）	出资方式	持股比例（%）	实缴出资额（万元）	出资时间	出资方式	余额交付期限	备注

注：1. 根据公司章程的规定及实际出资情况填写。

　　2. "备注"栏填写下述字母：A.企业法人；B.社会团体法人；C.事业法人；D.国务院、省级人民政府、经授权的机构或部门；E.自然人；F.其他。

　　3. 出资方式填写：货币、非货币。

（3）"指定代表或者共同委托代理人的证明"，并加盖公章公章，及指定代表或委托代理人的身份证复印件。"指定代表或者共同委托代理人的证明"如表 8.3 所示。

表 8.3　　　　　　　　　指定代表或者共同委托代理人的证明

申请人：＿＿＿＿＿＿＿＿＿＿＿＿＿＿＿＿＿＿＿＿＿＿＿＿＿＿＿＿＿＿＿＿＿＿＿

指定代表或者委托代理人：＿＿＿＿＿＿＿＿＿＿＿＿＿＿＿＿＿＿＿＿＿＿＿＿＿＿＿

委托事项：＿＿＿＿＿＿＿＿＿＿＿＿＿＿＿＿＿＿＿＿＿＿＿＿＿＿＿＿＿＿＿＿＿＿＿

指定代表或委托代理人更正有关材料的权限：

1. 同意□不同意□修改任何材料；

2. 同意□不同意□修改企业自备文件的文字错误；

3. 同意□不同意□修改有关表格的填写错误；

4. 其他有权更正的事项。

指定或者委托的有效期限：自　　年　月　日至　　年　月　日

指定代表或委托代理人联系电话	固定电话：
	移动电话：

（指定代表或委托代理人 身份证明复印件粘贴处）

　　　　　　　　　　　　　　　　　　　　　　　　　　　　年　　月　　日

　　　　　　　　　　　　　　　　　　　　　　　　　（申请人盖章或签字）

注：1. 设立登记，有限责任公司申请人为全体股东，国有独资公司申请人为国务院或地方人民政府国有资产监督管理机构；股份有限公司申请人为董事会；非公司企业申请人为出资人。企业变更、注销登记申请人为本企业。

　　2. 申请人是法人和经济组织的由其盖章；申请人是自然人的由其签字；

　　申请人为董事会的由全体董事签字。

　　3. 指定代表或者委托代理人更正有关材料的权限：第 1、2、3 项选择"同意"或"不同意"并在□中打√；第 4 项按授权内容自行填写。

（4）有限责任公司，应该提交同意变更资本的股东会决议，股份有限公司应该提交同意变更资本的股东大会会议记录，有限责任公司，应该由代表三分之二以上表决权的股东签署同意变更资本，一人有限责任公司应提交股东的书面决定。这些记录或者决定的内容都应当包括，增加/减少注册资本的数额和出资方式、出资日期。股东应该由本人签字，法人股东应该加盖公章。

（5）法定代表人签署同意的公司章程修正案。

（6）有资质的验资机构出具的验资证明。

（7）股份有限公司以募集方式增加注册资本的，应提交国务院证券监督管理机构的核准文件，以及法律、行政法规和国务院决定规定变更注册资本必须报经批准的，提交有关的批准文件或者许可证书复印件并且加盖公司公章。

（8）公司减少注册资本的，提交刊登减资公告的报纸报样。

（9）公司营业执照副本原件。

【例 8-4】下列关于公司减少注册资本的表述中，不符合公司法律制度规定的是（　　）。

A. 公司需要减少注册资本时，必须编制资产负债表和财产清单

B. 公司减少注册资本时，应当自做出减少注册资本决议之日起 10 日内通知债权人，并于 30 日内在报纸上公告

C. 公司减少注册资本的，应当自做出减少注册资本决议之日起 60 日后申请变更登记

D. 公司减资后的注册资本不得低于法定的最低限额

【答案】C。公司减少注册资本的，应当自做出减少注册资本决议之日起 90 日后申请变更登记

8.4　职业实践经验

（1）自己注册公司还是找专业代理注册公司代为办理？

注册公司是一件很烦琐的事，要一次次地往工商局、银行、会计事务所跑，有时候由于不熟悉注册流程以及注册材料，常常会因为材料准备不充足，反复折腾。因而，自己亲自去注册公司其实是一件很麻烦的事，但如果为了保险、时间足够充裕又不嫌麻烦的话，选择自己注册公司也未尝不可。

用户也可以选择专业的代理注册公司代办公司注册手续，这需要花上一笔钱，其费用至少需要一两千，如果注册公司规模比较大的话，可能还需要更多。但是，代理注册公司的优势也有很多：第一，节省时间；第二，提供公司注册、代理记账、专利注册的

多种服务；第三，申请人没有合适的办公地址时，可用代办公司提供的地址进行注册。

现在，很多人注册公司都找一些专业的代理公司代办，因为这样做他们会省去很多时间，也方便许多。但是，在找代理注册公司的时候，一定要找一些正规的，这样才能真正的省事方便。如果遇到"黑代理"，你很有可能花了大价钱却没办成事，也可能拖拖拉拉的一直办不下来，反而耽误时间。

（2）如何辨别真假代理注册公司呢？你要从以下情况进行判定，如果代办机构有以下情况之一的，均为伪代理机构。

① 伪代理的一个典型特征就是号称其是国家工商总局商标局备案的商标代理机构、专利代理机构等话语，通常这样的话很容易迷惑那些不懂注册的人。其实这句话前半段是正确的，后半段就是错误的，因为国家商标局目前只是对商标代理机构进行备案。

② 不以真实身份示人的。在发布广告或其他公开场合时，不敢以真实的公司名称、公司注册地址、姓名等信息示人的，肯定不能被信任，请谨慎委托。

③ 承诺不收取定金等表面上对你非常有利的、而不是双方公平的条件。这种情况一定要小心谨慎，因为你的身份证等相关证件都押在黑代理的手中，黑代理均无资质、未在工商局备案，你即使举报也找不到他们。

④ 公司宣传地址与实际办公注册地址不符的。在资料的宣传中，没有说明真实办公地点的代理公司，他们极有可能为"黑代理"，你在委托前一定要到该代理机构的办公地址核实其真实性，以防上当受骗。

⑤ 以个人名义承揽业务。根据《公司登记代理执业注册管理办法》规定："代理人员不得以个人名义执业，不得同时在两个（含）以上的代理机构执业。代理人员离开代理机构，《注册证》无效。"

⑥ 无工商营业执照。正规代理机构均在工商局有详细的备案资料。营业执照上的经营范围没有注明"公司登记注册"的，为伪代理注册机构。

⑦ 无办公地址、无固定电话，在工商局门口或注册大厅拦截业务的。

上述这些情况，在选择代理注册公司的时候都要仔细关注，你对这些信息可以电话咨询官方机构如工商局或者查询其官网。另外，不要偏信口头的介绍，要通过上述信息直观地评估一下公司的资质是否正规。更不要为了少支出一点费用，心存侥幸，最终吃亏的还是自己。

总之，在选择代办机构时，一定要选择一些专业、诚信的注册代理公司，也可以找朋友推荐或搜索网络中有口皆碑的公司，而且在开始正式的商谈前还需考察公司的实力。例如，公司地址位于郊区的，或者办公室里冷冷清清的，这种代理公司就没必要去尝试着赌运气，最好的方法就是换一家规模实力比较大的代理公司，这样才能在时间等各方面有更好的保障。

8.5 本章练习

一、选择题

1. 下列选项正确的是（　　）。

   A. 有限责任公司注册资本的最低限额为人民币 10 万元

   B. 一人有限责任公司注册资本最低限额为 3 万元，且股东应当一次缴足出资额

   C. 股份有限公司注册资本的最低限额为 1 000 万元

   D. 股份有限公司注册资本的最低限额为 500 万元

2. 有限责任公司的注册资本为在公司登记机关依法登记的全体股东实缴的出资额。（　　）

3. 有限责任公司全体股东的首次出资额不得低于公司注册资本的（　　）。

   A. 20%　　　　　B. 30%　　　　　C. 50%　　　　　D. 60%

4. 股份有限公司全体发起人的首次出资额不得低于公司注册资本的百分之二十，其余部分由发起人自公司成立之日起两年内缴足；其中，投资公司可以在（　　）年内缴足。

   A. 2　　　　　　B. 5　　　　　　C. 8　　　　　　D. 10

5. 我国公司法规定，有限责任公司的成立日为（　　）。

   A. 股东出资缴足以后　　　　　　B. 营业执照签发之日

   C. 公司章程制定之日　　　　　　D. 创立大会召开之日

6. 设立典当行无须取得（　　）。

   A. 特种行业许可证　　　　　　　B. 营业执照

   C. 典当经营许可证　　　　　　　D. 银行业监督管理部门批准文件

7. 关于内资企业登记申请提交的材料，下列说法错误的是（　　）。

   A. 未注明提交复印件的，应当提交原件

   B. 提交复印件的，应当注明"与原件一致"并由投资人加盖公章或签字

   C. 需投资人签署的，投资人为自然人的由本人签字

   D. 需投资人签署的，自然人以外的投资人由法定代表人或负责人签字

8. 关于股东的主体资格证明，下列说法错误的是（　　）。

   A. 股东为事业法人的，提交事业法人登记证书复印件

   B. 股东人为社团法人的，提交社团法人登记证复印件

   C. 股东为机关法人的，提交机关法人代码证复印件

   D. 股东为民办非企业单位的，提交民办非企业单位证书复印件

9. 以下属于内资分公司设立登记应当提交的材料的有（　　　）。

　　A. 公司所在登记机关出具的核准文件

　　B. 公司章程

　　C. 分公司营业场所使用证明

　　D. 公司出具的分公司负责人的任职文件

10. 下列事项不属于国务院银行业监督管理部门批准的是（　　　）。

　　A. 设立商业银行

　　B. 设立信托投资公司

　　C. 设立期货经纪公司

　　D. 设立城市信用社分支机构

二、实践题

1. 填写公司设立的条件及方式。

公司设立条件	（1）
	（2）
	（3）
	（4）
	（5）
	（6）
方式	（1）
	（2）

2. 填写工商注册的流程。

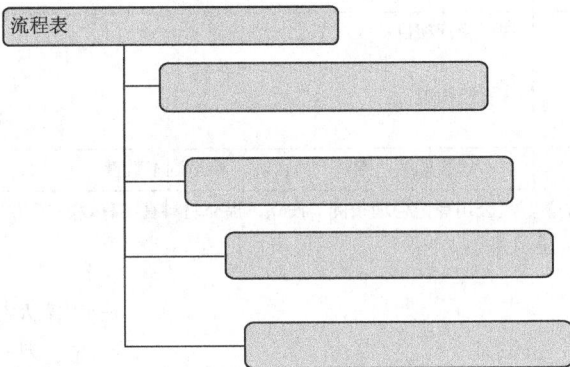

3. 列出公司合并的流程。

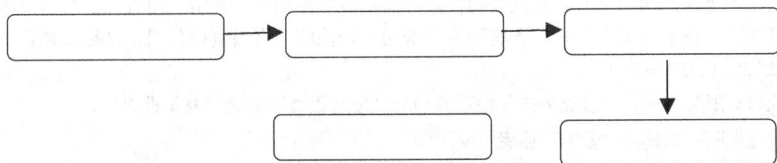

4. 区分不同解散原因的清算流程。

原因	破产清算	解散清算
区别		

5. 根据资料填写公司设立登记申请书

2016 年 10 月 1 日，收到名称预先核准通知书，文号为 26200900000000，核准名称北京市西游贸易有限公司，法人即董事长李四，李四一人认缴 500 万元，注册地址为北京市朝阳区西游街 81 号。许可经营项目：批发、零售，预包装食品（在《食品流通许可证》有效期内从事经营）。一般经营项目：批发、零售，服装、文具用品（以上具体以公司登记机关核定为准）。

公司设立登记申请书

名　　称			
名称预先核准通知书文号		联系电话	
住　　所		邮政编码	
法定代表人姓名		职　　务	
注册资本	（万元）	公司类型	
实收资本	（万元）	设立方式	注：有限公司不需填写此栏
经营范围	许可经营项目： 一般经营项目：		
营业期限	√长期/＿＿年	申请副本数量	个

本公司依照《公司法》、《公司登记管理条例》设立，提交材料真实有效。谨此对真实性承担责任。

法定代表人签字：
年　月　日

注：1. 手工填写表格和签字请使用黑色或蓝黑色钢笔、毛笔或签字笔，请勿使用圆珠笔。

　　2. 公司类型应当填写"有限责任公司"或"股份有限公司"。其中，国有独资公司应当填写"有限责任公司（国有独资）"；一人有限责任公司应当注明"有限责任公司（自然人独资）"或"有限责任公司（法人独资）"。

　　3. 股份有限公司应在"设立方式"栏选择填写"发起设立"或者"募集设立"。

　　4. 营业期限：请选择"长期"或者"××年"

第9章 税务操作指南

在财务工作中，税务是极其重要的工作。依法纳税是我们每一个人每一个企业的义务，更是公司运营不可缺少的环节。我们应当对税务工作有一个基本的了解。本章将介绍税收的分类、登记、申报、核算、缴纳以及一些税务上的注意事项。

9.1 国税和地税的区分

我们才接触税务工作的时候，对于税务局还要分国税局和地税局，税务登记证也分为国税登记证和地税登记证感到很迷糊。那么什么是国税，什么是地税呢？它们有什么具体的区别和联系呢？下面我们来一一介绍。

首先我们来看什么是国税。国税，顾名思义，就是税收收入归属于国家中央财政的税收。同样的，地税，其税收收入归属于地方财政。按照税收征收来分类，税收又可以分为三类：国税征收、地税征收、国税与地税共享征收。

第一种是由国税征收，税收收入全部归国家财政所有。这些税包括消费税、关税、车辆购置税、海关代征的进口环节增值税。

第二种是由地税征收，税收收入全部归地方财政所有。这些税包括耕地占用税、城镇土地使用税、土地增值税、房产税、车船使用税、契税、屠宰税、筵席税、农业税、牧业税等。

第三种是有国税和地税共享征收，税收收入由国家和地方财政按一定比例共享。这些税收包括增值税、企业所得税、印花税、个人所得税、资源税、城市维护建设税。

因此在我们的具体工作中，遇到第三种国税和地税都可以征收的税收种类的时候，一定要到主管税务机关予以登记和核实。税务机关会根据企业的具体情况规定是由国税局征收，还是由地税局征收，然后我们再按照税务机关的要求在规定的税务机关进行缴纳，避免重复。

小贴士：一般来说个人所得税、城市维护建设税、印花税等由地税机关征收。对非国有大型公司来说由国税机关征收的税种相对较少。

【例9-1】 下列各项税收中，属于中央地方共享税的有（　　　）。

   A. 增值税　　　　B. 消费税　　　　C. 资源税　　　　D. 房产税

【答案】AC

9.2 税务登记、变更、注销

公司依法纳税，是我国税收法规的规定。公司依法纳税的过程不仅体现在正确核算应税数额，及时将税款解缴入库的环节，而且还贯穿了从税务登记到发生纳税争议并处理的整个过程。

9.2.1 税务登记业务处理

上面我们了解了国税和地税的区别，现在来了解一下怎么进行税务登记。

企业应该自领取营业执照之日起 30 天内，向企业生产经营地的主管税务机关申报办理税务登记。申报办理税务登记，需填写税务登记表，并且向税务机关提供下面的证件：

- 工商营业执照或其他核准执业证件；
- 组织机构代码证；
- 有关公司成立的合同、股东大会章程协议书等成立文件；
- 法定代表人或负责人居民身份证、护照或者其他合法证件；
- 主管税务机关要求提供的其他有关证件资料。

【例 9-2】根据税收征收管理法律制度的规定，从事生产、经营的纳税人领取工商营业执照的，应当自领取工商营业执照的一定期间内申报办理税务登记。该期间是（　　）。

A. 5 日内　　　　　B. 10 日内　　　　　C. 20 日内　　　　　D. 30 日内

【答案】D。根据税收征收管理法律制度的规定，从事生产、经营的纳税人领取工商营业执照的，应当自领取工商营业执照的一定期间内申报办理税务登记。该期间是 30 日内。

9.2.2 税务登记变更业务处理

当企业名称、法定代表人、经济类型、经营地点、生产经营范围、开户银行及账号等内容发生改变时，企业应当自工商行政管理机关办理变更登记之日起三十天内，持营业执照、变更登记的有关证明文件向主管税务机关提出变更登记的书面申请报告。

办理变更登记时，应当向主管税务机关领取一式三份的变更税务登记表，逐项填写后加盖企业印章，在领取登记表之日起十天内报送主管税务机关。主管税务机关核准后，报有权税务机关批准，同意予以变更的，企业应当按照规定的期限到主管税务机关领取有关证件。

【例 9-3】下列不属于变更税务登记的事项是（　　）。

A. 纳税人因经营地的迁移而要改变原主管税务机关

B. 改变法定代表人

C. 增减注册资金

D. 改变开户银行账号

【答案】A

9.2.3 税务登记注销业务处理

如果发生解散、破产、撤销以及其他情形需要终止纳税义务的话，企业应在向工商行政管理机关或者其他机关办理注销登记前，持有关证件向税务登记机关申报办理注销税务登记。

首先，我们应该到办税服务厅的相关窗口领取并填写“注销税务登记申请审批表”，根据实际情况填写注销原因。

然后，交回发票领购簿及有关涉税证件，并且到税务发票窗口缴销还未使用的发票。如果有未缴清的税款这时应该到办税服务大厅申报缴清应该补纳的税款。

最后，在注销得到税务机关审核批准以后，税务机关窗口会发给我们“注销税务通知书”。

小贴士：被工商行政管理机关吊销营业执照或者被其他机关予以撤销登记的，应当自营业执照被吊销之日起 1 5 天内，向原税务登记机关申报办理注销税务登记。

【例 9-4】根据税收征收管理法律制度的规定，纳税人发生的下列情形中，应办理税务注销登记的有（　　）。

A. 纳税人破产　　B. 纳税人变更法定代表人

C. 纳税人被吊销营业执照　　D. 纳税人暂停经营活动

【答案】AC

9.3 小规模纳税人和一般纳税人的区别

小规模纳税人和一般纳税人是主管税务机关根据税法给企业认定的。小规模纳税人和一般纳税人有以下区别。

（1）小规模纳税人和一般纳税人使用的发票不同。小规模纳税人销售只能使用普通発票，而不能使用增值税专用发票。注意的是，这里的"使用"，只是说小规模纳税人在销售商品、提供劳务的时候，不能给他人开具增值税专用发票。小规模纳税人在购买商品、接受劳务的时候，增值税专用发票和普通发票都能收取，这点和一般纳税人是没有区别的。

（2）小规模纳税人和一般纳税人税金的计算方法不同。小规模纳税人直接按销售收入乘以税率计算应纳增值税额；而一般纳税人是按"抵扣制"计算增值税的，计算方法相对复杂。这点我们会在 9.5 节税金的核算中具体讲到。

（3）小规模纳税人和一般纳税人税金的税率不同。一般纳税人分为 0 税率、13% 税率和 17% 税率。其中最普遍的是 17% 税率。小规模纳税人，一般是按 3% 税率计算税金。

（4）小规模纳税人和一般纳税人收到增值税专用发票后的做账方法不同。一般纳税人按购入商品的价款部分计入成本，发票上的税款部分记入"应交税费——应交增值税——进项税额"科目；而小规模纳税人则按全部金额一并计入成本。

下面我们来看一个例子。

【例 9-5】红光公司从事商品零售业，是小规模纳税人，今年从光华公司购入价值 10 000 元的货物。光华公司为一般纳税人企业。

因为一般纳税人出售货物的税率是 17%，光华公司开具的增值税专用发票上面税额是 1 700 元。

根据光华公司给红光公司开具的增值税专用发票，红光公司的账务处理如下。

借：原材料/其他   11 700
　　贷：应付账款/银行存款   11 700

如果红光公司也是一般纳税人企业，则其账务处理如下。

借：原材料　9 000
　　应交税费——应交增值税（进项税额）   1 700
　　贷：应付账款/银行存款   11 700

9.4　纳税申报的业务处理

在办理好税务登记工作和明白一些概念以后，我们来看看如何办理纳税申报。目前纳税申报有三种方式。

第一种方式，直接申报，即企业直接到税务机关办理税务申报。这是传统的申报方式。办理流程一般是先到税务大厅排号，填写相应税种的纳税申请表，然后到相应的服务窗口打印税票，再去指定的银行缴纳税款。办理申报尤其是零申报，一般需要相应的主管税务机关的税收专管员签字才能申报。

小贴士：零申报出现在一个月份、季度、年，没有应纳税额的情况，这个时候不能不申报，而是要在当期提交一个申报数字为零的申报。

第二种方式，邮寄申报，是指企业在得到税务机关的批准后，可以使用统一规定的纳税申报特快专递专用信封，通过邮政部门办理交寄手续，并向邮政部门索取收据作为申报凭据来办理纳税申报。

第三种方式，数据电文申报，即我们通常所说的网上申报，有的税务局还开通了手机申报的方式。网上申报已被大多企业采用。

9.5 税金的核算

"税种"是指在一国税收体系中的具体税收种类。按征税对象的不同来对税收进行分类，是税收最基本和最主要的分类方法。按照这个标准，我国税收大体可分为五个种类：

（1）对流转额的征税；

（2）对所得额的征税；

（3）对资源的征税；

（4）对财产的征税；

（5）对行为的征税。

下面简要介绍一下我国主要的、也是我们在工作上最常见的几种纳税种类的核算方式。

9.5.1 增值税

增值税，简单地说，是对"增值额"征收的税种。增值额是指一家公司或个人在销售货物、从事加工修理等劳务或者进口货物的过程中自己创造的那部分价值。这部分价值包括了货物和劳务价值。

增值税在我国有很长的历史，自 1979 年开始试行，现在已经成为我国最主要的税种之一。按照上面税收的五种分类，增值税属于第一种即对流转额的税类。

增值税在我国实现的税收收入占全部税收收入的 60% 以上，毫无疑问是最大的一个税种。目前针对增值税的相关法律法规也非常严格，我们对于这个税种的核算和缴纳，一定要高度重视，以避免给国家、企业和个人带来不必要的损失。

那么，增值税是由谁征收的呢？简单地说，除进口环节由海关征收以外，其他由国家税务局负责征收。在增值税税收收入中，有 75% 为中央财政收入，其余 25% 为地方财政收入。

以上我们对于增值税有了大概的了解，现在我们来了解一下增值税的税款计算方法。

增值税的计算公式如下：

$$应纳税额=销项税额-进项税额$$

首先，我国的增值税也采用国际上普遍的税款抵扣方法。什么叫税款抵扣方法呢？也就是说，对于一般纳税人，计算增值税可以分成三个步骤。

第一步，销项税额的计算。

根据销售商品或提供劳务的销售额，乘以规定的税率计算出应纳的销项税额。注意，这里是根据销售额计算出的销项税额。这个销项税额并不是最后真正缴纳给税务局的最终应纳税额。最后的应纳税额还要经过后两个步骤的计算才能得出。

小贴士：如果是含税的销售额，还应该通过一个公式把它换算为不含税的销售额：

$$含税销售额/（1+税率）=不含税销售额$$

$$不含税销售额×税率=销项税额$$

第二步，进项税额的计算。

在企业获得原材料或者其他加工物资也就是发生成本的过程中，企业所支付的成本价里实际已经包含了该物资的增值税，所以这部分增值税是不用重复缴纳的。如果企业取得了合法的凭据，就可以根据该凭据比如增值税专用发票上面的金额作为进项税额。

第三步，应纳增值税税额的抵扣计算。

用前面两步计算出的销项税额减去进项税额，也就是说，销项税额和进项税额的差额就是增值部分应交的税额，即企业应该真正缴纳的增值税税额。这种计算方法，体现了按增值因素计税的原则。

小贴士：上述计算方法和公式都只适用于一般纳税人，即可以开具增值税专用发票的纳税人。

下面我们来看一个例子。

【例9-6】 光华服装批发公司为一般纳税人，2016 年 1 月初从服装厂购入服装 500件，支付该笔购货款 9 000 元，并从服装厂取得 9 000 元的增值税专用发票。在 1 月该批发公司以每件服装 25 元的价格卖出，共获得销售收入 12 500 元。

第一步，计算销项税额。

因为零售价是含税收入，所以要先把含税的销售收入换算为不含税的销售收入：

不含税销售额=含税销售额/（1+税率）=12 500/（1+17%）=10 683.76（元）（结果四舍五入到分）

销项税额=10 683.76*17%=1 816.24（元）（结果四舍五入到分）

第二步，计算进项税额。

因为取得了服装厂的合法凭据增值税专用发票，所以该进项可抵扣税额计算如下：

进项税额=9 000×17%=1 530（元）

第三步，计算增值税应纳税额。

增值税应纳税额=销项税额−进项税额=1 816.24−1 530=286.24（元）

所以该服装批发公司 1 月份的增值税应该缴纳 286.24 元。

纳税人是小规模纳税人的，销售货物或者提供应税劳务，实行简单办法计算应纳税额。按照销售额（不含税销售额）和规定的税率计算应纳税额，不得抵扣进项税额，不得开具增值税专用发票。其计算公式为

$$应纳税额＝销售额×征收率$$

和上面的公式类似，小规模纳税人销售货物或提供应税劳务采用合并定价方法的，可按下列公式计算销售额，即把含税销售额换算为不含税销售额：

$$不含税销售额=含税销售额/（1+征收率）$$

【例 9-7】靓丽服装零售店为小规模纳税人，2016 年 4 月购进服装 90 套，当月以每套 50 元的价格全部卖出。因为零售价格每套 50 元为含税价格，在计算增值税的时候应该将其换算为不含税价格。

不含税销售额=（50×90）/（1+3%）=4 368.93 元（结果四舍五入到分）

所以应纳税额=不含税销售额×征收率=4 368.93×3%=131.07 元（结果四舍五入到分）

小贴士：从 2009 年 1 月 1 日开始，小规模纳税人认定标准按新规定执行。小规模纳税人增值税率一律调至 3%，而不再区分工业商业。

随着经济的不断发展，我国对经济类犯罪死刑的适用已经越来越谨慎，但是，针对偷增值税的犯罪行为，最严厉的刑罚依然是死刑。

在《关于惩治虚开、伪造和非法出售增值税专用发票犯罪的决定》颁布之前，通过虚开增值税发票来偷税或骗税的行为是按偷税罪论处的。其量刑相对较轻，除罚款以外，最高刑期是 7 年。但是在 1995 年该决定颁布后，最高法院对虚开增值税发票构成犯罪的案件核准了大量的死刑。从震惊全国的第一起虚开增值税发票案起，因虚开增值

税发票使作案者被判死刑的案件，人数已达数百人，案值累计达近千亿元。可见即使刑法修订至今，以该罪名义判处死刑的依然很多。

【例 9-8】甲企业为增值税一般纳税人。2016 年 8 月，销售货物的销售额为 3 000 000 元（不含增值税），外购货物的准予扣除的进项税额为 250 000 元。销售的货物适用 17% 的增值税税率，企业 8 月份的增值税应纳税额为（　　　）元。

　　A．510 000　　　　　B．250 000　　　　　C．260 000　　　　　D．0

【答案】C。当期销项税税额=销售额×税率=3 000 000×17%=510 000（元），当期进项税额=250 000（元），应纳税额=当期销项税额−当期进项税额=510 000−250 000=260 000（元）。

9.5.2　企业所得税

下面我们来了解第二种税种，即对所得额的征收，首先介绍企业所得税。

企业所得税的纳税主体，即"企业"，指按国家规定登记和注册的组织。但是，要特别注意的是，如果个人独资企业和合伙企业，都不缴纳企业所得税，而是只缴纳个人所得税。如果再缴纳企业所得税，就重复纳税了。

企业所得税应纳税额的计算公式为

企业所得税应纳税额=当期应纳税所得额×税率

按照新税法的规定，企业所得税的税率为 25%。如果企业是国家认定的高新技术企业，税率为 15%。

小贴士：高新技术企业的认定是按照相关规定向税务局申请的。即使是高新技术企业但是不申请的话还是按照普通企业，也就是 25% 的税率缴纳企业所得税。企业所得税有很多减免的相关政策法规，大家可以根据自己的实际情况予以使用。

企业所得税虽然是按年计算的，但是为了保证国家税款缴纳的及时、均衡，对企业所得税采取分期（按月或季）预缴、年终汇算清缴的办法。也就是说，我们在一个季度终了后，无论盈利还是亏损，都要向主管税务机关报送企业所得税申报表和会计报表。然后根据纳税季度的实际数进行预缴，按实际数预缴有困难的，可以按上一年度应纳税所得额的 1/12 或 1/4 进行预缴，或者经当地税务机关认可的其他方法分期预缴所得税。预缴方法一经确定，不能随意改变。年度终了时，报送企业所得税申报表和年度会计报表，然后税务机关在 5 个月内，根据企业全年的应纳税额进行汇算清缴，税金根据全年已预缴数，多退少补。

小贴士：这里不包括清算的情况，也就是说，如果我们要进行清算，应在办理工商注销登记之前，向主管税务机关办理所得税申报，这时就不用按季度或者按年。

根据上面的介绍，我们可以知道，企业所得税申报分为月度预缴和季度预缴。企业所得税月（季）度预缴纳税申报表如表9.1所示。

中华人民共和国

表 9.1　　　　　　**企业所得税月（季）度预缴纳税申报表（A 类）**

税款所属期间：2016 年 8 月 1 日至 2016 年 8 月 31 日

纳税人识别号：

纳税人名称：　　　　　　　　　　　公司　　　　金额单位：人民币元（列至角分）

行次	项　目		本期金额	累计金额
1	**一、据实预缴**			
2	营业收入			
3	营业成本			
4	实际利润额			
5	税率（25%）		25.00%	25.00%
6	应纳所得税额（4 行 × 5 行）			
7	减免所得税额			
8	实际已缴所得税额		—	
9	应补（退）的所得税额（6 行 − 7 行 − 8 行）		—	
10	**二、按照上一纳税年度应纳税所得额的平均额预缴**			
11	上一纳税年度应纳税所得额		—	
12	本月（季）应纳税所得额（11 行 ÷ 12 或 11 行 ÷ 4）			
13	税率（25%）		—	—
14	本月（季）应纳所得税额（12 行 × 13 行）			
15	**三、按照税务机关确定的其他方法预缴**			
16	本月（季）确定预缴的所得税额			
17	总分机构纳税人			
18	总机构	总机构应分摊的所得税额（9 行或 14 行或 16 行 × 25%）		
19		中央财政集中分配的所得税额（9 行或 14 行或 16 行 × 25%）		
20		分支机构分摊的所得税额（9 行或 14 行或 16 行 × 50%）		
21	分支机构	分配比例		
22		分配的所得税额（20 行 × 21 行）		

谨声明：此纳税申报表是根据《中华人民共和国企业所得税法》、《中华人民共和国企业所得税法实施条例》和国家有关税收规定填报的，是真实的、可靠的、完整的。

法定代表人（签字）：　　　　　　2016 年 9 月 19 日

纳税人公章： 会计主管： 填表日期：2016 年 9 月 19 日	代理申报中介机构公章： 经办人： 经办人执业证件号码： 代理申报日期：	主管税务机关受理专用章： 受理人： 受理日期：

国家税务总局监制

企业所得税月度或者季度预缴预缴纳税申报表是比较简单的。在一个年度终了以后，企业需要填报年度所得税申报表。企业所得税年度纳税申报表包括一个报表封面（见表9.2）、一个主表（见表9.3）和11个附表（见表9.4～表9.15）。

表9.2　　　　　　　　　　　**所得税年度纳税申报表封面**

中华人民共和国

企业所得税年度纳税申报表

企业名称：＿＿＿＿＿＿＿＿公司

纳税人识别号：＿＿＿＿＿＿＿＿＿

填报时间：＿＿＿＿＿＿＿＿＿

国家税务总局监制

这里需要注意的是，填制申报表的时候并不是直接先填写企业所得税年度纳税申报主表，而是需要按照一定的顺序，先填写相应的附表。因为附表是主表的明细表，主表中的数据分别对应了相应的附表，我们可以看到表 9.3 中每一行次括号中的说明，分别写明了每一个行次的对应关系：

所得税附表一收入明细表，直接对应主表；

所得税附表二成本费用明细表，直接对应主表；

所得税附表三纳税调整项目明细表，对应主表 14/15 行；

所得税附表四企业所得税弥补亏损明细表，对应主表 24 行。

表9.3　　　　　　　**中华人民共和国企业所得税年度纳税申报表（A类）**

税款所属期间：

纳税人名称：　　　　　　　　　　　　　　公司

纳税人识别号：　　　　　　　　　　　　　　　　　　　金额单位：元（列至角分）

类别	行次	项　　目	金　　额
利润总额计算	1	一、营业收入（填附表一）	
	2	减：营业成本（填附表二）	
	3	营业税金及附加	
	4	销售费用（填附表二）	
	5	管理费用（填附表二）	
	6	财务费用（填附表二）	
	7	资产减值损失	
	8	加：公允价值变动收益	

类别	行次	项目	金额
利润总额计算	9	投资收益	
	10	二、营业利润	
	11	加：营业外收入（填附表一）	
	12	减：营业外支出（填附表二）	
	13	三、利润总额（9+11-12）	
应纳税所得额计算	14	加：纳税调整增加额（填附表三）	
	15	减：纳税调整减少额（填附表三）	
	16	其中：不征税收入	
	17	免税收入	
	18	减计收入	
	19	减、免税项目所得	
	20	加计扣除	
	21	抵扣应纳税所得额	
	22	加：境外应税所得弥补境内亏损	
	23	纳税调整后所得（13+14-15+22）	
	24	减：弥补以前年度亏损（填附表四）	
	25	应纳税所得额（23-24）	
应纳税额计算	26	税率（25%）	25%
	27	应纳所得税额（25×26）	
	28	减：减免所得税额（填附表五）	
	29	减：抵免所得税额（填附表五）	
	30	应纳税额（27-28-29）	
	31	加：境外所得应纳所得税额（填附表六）	
	32	减：境外所得抵免所得税额（填附表六）	
	33	实际应纳所得税额（30+31-32）	
	34	减：本年累计实际已预缴的所得税额	
	35	其中：汇总纳税的总机构分摊预缴的税额	
	36	汇总纳税的总机构财政调库预缴的税额	
	37	汇总纳税的总机构所属分支机构分摊的预缴税额	
	38	合并纳税（母子体制）成员企业就地预缴比例	
	39	合并纳税企业就地预缴的所得税额	
	40	本年应补（退）的所得税额（33-34）	
附列资料	41	以前年度多缴的所得税额在本年抵减额	
	42	以前年度应缴未缴在本年入库所得税额	

纳税人公章： 经办人： 申报日期： 年 月 日	代理申报中介机构公章： 经办人及执业证件号码： 代理申报日期： 年 月 日	主管税务机关受理专用章： 受理人： 受理日期： 年 月 日

表 9.4 　　　　　　　　　　　　　**收入明细表**

填报时间：　　　　　　　　　　　　　　　　　　金额单位：元（列至角分）

行次	项　　目	金　　额
1	一、销售（营业）收入合计（2+13）	
2	（一）营业收入合计（3+8）	
3	1. 主营业务收入（4+5+6+7）	
4	（1）销售货物	
5	（2）提供劳务	
6	（3）让渡资产使用权	
7	（4）建造合同	
8	2. 其他业务收入（9+10+11+12）	
9	（1）材料销售收入	
10	（2）代购代销手续费收入	
11	（3）包装物出租收入	
12	（4）其他	
13	（二）视同销售收入（14+15+16）	
14	（1）非货币性交易视同销售收入	
15	（2）货物、财产、劳务视同销售收入	
16	（3）其他视同销售收入	
17	二、营业外收入（18+19+20+21+22+23+24+25+26）	
18	1. 固定资产盘盈	
19	2. 处置固定资产净收益	
20	3. 非货币性资产交易收益	
21	4. 出售无形资产收益	
22	5. 罚款净收入	
23	6. 债务重组收益	
24	7. 政府补助收入	
25	8. 捐赠收入	
26	9. 其他	

经办人（签章）：　　　　　　　　　　法定代表人（签章）：

出纳实务：零基础 全图解 重实践

企业所得税年度纳税申报表附表二

表9.5　　　　　　　　　　　　　成本费用明细表

填报时间：　　　　　　　　　　　　　　　　　　　金额单位：元（列至角分）

行次	项　目	金　额
1	一、销售（营业）成本合计（2+7+12）	
2	（一）主营业务成本（3+4+5+6）	
3	（1）销售货物成本	
4	（2）提供劳务成本	
5	（3）让渡资产使用权成本	
6	（4）建造合同成本	
7	（二）其他业务成本（8+9+10+11）	
8	（1）材料销售成本	
9	（2）代购代销费用	
10	（3）包装物出租成本	
11	（4）其他	
12	（三）视同销售成本（13+14+15）	
13	（1）非货币性交易视同销售成本	
14	（2）货物、财产、劳务视同销售成本	
15	（3）其他视同销售成本	
16	二、营业外支出（17+18+…+24）	
17	1. 固定资产盘亏	
18	2. 处置固定资产净损失	
19	3. 出售无形资产损失	
20	4. 债务重组损失	
21	5. 罚款支出	
22	6. 非常损失	
23	7. 捐赠支出	
24	8. 其他	
25	三、期间费用（26+27+28）	
26	1. 销售（营业）费用	
27	2. 管理费用	
28	3. 财务费用	

经办人（签章）：　　　　　　　　　　法定代表人（签章）：

表 9.6   **纳税调整项目明细表**

填报时间：   金额单位：元（列至角分）

	行次	项目	账载金额	税收金额	调增金额	调减金额
			1	2	3	4
	1	一、收入类调整项目	＊	＊		
	2	1. 视同销售收入（填写附表一）	＊	＊		＊
#	3	2. 接受捐赠收入	＊			＊
	4	3. 不符合税收规定的销售折扣和折让				＊
＊	5	4. 未按权责发生制原则确认的收入				
＊	6	5. 按权益法核算长期股权投资对初始投资成本调整确认收益	＊	＊	＊	
	7	6. 按权益法核算的长期股权投资持有期间的投资损益	＊	＊		
＊	8	7. 特殊重组				
＊	9	8. 一般重组				
＊	10	9. 公允价值变动净收益（填写附表七）	＊	＊		
	11	10. 确认为递延收益的政府补助				
	12	11. 境外应税所得（填写附表六）	＊	＊	＊	
	13	12. 不允许扣除的境外投资损失	＊	＊		＊
	14	13. 不征税收入（填附表一[3]）	＊	＊	＊	
	15	14. 免税收入（填附表五）	＊	＊	＊	
	16	15. 减计收入（填附表五）	＊	＊	＊	
	17	16. 减、免税项目所得（填附表五）	＊	＊	＊	
	18	17. 抵扣应纳税所得额（填附表五）	＊	＊	＊	
	19	18. 其他				
	20	二、扣除类调整项目	＊	＊		
	21	1. 视同销售成本（填写附表二）	＊	＊		
	22	2. 工资薪金支出				
	23	3. 职工福利费支出				
	24	4. 职工教育经费支出				
	25	5. 工会经费支出				
	26	6. 业务招待费支出				＊
	27	7. 广告费和业务宣传费支出（填写附表八）	＊	＊		
	28	8. 捐赠支出				＊

行次	项　目	账载金额	税收金额	调增金额	调减金额
		1	2	3	4
29	9. 利息支出				
30	10. 住房公积金				*
31	11. 罚金、罚款和被没收财物的损失		*		*
32	12. 税收滞纳金		*		*
33	13. 赞助支出		*		*
34	14. 各类基本社会保障性缴款				
35	15. 补充养老保险、补充医疗保险				
36	16. 与未实现融资收益相关在当期确认的财务费用				
37	17. 与取得收入无关的支出		*		*
38	18. 不征税收入用于支出所形成的费用		*		*
39	19. 加计扣除（填附表五）	*	*	*	
40	20. 其他				
41	三、资产类调整项目	*	*		
42	1. 财产损失				
43	2. 固定资产折旧（填写附表九）	*	*		
44	3. 生产性生物资产折旧（填写附表九）	*	*		
45	4. 长期待摊费用的摊销（填写附表九）	*	*		
46	5. 无形资产摊销（填写附表九）	*	*		
47	6. 投资转让、处置所得（填写附表十一）	*	*		
48	7. 油气勘探投资（填写附表九）				
49	8. 油气开发投资（填写附表九）				
50	9. 其他				
51	四、准备金调整项目（填写附表十）	*	*		
52	五、房地产企业预售收入计算的预计利润	*	*		
53	六、特别纳税调整应税所得	*	*		*
54	七、其他	*	*		
55	合　计	*	*		

注：1. 标有*或#的行次，纳税人分别按照适用的国家统一会计制度填报。

　　2. 没有标注的行次，无论执行何种会计核算办法，有差异就填报相应行次，标*号处不可填列。

　　3. 有二级附表的项目只填调增、调减金额，账载金额、税收金额不再填写。

经办人（签章）：　　　　　　　　　　法定代表人（签章）：

企业所得税年度纳税申报表附表四

表 9.7　　　　　　　　　　企业所得税弥补亏损明细表

填报时间：　　　　　　　　　　　　　　　　　　金额单位：元（列至角分）

行次	项目	年度	盈利额或亏损额	合并分立企业转入可弥补亏损额	当年可弥补的所得额	以前年度亏损弥补额					本年度实际弥补以前年度亏损额	可结转以后年度弥补的亏损额
						前四年度	前三年度	前二年度	前一年度	合计		
		1	2	3	4	5	6	7	8	9	10	11
1	第一年											*
2	第二年					*						
3	第三年					*	*					
4	第四年					*	*	*				
5	第五年					*	*	*	*			
6	本年					*	*	*	*	*		
7	可结转以后年度弥补的亏损额合计											

经办人（签章）：　　　　　　　　　　法定代表人（签章）：

企业所得税年度纳税申报表附表五

表 9.8　　　　　　　　　　税收优惠明细表

填报时间：　　　　　　　　　　　　　　　　　　金额单位：元（列至角分）

行次	项　目	金　额
1	一、免税收入（2+3+4+5）	
2	1. 国债利息收入	
3	2. 符合条件的居民企业之间的股息、红利等权益性投资收益	
4	3. 符合条件的非营利组织的收入	
5	4. 其他	
6	二、减计收入（7+8）	
7	1. 企业综合利用资源，生产符合国家产业政策规定的产品所取得的收入	
8	2. 其他	
9	三、加计扣除额合计（10+11+12+13）	
10	1. 开发新技术、新产品、新工艺发生的研究开发费用	
11	2. 安置残疾人员所支付的工资	
12	3. 国家鼓励安置的其他就业人员支付的工资	
13	4. 其他	
14	四、减免所得额合计（15+25+29+30+31+32）	

行次	项 目	金 额
15	（一）免税所得（16+17+…+24）	
16	1. 蔬菜、谷物、薯类、油料、豆类、棉花、麻类、糖料、水果、坚果的种植	
17	2. 农作物新品种的选育	
18	3. 中药材的种植	
19	4. 林木的培育和种植	
20	5. 牲畜、家禽的饲养	
21	6. 林产品的采集	
22	7. 灌溉、农产品初加工、兽医、农技推广、农机作业和维修等农、林、牧、渔服务业项目	
23	8. 远洋捕捞	
24	9. 其他	
25	（二）减税所得（26+27+28）	
26	1. 花卉、茶以及其他饮料作物和香料作物的种植	
27	2. 海水养殖、内陆养殖	
28	3. 其他	
29	（三）从事国家重点扶持的公共基础设施项目投资经营的所得	
30	（四）从事符合条件的环境保护、节能节水项目的所得	
31	（五）符合条件的技术转让所得	
32	（六）其他	
33	五、减免税合计（34+35+36+37+38）	
34	（一）符合条件的小型微利企业	
35	（二）国家需要重点扶持的高新技术企业	
36	（三）民族自治地方的企业应缴纳的企业所得税中属于地方分享的部分	
37	（四）过渡期税收优惠	
38	（五）其他	
39	六、创业投资企业抵扣的应纳税所得额	
40	七、抵免所得税额合计（41+42+43+44）	
41	（一）企业购置用于环境保护专用设备的投资额抵免的税额	
42	（二）企业购置用于节能节水专用设备的投资额抵免的税额	
43	（三）企业购置用于安全生产专用设备的投资额抵免的税额	
44	（四）其他	
45	企业从业人数（全年平均人数）	
46	资产总额（全年平均数）	
47	所属行业（工业企业 其他企业 ）	其他企业

经办人（签章）：　　　　　　　　　　　法定代表人（签章）：

企业所得税年度纳税申报表附表六

表9.9　境外所得税税抵免计算明细表

填表时间：　　　　　　　　　　　　　　　　　　　　　　金额单位：元（列至角分）

抵免方式	国家或地区	境外所得	境外所得换算含税所得	弥补以前年度亏损	免税所得	弥补亏损后的境外应税所得额	可弥补境内亏损	境外应纳税所得额	税率	境外所得应纳税额	境外所得可抵免税额	境外所得税款抵免限额	本年可抵免的境外所得税款	未超过境外所得税款抵免限额的余额	本年可抵免以前年度所得税额	前五年境外所得已缴税款未抵免余额	定率抵免
	1	2	3	4	5	6（3-4-5）	7	8（6-7）	9	10（8×9）	11	12	13	14（12-13）	15	16	17
直接抵免									25%								
									25%								
									25%								
									25%								
间接抵免				*	*				25%								
				*	*				25%								
				*	*				25%								
				*	*				25%								
合计									25%								

经办人（签章）：　　　　　　　　　　　　　法定代表人（签章）：

206

企业所得税年度纳税申报表附表七

表 9.10 **以公允价值计量资产纳税调整表**

填报时间： 金额单位：元（列至角分）

行次	资产种类	期初金额		期末金额		纳税调整额（纳税调减以"−"表示）
		账载金额（公允价值）	计税基础	账载金额（公允价值）	计税基础	
		1	2	3	4	5
1	一、以公允价值计量且其变动计入当期损益的金融资产					
2	1. 交易性金融资产					
3	2. 衍生金融工具					
4	3. 其他以公允价值计量的金融资产					
5	二、以公允价值计量且其变动计入当期损益的金融负债					
6	1. 交易性金融负债					
7	2. 衍生金融工具					
8	3. 其他以公允价值计量的金融负债					
9	三、投资性房地产					
10	合　计					

经办人（签章）： 法定代表人（签章）：

企业所得税年度纳税申报表附表八

表 9.11 **广告费和业务宣传费跨年度纳税调整表**

填报时间： 金额单位：元（列至角分）

行次	项　　目	金　额
1	本年度广告费和业务宣传费支出	
2	其中：不允许扣除的广告费和业务宣传费支出	
3	本年度符合条件的广告费和业务宣传费支出（1-2）	
4	本年计算广告费和业务宣传费扣除限额的销售（营业）收入	
5	税收规定的扣除率	15.00%
6	本年广告费和业务宣传费扣除限额（4×5）	
7	本年广告费和业务宣传费支出纳税调整额（3≤6，本行=2行；3>6，本行=1-6）	
8	本年结转以后年度扣除额（3>6，本行=3-6，3≤6，本行=0）	
9	加：以前年度累计结转扣除额	
10	减：本年扣除的以前年度结转额	
11	累计结转以后年度扣除额（8+9-10）	

经办人（签章）： 法定代表人（签章）：

表9.12　　　　　　　　资产折旧、摊销纳税调整明细表

填报时间：　　　　　　　　　　　　　　　　　　　　　　金额单位：元（列至角分）

行次	资产类别	资产原值		折旧、摊销年限		本期折旧、摊销额		纳税调整额
		账载金额	计税基础	会计	税收	会计	税收	
		1	2	3	4	5	6	7
1	一、固定资产			*	*			
2	1. 房屋建筑物							
3	2. 飞机、火车、轮船、机器、机械和其他生产设备							
4	3. 与生产经营有关的器具工具家具							
5	4. 飞机、火车、轮船以外的运输工具							
6	5. 电子设备							
7	二、生产性生物资产			*	*			
8	1. 林木类							
9	2. 畜类							
10	三、长期待摊费用			*	*			
11	1. 已足额提取折旧的固定资产的改建支出							
12	2. 租入固定资产的改建支出							
13	3. 固定资产大修理支出							
14	4. 其他长期待摊费用							
15	四、无形资产							
16	五、油气勘探投资							
17	六、油气开发投资							
18	合　计			*	*			

经办人（签章）：　　　　　　　　　　　　法定代表人（签章）：

出纳实务：零基础 全图解 重实践

企业所得税年度纳税申报表附表十

表9.13　　　　　　　　　　　　**资产减值准备项目调整明细表**

填报时间：　　　　　　　　　　　　　　　　　　　金额单位：元（列至角分）

行次	准备金类别	期初余额	本期转回额	本期计提额	期末余额	纳税调整额
		1	2	3	4	5
1	坏（呆）账准备					
2	存货跌价准备					
3	* 其中：消耗性生物资产减值准备					
4	* 持有至到期投资减值准备					
5	* 可供出售金融资产减值		—			
6	# 短期投资跌价准备					
7	长期股权投资减值准备					
8	* 投资性房地产减值准备					
9	固定资产减值准备					
10	在建工程（工程物资）减值准备					
11	* 生产性生物资产减值准备					
12	无形资产减值准备					
13	商誉减值准备					
14	贷款损失准备					
15	矿区权益减值					
16	其　他					
17	合　计					

注：标有*或#的行次，纳税人分别按照适用的国家统一会计制度填报。

经办人（签章）：　　　　　　　　　法定代表人（签章）：

表 9.14

长期股权投资所得（损失）明细表

填报时间：　　　　　　　　　　　　　　　　　　　　　　　金额单位：元（列至角分）

行次	被投资企业	期初余额	本年度增（减）投资额	投资成本		会计核算投资收益	股息红利				投资转让所得（损失）					
				初始投资成本额	权益法核算对初始投资成本调整产生的收益		会计投资损益	税收确认的股息红利		会计与税收的差异	投资转让上净收入	投资转让的会计成本	投资转让的税收成本	会计上确认的投资转让所得或损失	按税收计算的投资转让所得或损失	会计与税收的差异
								免税收入	全额征税收入							
		2	3	4	5	6 (7+14)	7	8	9	10 (7-8-9)	11	12	13	14 (11-12)	15 (11-13)	16 (14-15)
	1	2	3	4	5	6	7	8	9	10	11	12	13	14	15	16
1																
2																
3																
4																
5																
6																
7																
8																
合计																

投资损失补充资料

行次	项目	年度	当年度结转金额	已弥补金额	本年度弥补金额	结转以后年度待弥补金额
1	第一年					
2	第二年					
3	第三年					
4	第四年					
5	第五年					

以前年度结转在本年度税前扣除的股权投资转让损失：

经办人（签章）：　　　　　　　　　　　　　　法定代表人（签章）：

上述的附表，并不只是和申报的主表有关系，附表和附表之间还有一定的对应关系，如：

附表五税收优惠表，对应附表三纳税调整明细表（对应税基的行次）；

附表六境外所得税抵免表，对应附表三纳税调整明细表（对应调减的行次），对应主表应纳税或抵免税额、减免税或抵免税额；

附表七以公允价值计量资产纳税调整表，对应附表三纳税调整明细表；

附表八广告费纳税调整表，对应附表三纳税调整明细表；

附表九资产折旧纳税调整表，对应附表三纳税调整明细表；

附表十减值准备调整明细表，对应附表三纳税调整明细表；

附表十一股权投资所得明细表，对应附表三纳税调整明细表。

因为表与表之间的相互关系，所以在填写企业所得税年表的时候需要遵循一定的顺序填写。这样可以使上报的表不容易发生错误，填写的程序更合理，可以更好地保证质量和效率。建议填表的顺序如下：

依次填写附表一收入明细表、附表二成本费用明细表、附表四弥补亏损明细表、附表五税收优惠明细表、附表六境外所得税抵免计算明细表、附表七以公允价值计量资产纳税调整表、附表八广告费和业务宣传费跨年度纳税调整表、附表九资产折旧、摊销纳税调整明细表、附表十资产减值准备项目调整明细表、附表十一长期股权投资所得（损失）明细表。

最后，填写主表与附表三纳税调整明细表。

如果没有某项附表的内容，则该附表上报空表，尤其是很多调整减免的科目，都需要得到主管税务机关的批准才能填写，否则是上报不了的。即使是空表，或者本年零申报，也需要签字盖章，在来年所得税汇算清缴截止之前，按照要求上报主管税务机关。然后按照前一年，也就是我们申报的所得税所属期间预缴的金额和年报汇算出的应缴额，多退少补。

【例9-9】下列属于企业所得税纳税人的有（   ）。

A．国有企业　　　B．集体企业　　　C．个体工商户　　　D．股份有限公司

【答案】ABD

9.5.3　个人所得税

下面我们来了解一下个人所得税的计算和缴纳。个人的收入，包括工资、奖金、劳动报酬、稿酬、利息、分红、财产租赁和转让、偶然所得（主要是中彩票得奖的收入）都要按规定缴纳个人所得税。首先，我们来看看最常见的工资、薪金的个人所得税计算。

工资、薪金的个人所得税计算方法分为两个步骤。

第一步，先把这个月应发放的工资减去单位代扣代缴的基本保险和住房公积金，再减去 3 500 元，得到应纳税所得额。

第二步，对照个税计税标准，查看应纳税所得额属于七个档次中的哪一档次，再按照那个档次的税率进行计算，然后减去相应档次的速算扣除数。

计算公式为

应纳个人所得税税额= 应纳税所得额 × 适用税率-速算扣除数

应纳税所得额=扣除三险一金后月收入-扣除标准

按 2011 年 9 月 1 日起正式执行的规定，扣除标准也就是个税起征点为 3 500 元/月。个税计税标准明细如表 9.15 所示。

表 9.15 个税计税标准明细

级数	扣除三险一金后月收入-扣除标准（元）	税率（%）	速算扣除数（元）
1	不超过 1 500 元	3	0
2	超过 1 500 元至 4 500 元	10	105
3	超过 4 500 元至 9 000 元	20	555
4	超过 9 000 元至 35 000 元	25	1 005
5	超过 3 5000 元至 55 000 元	30	2 755
6	超过 55 000 元至 80 000 元	35	5 505
7	超过 80 000 元	45	13 505

对于稿酬所得、劳动报酬、股息、红利、财产租赁和偶然性所得及其他所得，采用的就不是按档次计算的税率，而直接采用比率税率，也就是"一次"的所得额直接乘以 20%。

【例 9-10】小李是光华公司的出纳人员，在 2016 年 11 月发放当月工资时需要计算每位员工当月所发工资薪金的个人所得税，并且在工资单上予以扣除。

小王的当月工资为 3 920 元，扣除掉社会基本保险 600 元和住房公积金 320 元后为 3 000 元，那么按照个税起征点 3 500 元的规定，不用缴纳个人所得税。所以小王的实付工资为 3 000 元。

小李的当月工资为 5 000 元，扣除掉当月的社会基本保险及住房公积金后为 4 000 元，再减去个税起征点 3 500 元，为 500 元。这就得到了当月小李的应纳税所得额。因为 500 元应纳税所得额不超过 1 500 元，所以适用表 9.16 中的第一档税率。用 500 元乘以第一档税率 3%，得到 15 元，减去第一档的速算扣除数 0 元，得出小李应该被代扣当月的个人所得税为 15 元。

小黄当月工资为 7 000 元，扣除掉当月的社会基本保险和住房公积金后为 6 000 元，再减去个税起征点 3 500 元，为 2 500 元。2 500 元在 1 500 和 4 500 元之间，所以适用表 9.15 中的第二档税率 10%。用 2 500 元乘以第二档税率 10%，得到 250 元，再减去第二档相应的速算扣除数 105 元，得出小黄应该被代扣的当月个人所得税为 145 元。

另外，当月公司分给职工红利每人 1 000 元，那么按照红利、股息、财产租赁、偶然性所得的规定，直接用 1 000 元乘以 20%，得到 200 元。也就是分得红利的每位员还应该再代扣 200 元的个人所得税。

小贴士：表 9.15 中，"不超过 1 500 元"，是小于等于的意思。也就是说，小于 1 500 元（其中包括 1 500 元）都属于第一档税率。其他情况以此类推。

现在计算个人所得税可以利用互联网上的个人所得税计算器。只要在互联网上搜索个人所得税计算器，然后将要计算的工资薪金的金额输入，输入起征点的金额，就可以自动计算出应纳个人所得税，使用起来十分方便。

个人所得税计算器如图 9.1 所示。

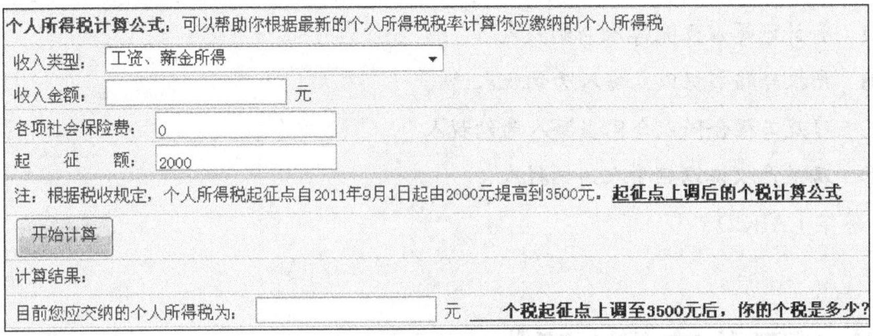

图 9.1 个人所得税计算器

9.5.4 印花税

在了解了上面一些主要税种以后，我们来了解一下印花税。印花税也是一种非常常见的税种，在下面五种情况下缴纳印花税。

- 签订合同，或者虽然不是合同但是具有合同性质。
- 订立产权转移的书据，其中包括转让版权、专用权、专利权、土地使用权等。
- 营业账簿，也就是账册。
- 领取权利证书、许可证和执照。
- 财政部确定的其他需要征税的情况。

按照上面不同的类型，印花税实行两种不同的征收方式。

1．从价计征的方式

签订合同，应该以合同上记载的收入或费用金额，作为计税金额；税率根据不同的合同类型有万分之三、万分之五、千分之一等。

产权转移书据应该以书据中的金额作为计税依据，税率为万分之五。

记载资金的营业账簿，应该以实收资本和资本公积两项合计的金额作为计税依据。税率为万分之五。

按比例税率计算应纳税额的公式为

$$应纳税额=计税金额×适用税率$$

2．从量计征的方式

除记载资金的账簿，其他营业账簿以数量作为计税依据，也就是按件数贴花，每本 5 元。

领取的权利证书、许可证和执照，以数量为计税依据，也是按件数贴花，每本 5 元。

按定额税率计算应纳税额的公式为

$$应纳税额=凭证数量×单位税额$$

【例 9-11】关于印花税纳税人的下列表述中，正确的有（　　　）。

A．会计账簿以立账簿人为纳税人

B．产权转移书据以立据人为纳税人

C．建筑工程合同以合同当事人为纳税人

D．房屋产权证以领受人为纳税人

【答案】ABCD

9.6 职业实践经验

现在在市面上到处都能看到卖假发票的消息，这种看似成本低廉的假发票危害在哪里呢，能不能收取假发票呢？日益普及的电子报税正逐步取代传统的报税方法，怎么利用电子报税系统进行税务申报呢？下面予以讲解。

9.6.1 使用正规合法的发票入账的重要性

【例 9-12】采购人员小黄给公司采购了一些零星材料，价值 9 000 元，为了采购价格更便宜，没有取得正规的发票。他听信小广告购买了一些非法的假发票，予以报销。在年终税务检查的时候，这笔假发票被税务人员当场查了出来，要求公司补税，并且加收罚金。小黄很委屈，因为照理说，采购材料应该是材料供应商上税，为什么被检查出来后是自己补税？

很多人都有一个误区，认为该代扣代缴的税不重要，实际上这是非常错误的想法。很多时候我们并不是为自己纳税，而是按照税法规定为别的企业或者个人代扣代缴。这里的问题在于，如果我们没有依法代扣代缴，也是按偷税论处的，和不为自己缴纳税款是一个性质。

这就要求我们在税收管理的环节中一定要注意税款的代扣代缴，比如代扣职工薪金所得、红利所得、其他所得个人所得税，开展经济业务一定要取得正规合法的发票，才能入账。千万不能贪图小便宜。

假发票看似满足了一些企业的"需要"，其实这种行为有极大的风险隐患。因为一旦税务稽查检查中发现假发票，企业就得照章补税，除按日加收滞纳金以外，还要缴纳行政处罚金。而且那个时候再想花钱买真发票也不行，因为税务发票定期换版，过去的旧版真发票没有办法找，企业被查到了就只得认罚。所以说，使用假发票不但省不了钱，实际上，使用假发票的成本是相当高的。

9.6.2 电子纳税申报的优点

电子申报，也就是利用计算机网上申报纳税，是目前非常受欢迎而且日趋普及的申报方式。有的税务局甚至必须利用计算机才能进行申报纳税。

电子申报方式一般是在联网的计算机上先安装相应的税务软件，然后在计算机里直接录入应纳税额等申报数据并且提交成功后就可以完成税务申报，不必到税务局窗口去办理，非常方便。而且网上申报还可以快捷清晰地查询到自己以往的纳税记录、当前的完税情况和已经提交的财务报表，连税务局的最新通知也一目了然。

电子申报方式还有一种方式，是在没有联网的计算机上安装报税软件，在计算机里完成录入以后，生成申报介质文件，通过移动存储设施，如移动 U 盘等，将申报文件直接拷贝到税务局相应的计算机上，再由税务局的人员进行相应的操作。

一般来说，电子申报像传统的申报方式一样，在报送的时候需要签名和加盖印章，所以在电子申报的时候还应同时报送已经签名盖章的电子申报表纸版。

在电子纳税申报成功以后，税务局的电子系统会自动从我们相关联的银行账户进行扣款纳税，可以说是一步到位，大大节省了我们去税务局大厅排队申报然后再去银行排队办理缴税业务的时间。我们可以根据银行扣除税金后出具的单据作为完税凭证，也可以根据银行出具的单据到税务机关打印相关税票。

因为企业所得税的电子申报普及率高，应用范围较广，下面我们就以企业所得税的一种电子申报软件为例，来介绍基本的电子报税流程。

1. 软件安装

首先在网上下载或者直接用移动存储设施到税务局拷贝税务申报软件（这里以涉税通为例），然后在电脑上予以安装。双击 setup.exe 安装文件，弹出安装对话框，如图 9.2 所示。在该对话框选择"下一步"按钮。

出现如图 9.3 所示的对话框，单击"下一步"按钮，选择"我同意"复选框。

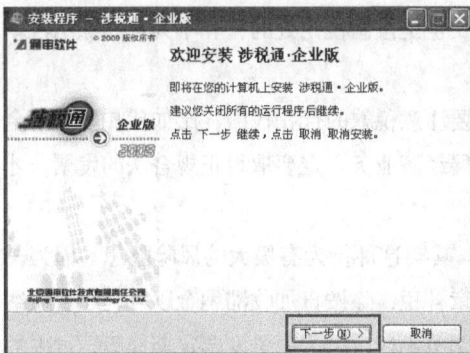

图 9.2　安装界面

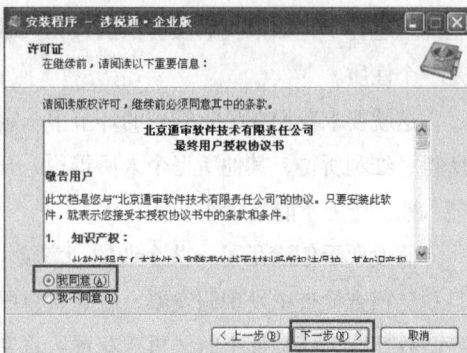

图 9.3　安装协议书

　　像上面两个步骤一样，一直单击"下一步"按钮，安装到默认路径，如图 9.4 所示。也可以单击"浏览"按钮重新选择安装路径（默认路径是系统盘 C 盘，建议安装到其他盘）。

　　单击"下一步"按钮，直至出现安装界面，单击"安装"按钮，如图 9.5 所示。

　　安装完毕，单击"完成"按钮，完成涉税通税务软件的安装任务。安装完成后桌面上会自动生成该税务软件的快捷图标，我们以后可以通过快捷图标直接打开该软件。

　　软件的升级可以通过连接网络，进行网上自动升级，或者在该税务软件的主页上去下载升级包完成升级。

　　用户根据自身的实际情况选择适合自己的更新方法。

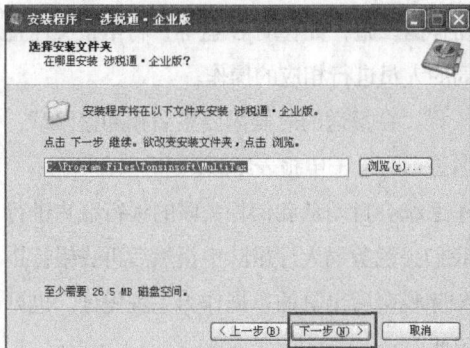

图 9.4　安装路径

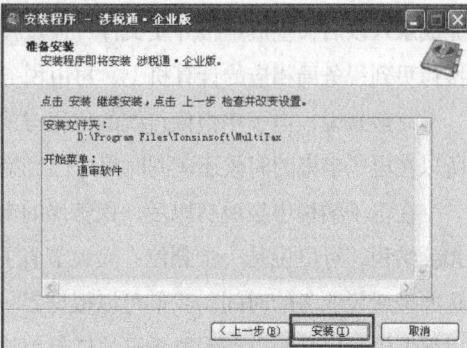

图 9.5　税务软件安装

2．创建新申报

　　双击桌面涉税通图标，弹出用户管理权限的登录提示，如图 9.6 所示。

　　在上面的对话框单击"确定"按钮，进入软件登录界面如图 9.7 所示，然后按提示

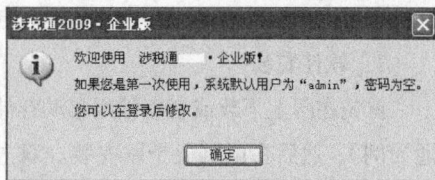

图 9.6　管理权限登录

要求，在上面默认的"用户名"和"原始密码"状态下单击"登录"按钮即可进入软件。

因为企业基本信息还没有录入该软件，所以我们需要先通过"新建纳税人"，将企业税务登记号、企业名称、企业所在区域等基本信息录入，之后才能填写申报。

单击"新建纳税人"，弹出纳税人基本信息对话框，如图9.8所示。

图9.7　登录界面

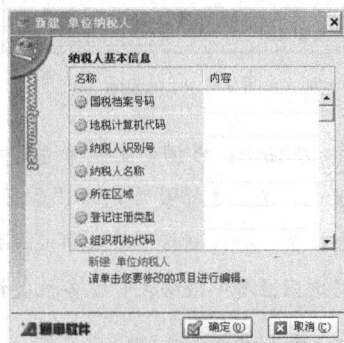

图9.8　新建纳税人

（1）基本信息的填写

基本信息中的"纳税人识别号"和"纳税人名称"为必填项，其他项目按照企业实际情况填写即可。以下对特殊项目的填写进行说明。

（2）填写日期项目

基本信息中所有日期项目的填写方式相同，在此我们以"工商注册日期"为例。单击"工商注册日期"右侧的 ▾ 按钮，弹出日期列表，单击年、月的左 ◀ 、右 ▶ 按钮确定年度与月份，在日历表中直接单击日期，工商注册日期填写完毕。

（3）填写所在区域

单击"所在区域"右侧 ⋯ 按钮，弹出区域列表，逐级选择所在区域，直至选择区域最细项，选择后将在"所在区域"填写区，显示所选择的行政编码及省、市名称。

（4）填写登记注册类型

单击"登记注册类型"右侧 ⋯ 按钮，弹出"登记注册类型"下拉列表，逐级选择相应类型，直至选择类型最细项，单击"确定"按钮。

（5）填写国标行业

单击"国标行业"的右侧 ⋯ 按钮，弹出"请选择经济行业"对话框，逐级选择相应行业，直至选择行业最细项，单击"确定"按钮，如图9.9所示。

（6）适用会计制度

单击"适用会计制度"右侧的 ▾ 按钮，弹出下拉列表，选择相应的会计制度即可，如图9.10所示。

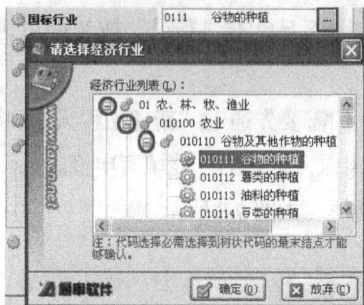

图 9.9 行业选择

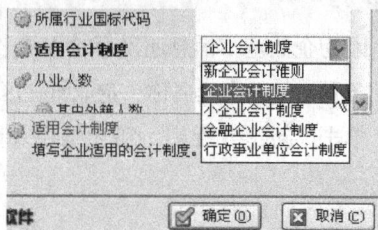

图 9.10 会计制度选择

小贴士：根据企业选择适用的会计制度，在打开的报表列表中显示相应的附送财务报表。这里选择最常见的"企业会计制度"。如果公司采用的是小企业会计制度，或者金融企业会计制度、行政事业单位会计制度，则选取相应的会计制度。具体制度需要根据企业性质申报给主管税务机关批准。

（7）填写注册资本或投资总额

"注册资本或投资总额"以人民币形式填写，如果是外币请按税务机关规定的汇率折算后以人民币形式填入。

基本信息填写完整后单击"确定"按钮，在纳税人列表中即出现新建的企业名称及相关信息。在纳税人列表中单击企业名称，报表右侧的纳税申报信息列表中就会出现不同的申报税种。

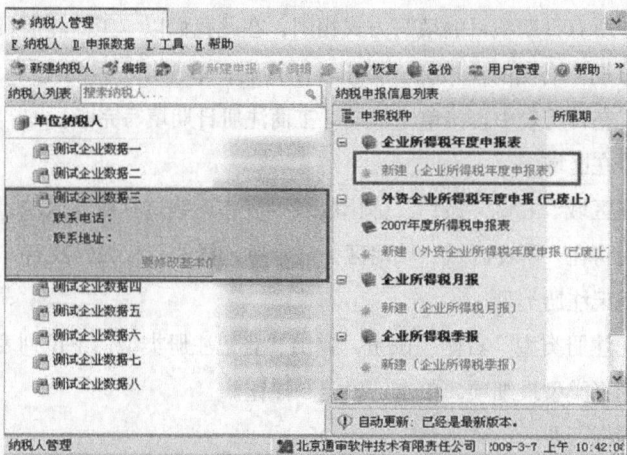

双击我们所需要填写的税种，弹出提示对话框，如图 9.11 所示，确认所填写的纳税人识别号是否正确。错误需修改，单击"取消"不建立申报数据；如果号码和名称正确，单击"确定"按钮，直接进入报表属性对话框。

小贴士：出现纳税人识别号确认的时候，一定要确认识别号的正确性，因为一经确认无法修改。

图 9.11　年度所得税申报表 新建 1

（8）报表属性的填写

"报表属性"中反映企业申报的具体条件和要求，其填写方式多为选择。针对特殊类型诸如外资区域、港澳台投资企业下面予以说明。

（9）外资区域的填写

此项目仅适用于外商投资企业及港、澳、台商投资企业，内资企业无需填写此项。

如果我们在企业基本信息中的"税务登记信息"项选择"外商投资企业"，那么在属性中的外资区域项单击 按钮，就会弹出选择国家地区对话框，双击选择适当的国家地区完成此操作。

此项属性中的企业"外资区域"必须与基本信息中的"登记注册类型"相匹配。

（10）查账征收申报类型

查账征收申报类型分为"一般企业""金融企业""事业单位、社会团体、民办非企业单位"，依据用户的选择，可生成不同的所得税申报表。

（11）征收类型

根据我们的具体情况选择下列三种方式之一：

● "A 类企业，按查账征收"；
● "B 类企业，按核定方式"；
● "同时包含 A 类和 B 类"。

具体我们是哪种征收方式需要询问主管税务机关，和税务机关达成一致。

（12）汇总（合并）纳税

如果我们是分支机构，则需要填写此项，选择相应的汇总（合并）纳税。如果我们选择"属于汇总纳税企业"，那么需在后面的报表列表中填写分配表，如果我们不是这种情况，则该表不用填写。

在上面的报表属性填写完整后，单击"确定"按钮，弹出报表年度提示对话框，如图 9.12 所示。确认所填写的报表所属年度是否正确，如果发现有错误需要及时更改，单击"否"返回继续修改申报报表属性。如果确认正确，单击"是"，则本流程完毕，直接进入申报表填写界面。

小贴士：出现报表所属年度提示时，请确认报表所属年度的正确性，一经确认无法修改。

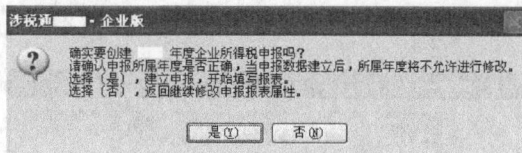

图 9.12　年度所得税申报表 新建 2

3．申报表的填写

税务软件会根据我们在"基本信息"和"报表属性"中所填写的信息，自动生成符合我们情况的企业所得税申报表，以及应该附送的关联和财务报表。

- 年度申报表。主表由其他附表自动生成，其他报表在内容填写区直接填写保存即可。报表内容上面已经讲过这里不再重复。
- 关联交易报表。关联交易汇总表由其他关联交易表自动生成，其他报表在内容填写区直接填写保存即可。
- 会计决算报表。根据我们实际的会计决算财务报表，直接在报表填写区填写即可。

下面我们来了解一下税务软件中一些对我们很有帮助的功能。

在报表操作界面，填写报表的工具栏要多加利用，可以提高填写的效率，如图 9.13 所示。

图 9.13　年度所得税申报表 电子申报工具栏

从上图可以看到，工具栏里有以下按钮。

（1）属性。单击该按钮可以对已填写的申报报表属性进行修改。

（2）企业。单击该按钮可以对已填写的企业基本信息进行修改。

（3）参考信息。电子报税系统为了帮助我们准确和快速无误地完成报表的填制工作，提供了丰富的帮助信息。善于利用这些信息，就能更好地完成我们的工作。否则，我们自己填错了哪些数据很难发现。在填报过程中选定报表中的任意一个单元格，这个窗口的下方区域 "参考信息"会展现出与该单元格项目所对应的帮助信息，供我们填写和检查数据，如图 9.14 所示。

（4）报表列表。这是为了方便我们在填写报表时，进行不同报表之间的选择与切换，如图 9.15 所示。

（5）报表填写区。在报表项目中的白色区域中，进行申报表格的数据填录。灰色的部分是在我们填写数据后自动生成数据的区域，不能直接填写，如图 9.16 所示。

（6）增加行次。填写报表时，当默认行都已填写完成后，仍需添加报表行次时，单击工具栏中"增加行次"，逐行增加。

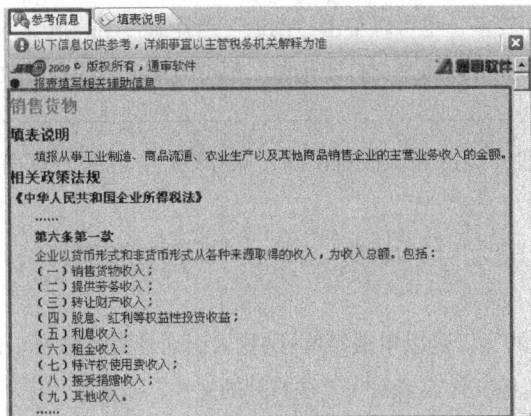

图 9.14 年度所得税申报表 参考信息

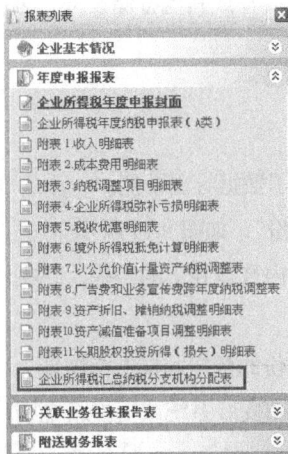

图 9.15 年度所得税申报表 报表列表

图 9.16 年度所得税申报表 填写

（7）删除行次。当需要删除行次时，单击"删除"按钮即可。若当前行次为报表最低限额的行次，则需添加一行，再将需要删除的行次进行删除。

小贴士：当填报数据时，软件报表上方操作提示条，会针对用户当前进行的操作做出相关提示及说明，方便用户通过此信息获得相关的帮助，更加顺利地进行申报。

4．税务报表的输出

（1）保存

在填写报表的过程中，一定要记得随时对数据进行保存，防止意外造成丢失数据，比如计算机故障。

（2）打印

打开当前要打印的申报表，单击"打印"按钮，可以直接打印输出纸制报表。默认的排版是 A4 大小，非常方便。

如果打印的报表较多，也可以单击"批量"选择需打印的报表，进行批量打印。

像处理文档一样，可以通过"打印预览"预览当前报表的打印效果。

（3）申报

当数据填写完成，经过确认核对正确，保存以后，在报表页面下单击工具栏中的"申报"。

这时会弹出"另存为"的对话框，在该对话框选择相应的路径，将申报的文件进行保存。

"另存为"申报的文件是以申报年度+纳税人识别号为名称的*.zip 格式的文件。注意，生成的是一个压缩文件或者一个无法打开的文件，不要解压缩，或者对它进行任何的改变，比如擅自改变名字，否则会导致无法顺利申报。

接下来我们只要把生成的申报文件完整地保存到移动 U 盘或其他存储设备，再拷贝到主管税务机关相应工作人员处即可。

5．数据管理功能

（1）备份文件

为方便我们保存现有的申报数据，电子报税系统提供了数据导出功能。

打开软件纳税人管理界面，单击"纳税人"下的"备份"，如图 9.17 所示。

单击备份以后会弹出"另存为"对话框，在保存区域内选择导出的路径，在文件名处修改导出数据的名称。

备份后的文件和申报文件一样为*.zip 格式的文件（备份的数据同样支持恢复）。

一般在需要重新安装软件，或者电脑出现问题需要重新安装系统或更换新电脑，备份数据时使用备份功能。

（2）数据恢复

备份的文件可以进行数据恢复。打开软件后，在纳税人管理界面的工具栏选择"恢复"，如图 9.18 所示。

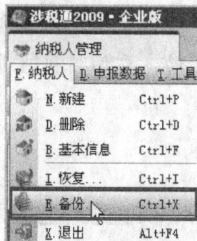

图 9.17　年度所得税申报表 备份	图 9.18　年度所得税申报表 恢复

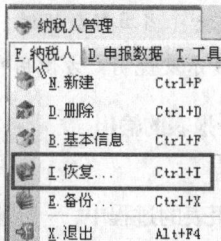

然后在弹出的导入数据对话框，选择导入数据的路径，单击"恢复"弹出"导入数据"对话框，选定导入范围，确定后，在纳税人列表即可显示导入的数据。

（3）输出 Excel

为了能更好地阅读与打印输出报表，我们通常会先输出 Excel 表格的形式。其操作如下。

打开申报输出的数据，在报表列表中选择要输出的申报表，单击工具栏中的输出 Excel 图标。

弹出导出对话框，选择导出路径并填写文件名称，单击保存即完成输出 Excel。

（4）审核功能

在填写报表数据的过程中，电子申报系统软件本身会针对所填录的数据进行初步的自动审核，以避免填写过程中可能发生的错误。

填写完数据并保存后，电子报税系统会自动对已填录的数据进行全面的审核，自动校验填列数据的完整性、表内及表间的逻辑与勾稽关系。

在审核过程中发现的问题有"错误""疑点"和"提示"，"错误""疑点"及"提示"的详细信息会显示在报表下方的审核结果列表当中。

通过这些"错误""疑点"及"提示"的提示，我们能够清楚地了解当前填报数据的问题所在，并且通过单击这些"错误""疑点"及"提示"的相应条目，获得相关提示，能够快速定位发生问题的报表位置。

如果经过修改和核对，在审核过程中未发现任何"疑点"和"错误"，在软件审核列表中将显示"所有数据已通过软件审核"，说明填报的数据是正确的。

审核错误信息如图 9.19 所示。

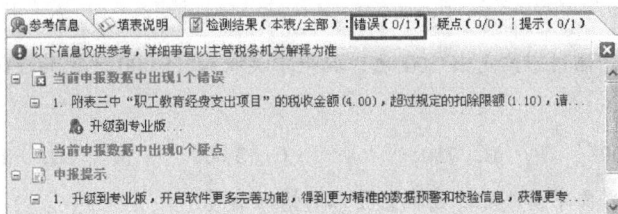

图 9.19 年度所得税申报表 审核

小贴士：在审核中出现的"错误""疑点"及"提示"我们需要针对实际情况修改，并不影响申报功能，也就是说并非全部都要审核通过才能申报报表。审核只是提供参考作用。

9.7 本章练习

一、选择题

1. 按照税收的征收权限和收入支配权限分类，可以将我国税种分为中央税、地方税和中央地方共享税。下列各项中，属于中央地方共享税的有（　　）。

　　A. 增值税　　　B. 土地增值税　　　C. 企业所得税　　　D. 印花税

2. 我国个人所得税中的工资薪金所得采取的税率形式属于（　　）。

    A. 比例税率   B. 超额累进税率   C. 超率累进税率   D. 全额累进税率

3. 企业所得税的税率形式是（　　）。

    A. 累进税率   B. 定额税率   C. 比例税率   D. 其他税率

4. 下列各项中，应计入增值税的应税销售额的有（　　）。

    A. 向购买者收取的包装物租金

    B. 向购买者收取的销项税额

    C. 因销售货物向购买者收取的手续费

    D. 因销售货物向购买者收取的代收款项

5. 某一般纳税人购进货物的进项税额为 1 200 元，购进固定资产的进项税额为 300 元。已知该企业适用的增值税税率为 17%，则该一般纳税人可抵扣的进项税额为（　　）元。

    A. 1 200   B. 1 500   C. 300   D. 900

6. 某增值税一般纳税人企业采购原材料支付运杂费共计 1 000 元，取得的运输发票上注明运输费 800 元、保险费 100 元、装卸费 100 元。可抵扣的进项税额为（　　）元。

    A. 56   B. 70   C. 77   D. 88

7. 某商场，本月向消费者零售货物，销售额为 23.4 万元。本月购进甲货物，取得增值税专用发票，进项税额为 1.4 万元，同时，购进乙货物，取得普通发票，增值税额为 0.8 万元。该企业适用的增值税税率为 17%，则该企业本月应纳增值税税额为（　　）万元。

    A. 1.2   B. 2.58   C. 1.64   D. 2

8. 王某购买福利彩票支出 500 元，取得中奖收入 15 000 元，其应纳个人所得税为（　　）元。

    A. 2 900   B. 750   C. 3 000   D. 725

9. 纳税人需要申请办理注销税务登记的情况有（　　）。

    A. 解散   B. 破产   C. 撤销   D. 暂停营业

10. 根据个人所得税法律制度的规定，下列从事非雇佣劳动取得的收入中，应按"稿酬所得"税目缴纳个人所得税的是（　　）。

    A. 审稿收入   B. 翻译收入   C. 题字收入   D. 出版作品收入

11. 郑某 2016 年 3 月在某公司举行的有奖销售活动中获得资金 12 000 元，领奖时发生交通费 600 元、食宿费 400 元（均由郑某承担）。在颁奖现场郑某直接向某大学图书馆捐款 3 000 元。已知偶然所得适用的个人所得税税率为 20%，郑某中奖收入应缴纳的个人所得税税额为（　　）元。

    A. 0   B. 1 600   C. 1 800   D. 2 400

12. 根据印花税法律制度的规定，下列各项中，不征收印花税的是（　　）。

    A. 工商营业执照   B. 房屋产权证   C. 土地使用证   D. 税务登记证

二、实践题

1. 中天科技有限责任公司 2016 年 10 月 1 日成立。税务信息主要有：经营地点是北京市朝阳区海丰路 5 号；生产经营范围是从事网络科技产品领域内的技术开发、技术转让、技术咨询、技术服务，电子产品及配件的安装销售、网络技术服务、企业管理咨询、办公用品的销售等；从业人数为 15 人；注册资本为 300 万元；开户银行名称是建设银行三原支行；银行账号是 4569213587524698；法人代表为张浩；财务负责人是李敏；办税人是嘉颖；国税档案号是 4561398；地税档案号为 568721；纳税人识别号是 9111010865235476；组织机构代码是 65235476；生产经营期限至 2036 年 9 月 30 日。根据上述信息填写下表。

税务登记表（适用单位纳税人）

国税档案号：　　　　　　　地税档案号：　　　　　　　填表日期：

纳税人名称			纳税人识别号		
登记注册类型			批准设立机关		
组织机构代码			批准设立证明或文件号		
开业（设立）日期		生产经营期限	证照名称		证照号码
注册地址		邮政编码		联系电话	
生产经营地址		邮政编码		联系电话	
核算方式	请选择对应项目打"√" □独立核算 □非独立核算		从业人数	＿＿＿其中外籍人数＿＿＿	
单位性质	请选择对应项目打"√" □企业 □事业单位 □社会团体 □民办非企业单位 □其他				
网站网址		国标行业	□□　　□□　　□□　　□□		
适用会计制度	请选择对应项目打"√" □企业会计制度 □小企业会计制度 □金融企业会计制度 □行政事业单位会计制度				
经营范围	请将法定代表人（负责人）身份证件复印件粘贴在此处。				

联系人	姓名	身份证件		固定电话	移动电话	电子邮箱
		种类	号码			
法定代表人（负责人）						
财务负责人						
办税人						

税务代理人名称	纳税人识别号		联系电话		电子邮箱

注册资本或投资总额	币种	金额	币种	金额	币种	金额

续表

投资方名称	投资方经济性质	投资比例	证件种类	证件号码	国籍或地址

自然人投资比例		外资投资比例		国有投资比例	
分支机构名称		注册地址		纳税人识别号	

总机构名称		纳税人识别号	
注册地址		经营范围	
法定代表人姓名		联系电话	注册地址邮政编码
代扣代缴、代收代缴税款业务情况	代扣代缴、代收代缴税款业务内容		代扣代缴、代收代缴税种

附报资料:

经办人签章:	法定代表人（负责人）签章:	纳税人公章:
＿＿年＿＿月＿＿日	＿＿年＿＿月＿＿日	＿＿年＿＿月＿＿日

以下由税务机关填写:

纳税人所处街乡				隶属关系	
国税主管税务局		国税主管税务所（科）		是否属于国税、地税共管户	
地税主管税务局		地税主管税务所（科）			

经办人(签章): 国税经办人: ＿＿＿＿＿ 地税经办人: ＿＿＿＿＿ 受理日期: ＿＿年＿＿月＿＿日	国家税务登记机关（税务登记专用章）: 核准日期: ＿＿年＿＿月＿＿日 国税主管税务机关:	地方税务登记机关（税务登记专用章）: 核准日期: ＿＿年＿＿月＿＿日 地税主管税务机关:
国税核发《税务登记证副本》数量: ＿＿本	发证日期: ＿＿年＿＿月＿＿日	
地税核发《税务登记证副本》数量: ＿＿本	发证日期: ＿＿年＿＿月＿＿日	

国家税务总局监制

<h1 style="text-align:center">填 表 说 明</h1>

一、本表适用于各类单位纳税人填用。

二、从事生产、经营的纳税人应当自领取营业执照，或者自有关部门批准设立之日起 30 日内，或者自纳税义务发生之日起 30 日内，到税务机关领取税务登记表，填写完整后提交税务机关，办理税务登记。

三、办理税务登记应当出示、提供以下证件资料。

（1）工商营业执照或其他执业证件、批准成立证书（原件或副本原件、复印件）。

（2）注册地址及生产、经营地址证明包括产权证、房屋无偿使用证明、租赁协议等：①自有房产，提供产权证或买卖契约等合法的产权证明（原件、复印件）；②租赁场所，提供租赁协议（原件、复印件），出租人为自然人的还须提供产权证明（复印件）或其他合法证明；③生产、经营地址与注册地址不一致，分别提供相应合法证明；④无偿使用的，提供房屋无偿使用证明。

（3）组织机构统一代码证书副本（原件、复印件）。

（4）有关合同、章程或协议书（复印件）。

（5）法定代表人（负责人）居民身份证、护照（含翻译件）或其他证明身份的合法证件（原件、复印件）。

（6）纳税人跨区县设立的分支机构办理税务登记时，还须提供总机构的税务登记证（国、地税）副本（复印件）。

（7）改组改制企业还须提供有关改组改制的批文（原件、复印件）。

（8）汽油、柴油消费税纳税人还需提供：①企业基本情况表；②生产装置及工艺路线的简要说明；③企业生产的所有油品名称、产品标准及用途。

（9）外商投资企业还需提供商务部门批复设立证书（原件、复印件）。

（10）税务机关要求提供的其他证件资料。

四、纳税人应向税务机关申报办理税务登记。完整、真实、准确、按时地填写此表。

五、使用碳素或蓝墨水的钢笔填写本表。

六、本表一式二份。税务机关留存一份，退回纳税人一份（纳税人应妥善保管，验换证时需携带查验）。

七、纳税人在新办或者换发税务登记时应报送房产、土地和车船有关证件，包括房屋产权证、土地使用证、机动车行使证等证件的复印件。

八、表中有关栏目的填写说明。

（1）"纳税人名称"栏：指《企业法人营业执照》或《营业执照》或有关核准执业证书上的"名称"。

（2）"身份证件名称"栏：一般填写"居民身份证"，如无身份证，则填写"军官证"、"士兵证"、"护照"等有效身份证件。

（3）"注册地址"栏：指工商营业执照或其他有关核准开业证照上的地址。

（4）"生产经营地址"栏：填办理税务登记的机构生产经营地地址。

（5）"国籍或地址"栏：外国投资者填国籍，中国投资者填地址。

（6）"登记注册类型"栏：即经济类型，按营业执照的内容填写；不需要领取营业执照的，选择"非企业单位"或者"港、澳、台商企业常驻代表机构及其他"、"外国企业"；如为分支机构，按总机构的经济类型填写。

2. 中天科技公司的财务负责人由李敏变为张慧。根据"税务登记表"中的信息，填写下表。

变更税务登记表

纳税人名称		纳税人识别号		
国税档案号码		地税计算机代码		
变更登记事项				
序号	变更项目	变更前内容	变更后内容	批准机关名称及文件
送缴证件情况：				
纳税人				
经办人：　　　　　　法定代表人（负责人）：　　　　　　纳税人（签章） 　　　年 月 日　　　　　　　年 月 日　　　　　　　年 月 日				
经办主管税务机关审核意见：				
经办人：　　　　　　负责人：　　　　　　税务机关（签章） 　　　年 月 日　　　　　　　年 月 日　　　　　　年 月 日				

注：本表一式二份，税务机关与纳税人各执一份。

使用说明

一、本表适用于各类纳税人变更税务登记填用。

二、报送此表时还应附送如下资料：

（一）税务登记变更内容与工商行政管理部门登记变更内容一致的应提交：

（1）工商执照及工商变更登记表复印件；

（2）纳税人变更登记内容的决议及有关证明文件；

（3）主管税务机关发放的原税务登记证件（税务登记证正、副本和税务登记表等）；

（4）主管税务机关需要的其他资料。

（二）变更税务登记内容与工商行政管理部门登记内容无关的应提交：

（1）纳税人变更登记内容的决议及有关证明、资料；

（2）主管税务机关需要的其他资料。

三、变更项目：填需要变更的税务登记项目。

四、变更前内容：填变更税务登记前的登记内容。

五、变更后内容：填变更的登记内容。

六、批准机关名称及文件：凡需要经过批准才能变更的项目须填写此项。

3. 中天科技公司由于不正当经营，被工商部门吊销了营业执照，需注销税务。根据有关资料，填写下表。

注销税务登记申请审批表

纳税人名称		纳税人识别号		
注销原因				
附送资料				
纳税人				
	办税员： 年　月　日	法定代表人（负责人）： 年　月　日		纳税人（签章） 年　月　日
以下由税务机关填写				
受理时间	经办人： 　　　　年　月　日	负责人： 　　　年　月　日		
清缴税款、滞纳金、罚款情况	经办人： 　　　　年　月　日	负责人： 　　　年　月　日		
缴销发票情况	经办人： 　　　　年　月　日	负责人： 　　　年　月　日		

续表

税务检查意见	检查人员：		负责人：	
	年 月 日		年 月 日	
收缴税务证件情况	种类	税务登记证正本	税务登记证副本	临时税务登记证正本	临时税务登记证副本
	收缴数量				
	经办人：		负责人：		
			年 月 日		
批准意见	部门负责人：		税务机关（签章）	
	年 月 日		年 月 日	

使 用 说 明

一、本表依据《征管法实施细则》第十五条设置。

二、适用范围：纳税人发生解散、破产、撤销、被吊销营业执照及其他情形而依法终止纳税义务，或者因住所、经营地点变动而涉及改变税务登记机关的，向原税务登记机关申报办理注销税务登记时使用。

三、填表说明。

（1）附送资料：有关注销的文件和证明资料。

（2）清缴税款、滞纳金、罚款情况：纳税人结清应纳税款、滞纳金、罚款后，由征收人员签署意见。

（3）缴销发票情况：纳税人缴销发票领购簿及全部发票后，由发票发售人员签署意见。

（4）税务检查意见：检查人员对需要清查的纳税人，在纳税人缴清查补的税款、滞纳金、罚款后签署意见。

（5）收缴税务证件情况：由登记人员在相应的栏内填写收缴数量并签字确认，收缴的证件如果为"临时税务登记证"，添加"临时"字样。

四、本表为 A4 型竖式，一式二份，税务机关一份，纳税人一份。

第10章　社保操作指南

开立公司，聘请员工，一定会涉及按照国家的规定给予员工福利待遇的问题，也就是我们需要了解怎么给员工办理和变更、注销社会保险和住房公积金。

10.1　办理社会保险登记的原则

我们先来了解一下，办理社会保险登记的原则和相关规定。

根据相关规定，参加社会保险的单位，必须办理社会保险登记。参加社会保险的单位，未办理社会保险登记的，应补办社会保险登记手续。

小贴士：2016 年 10 月 1 日起，全国范围内推行"五证合一"登记制度，即由工商行政管理部门核发加载法人和其他组织统一社会信用代码(以下称统一代码)的营业执照，社会保险登记证和统计登记证不再另行发放。2018 年前 1 月 1 日前，原发证依然有效，过渡期结束后一律使用加载统一信用代码的营业执照。

社会保险登记证（未"五证合一"）的内容如表 10.1 所示。

表 10.1　　　　　　　　社会保险登记证（未"五证合一"）

单位名称： Name of establishment	验证记录 Verification records		
住所（地址）： Venue of establishment	验证机构： Verifying agency	年 月 日	
法定代表人（负责人）： Legal representative(Person in charge)	验证机构： Verifying agency	年 月 日	

组织机构统一代码： Unified code of organization	验证机构： Verifying agency	年 月 日
有效期限： Duration of validity		
发证机构： Issued by	验证机构： Verifyiny agency	年 月 日
发证日期： Date of issue		

我们应当自领取统一信用代码营业执照或成立之日起 30 天内，向所属社保经办机构申请社会保险登记（这取决于我们所属的行政区域），然后建立公司职工的缴费信息数据库，为职工缴纳社会保险。

【例 10-1】下列选项中不属于社会保险的基本原则的是（ ）。

A. 待遇水平与生产力发展水平相适应

B. 权利与义务相对应

C. 强制性

D. 公平与效率相统一

【答案】C。强制性属于社会保险的性质特征。

10.2 企业新参保业务

企业为员工缴纳保险是劳动法规定的，为员工参保是企业的义务，也是员工的基本福利。下面我们来了解一下，怎么办理企业新参保业务。

10.2.1 新参加保险登记的准备工作

办理社会保险登记，需要准备以下资料。

（1）根据单位的不同性质，提供以下证件（都需要原件和复印件，复印件需要加盖单位公章）。

① 事业单位，提供主管部门颁发的事业单位法人登记证。

② 社会团体，提供民政主管部门颁发的社会团体法人登记证。

③ 企业单位，提供工商行政管理部门颁发的统一信用代码营业执照。

④ 如果是外地单位派驻的分支机构要在当地缴纳社保，则需要提供主管部门颁发的机构登记证。

⑤ 股份制企业，提供工商部门或会计师事务所出具的注资证明。

⑥ 主管部门实在不明确或情况复杂的，还需提供工商部门或会计师事务所出具的"验资报告"或由主管部门同意成立的批文。

（2）登录所属省（市）社会保险网上服务平台（简称网上平台），依相关要求和提示进行新参保单位信息网上申报。录入登记信息并提交确认后，打印"社会保险单位信息登记表"（一式两份）。

（3）持新营业执照到社会保险合作银行办理开户手续，按照"银行缴费"方式，签订银行缴费协议书（一式两份）。

（4）开户许可证原件及复印件。

（5）"新参保人员登记表"并且加盖公章。

（6）参保人员的身份证复印件（需要注意的是，如果是第二代身份证需要正、反两面复印）

以上所提供的复印件均需用 A4 纸复印并加盖单位公章，并且要和原件核对无误。

参保单位基本信息表内容如表 10.2 所示。

同时，还需要填写社会保险申报表（基本内容），说明参保职工的一些基本情况，包括姓名、性别、身份证号码、参保时间、职务等。该表一般由参保员工自行填写，内容如表 10.3 所示。

申报缴纳单位社保的时候，还需要填写保险申报（明细）表，而且有的社保局要求这个表在以后每月申报的时候，都需要报送。所以这个表一定要仔细核对，特别是有人员变动的情况下，应该先做变更，再上报此表。

表 10.2 参保单位基本信息表

填报单位（盖章）

填表人：

单位类型	□企业 □城镇大集体 □工业园区 □农垦企业 □全额拨款事业 □差额拨款事业 □自收自支拨款事业 □其他			
隶属关系	□中央 □省 □市、地区 □区 □县 □街道 □镇 □乡 □居民委员会 □村民委员会 □军队 □其他		组织机构 代码	
所在乡镇街道				
所在社区或村		单位名称		
单位状态	□登记（未参保） □参保 缴费 □暂停（中断）缴费 □终 止参保	缴费单位 名称		
采用岗位平均 工资	□采用市岗位平均 工资	参保方 式	□单位参保	事业单位经费来源
单位地址			邮政编码	
工商登记执照 种类	工商登记执照号码		工商登记发照日期	
法定代表人 姓名	法定代表人证件号码		法定代表人电话与 手机	电话： 手机：
缴费单位专管 员姓名	专管员所在部门		缴费单位专管员电 话与手机	电话： 手机：
缴费开户银行 行号	缴费银行户名		缴费银行基本账号	
养老保险缴费 及待遇计发 标准	□城镇一般企业 □省属 12 家农 垦企业 □新参保农垦企业 □三类事业单 位 □其他		单位破 产性质	□无 □因资源枯竭而关闭破产的中央所属 核工业矿 □原中央所属现已下放地方管理的煤 矿及有色金属矿 □地处深山职工再就业困难的三线企业 □国务院批准的全国破产项目

表 10.3　　　　　　　　　　保险申报（明细）表

姓　　名				性别		文化程度		出生年月	
身份证号码									
首次缴费参保时　　间						联系电话			
户口所在地									
本人履历（从入学起）									

起始年月	在何地、何部门就业（读）		任何职务	证明人	备　　注

配偶及家庭主要成人员情况	姓　　名	与本人关　　系	出生年月	文化程度	所在单位及职务	工资收入

申请人签名（盖章）： 　　　　　年　　月　　日	社保局审核意见	社保局盖章 年　　月　　日

10.2.2　新参加保险登记的办理程序

在准备好相关的资料以后我们就可以去当地的社保局窗口办理登记了。

（1）社会保险经（代）办机构审核相关材料及数据准确性。审核通过的，在两份登记表、协议书上签字盖章并返还企业一份，连同上述复印件一并留存，完成企业参加社会保险登记工作。

（2）由社会保险经办机构通过政府信息共享平台直接获取该单位社会保险登记信息，进行系统参保登记后，用人单位即可直接办理职工社会保险正常的基数申报、缴费及待遇领取等手续，社保经办机构不再为用人单位核发《社会保险登记证》。

（3）企业完成参加社会保险登记工作后，可办理单位社会保险网上申报数字证书申请、激活或已有数字证书的授权业务。

（4）根据地区规定的不同，程序有所不同。

（5）在办理完成以后，我们应核对银行账户，按月予以缴纳各项社会保险费。

🔖 小贴士：全面推行"五证合一"政策后，各地社会保险登记程序有所不同。视地区而定，可在办理前先打电话咨询或到办理机构咨询相关人员。

10.3 企业社会保险变更和年检

在企业参保以后，经常会发生社会保险信息的改变，需要进行社会保险的变更。此外，每年还应参加社会保险部门的年检。本节介绍社会保险变更和年检的流程。

10.3.1 单位社会保险的变更

"五证合一"，简化了社会保险的繁杂程序，企业在工商局变更登记信息如企业名称、类型、住所、法定代表人时，社会保险管理机构会同步更新企业信息。企业发生登记信息变更后，到工商部门办理登记信息变更即可，不需再到社保部门办理。

社会保险信息系统按日接收企业的变更注册信息，更新相应的社会保险登记信息。企业不需向社会保险经办机构申报注册信息变更。企业其他社会保险登记事项发生变更，应及时向社会保险经（代）办机构申报变更。

10.3.2 单位社会保险证的年检

2016 年 10 月 1 日起，取消企业《社会保险登记证》年审和换证制度，原来社会保险登记证验证时要求企业填报的参加社会保险人数等信息，纳入企业年度报告，由企业自行向工商部门报告并向社会公示。

10.4 单位整体转入、转出业务

在登记完社会保险以后，如果企业工商注册地址发生了变化，则应该将企业社保从原来的社保局转出，然后转入新地址所属的社保局。

办理转入或转出的时间根据当地所属社保局的规定有所不同。比如北京地区规定，应该在当月的 23～25 日办理单位整体的转入或转出。

10.4.1　社会保险的整体转入

办理社保转入的时候一般需要提交以下材料（以北京地区为例）。

（1）由转出区县审核盖章后的"北京市社会保险单位信息变更登记表"一份；

（2）"社会保险登记证"原件或统一信用代码营业执照原件及复印件；

（3）单位与开户银行重新签订无合同号的"北京市同城特约委托收款付款授权书"复印件一份（在原区县选择银行缴费途径的单位无需提供）。

🪶**小贴士**：办理整体跨区转入的单位若在原区县选择社保缴费，转入时选择银行缴费，则需另外提交以下材料。

① "北京市社会保险费银行缴费协议"一式二份；

② 与开户银行签订的缴费协议或"银行缴费合作意向书"复印件一份；

③ 开户许可证（基本户）或"开立单位银行结算账户申请书"复印件（一般户）一份。

10.4.2　社会保险的整体转出

在办理转出的时候一般需要提交以下材料（以北京地区为例）。

（1）"北京市社会保险单位信息变更登记表"一式三份；

（2）"统一信用代码营业执照"副本复印件一份。

🪶**小贴士**：在单位结清了所有应该缴纳的费用以及医药费报销完毕的情况下才可以办理整体转出手续；医疗保险手续齐全后由所属社保中心开具"基本医疗保险关系跨区转移证明"办理转出。

10.5　企业社会保险注销登记

如果单位发生解散、破产、撤销、合并、被吊销营业执照以及其他终止营业的情形，需要终止社会保险缴费义务时，应该从发生注销登记事项之日起 30 天内向所属社保经办机构申请注销登记。

申请注销登记时须填写"单位信息登记变更表"，并提供相关证明材料，经社保经办机构审核后为我们办理注销社会保险登记手续，并收回"社会保险登记证"。

和转出手续一样，在办理注销社会保险登记前，也应该结清应缴的社会保险费和滞纳金等费用，结清医疗费的报销等。

10.6　住房公积金如何办理

首先，企业要决定用什么方式办理住房公积金汇缴，这决定了企业办理住房公积金的方式。一般来说，办理住房公积金有以下的汇缴方式。

（1）由企业的出纳人员开具转账支票予以缴存，或者直接通过现金方式缴存。

（2）由企业的出纳人员采用银行汇款的方式予以缴存。

（3）直接和银行签订协议，委托银行收款方式予以缴存。

10.6.1　转账支票和现金的汇缴方式

如果企业决定以转账支票或现金方式来进行汇缴，那么办理住房公积金登记和汇缴的程序如下。

（1）先到所属地区的住房公积金管理中心领取登记表，申请缴纳住房公积金。填好单位的基本情况，选择好缴纳的比例，盖上单位公章。在登记办理完成以后我们需要报送职工的姓名、身份证号、性别、工资金额和公积金的缴存金额。

（2）企业应当于每月发放职工工资之日起 5 日内将单位缴存的和为职工代扣代缴的住房公积金按时足额汇缴到住房公积金管理中心。办理的流程是，填制住房公积金管理中心统一印制的"住房公积金汇缴书"（一式三份）及与"住房公积金汇缴书"汇缴金额一致的转账支票或"现金送款簿"。

小贴士：这里的一致，就是说无论金额多一分还是少一分，都不行，在实际工作中，单位缴费不同于个人缴费，不要存有金额的零头可以四舍五入的想法。

（3）如果汇缴职工的人数了变化，需要填写住房公积金管理中心统一印制的"住房公积金汇缴变更清册"，以及与人员变更后应汇缴金额一致的"住房公积金汇缴书"和转账支票。"住房公积金汇缴书"中"增加人数""增加金额""减少人数""减少金额"栏与"住房公积金汇缴变更清册"中相应栏目一致。在汇缴时，应该先办理变更，再按照变更后的金额进行汇缴。但是在办理变更前应该先结清拖欠的住房公积金金额。

（4）在汇缴业务确认后，住房公积金管理中心的人员会打印"住房公积金汇缴书"一式两份，盖章后一份交给我们留底。

如果单位在一年内有多个月份的住房公积金都没有缴纳，那么必须填写多份需要缴纳的月份的汇缴书（汇缴书必须按月填写，不能合并填写），然后按照需要缴纳的多个月份的总数开出支票予以汇缴。

"住房公积金汇缴书"的样式如表 10.4 所示。

表 10.4   **住房公积金汇缴书**

No.

年 月 日 附变更清册 张

单位全称													
单位登记号		资金来源：□财政 □自筹					汇缴 年 月						
汇 缴 金 额 （大写）		千	百	十	万	千	百	十	元	角	分		
上月汇缴 本月增加 本月减少 本月汇缴 人数 人数 人数 人数 金额 金额 金额 金额													
支票号码：			备注：										

单位主管：复核：制单：

填写说明：

1. "住房公积金汇缴书"一式两联，为无碳复写凭证，第一联住房公积金管理中心留存作为记账凭证，第二联作为单位存根备查。

2. 部分行政事业单位既有财政统发又有单位自筹汇缴住房公积金的，需将财政统发部分和单位自筹部分分别填制"住房公积金汇缴书"。

3. "住房公积金汇缴书"中各项内容应准确完整填写。

汇缴书后所附的"住房公积金汇缴变更清册"的内容如表 10.5 所示。

表 10.5   **住房公积金汇缴变更清册**

年 月份

单位全称（盖章）：

单位登记号：   第 页 共 页

					本月增加汇缴 （新增职工开户）				本月减少汇缴 （职工调出、封存、销户）						
序号	职工编号	职工姓名	证件名称	证件号码	缴存基数	住房公积金月缴存额（元）			序号	职工姓名	证件名称	证件号码	减少原因	住房公积金月缴存额（元）	
						个人	单位	合计						个人	单位	合计
本页小计			人数	金额			本页小计				人数	金额			
				个人	单位	合计						个人	单位	合计	
首页填写	本月增加 汇缴合计						本月减少 汇缴合计								

单位主管：   复核：   制表：   制表日期：年 月 日

填写说明：

1. "住房公积金汇缴变更清册"一式两份，加盖单位印章，一份单位留存，一份报管理中心。

2. "住房公积金汇缴变更清册"中"增加人数合计""增加金额合计""减少人数合计""减少金额合计"应与"住房公积金汇缴书"中相应栏目一致。

3. "住房公积金汇缴变更清册"中各项内容应准确完整填写。

10.6.2　银行汇款的汇缴方式

银行汇款方式办理汇缴的方法如下。

（1）填制"单位汇款缴存公积金备案表"，交到住房公积金管理中心所属管理部门。

"单位汇款缴存公积金备案表"样式如表10.6所示。

表10.6　　　　　　　　　　单位汇款缴存公积金备案表

单位汇款缴存公积金备案表

收款信息	收款人			
	收款账号			
	开户行			
付款信息	汇款单位		缴存单位	
	汇款账号		单位登记号	
	开户行		管理部编号	
经办人：单位签章：			接柜：管理部签章：	

年　　月　　日

填写说明：

1. 单位填制"单位汇款缴存公积金备案表"，一式两份，一份由管理部盖章后单位留存，一份报管理部。

2. "单位汇款缴存公积金备案表"中的"收款信息"，由住房公积金管理中心会计处为所属管理部指定，单位不填。

（2）在办理好上述事项后，应该将缴存的公积金款项汇入住房公积金管理中心指定的住房公积金银行专户，汇款单中的收款人栏填写"住房公积金管理中心"，收款银行及账号填写住房公积金管理中心指定的收款银行及账号，并在汇款单空白处（一般是汇款单的上方）注明单位登记号、管理编号及汇缴月份。

（3）住房公积金管理中心收到汇款后与"单位汇款备查簿"核对，无误后计入单位暂存款，通过系统查询已收款后，会通知单位。单位持"住房公积金汇缴书"，有变更的还需持"住房公积金汇缴变更清册"（需要加盖单位公章），"单位汇款缴存公积金备案表"（需要加盖单位公章），到管理部办理汇缴分配，将已缴存的住房公积金计入个人账户。汇缴办理完毕以后，单位收到"住房公积金汇缴书""住房公积金汇缴变更清册"各一份留底。

10.6.3　委托银行收款的汇缴方式

以委托银行收款方式办理住房公积金汇缴的方式如下。

（1）单位与住房公积金管理中心签署由住房公积金管理中心统一印制的"委托银行收款缴交住房公积金协议"，写明单位的开户银行账户，加盖单位公章。

（2）凭以上协议，到单位的开户银行与开户银行签订"委托收款付款授权书"。

（3）在完成单位、银行、住房公积金的三方协议后，就可以办理委托收款业务了。单位每一个月与住房公积金管理中心做委托收款确认，主要是人员变更问题，如果有人员变更，和前面的几种汇缴方式一样，单位需要上报"住房公积金汇缴变更清册"。

（4）在办理好前面几步以后，住房公积金管理中心会每个月定期通过系统汇总委托收款信息，办理银行托收。并且在收款后，如果成功，住房公积金管理中心会计处根据银行提供的"委托收款结算凭证"收款联，将托收款项计入单位暂存款，再办理住房公积金汇缴分配，将汇缴金额计入个人账户，并将"住房公积金汇缴书"和"住房公积金汇缴变更清册"盖章后一份退给单位留底。如果由于金额不对户或者银行的账户等原因，银行托收没有成功，会通知单位收款失败，让单位核对重新办理托收手续。

10.7　职业实践经验

企业为员工参加和缴纳社会保险以后还需要为员工提供一些相关的服务，下面予以介绍。

10.7.1　怎样为职工提供单位参保证明

在办理很多单位以及个人业务的时候，比如资信证明、转移户口、购买房屋等，都需要提供社保缴纳证明。下面我们来看一下怎么开具参保证明。

开具参保证明需要单位介绍信（盖单位公章）和经办人员身份证原件，当月的缴纳社保费用的收据，以及需要参保证明的职工的身份证复印件。

可以开出参保证明的地点是，街道社会事务服务中心或所属区社保服务大厅。

10.7.2　办理单位参保人员的社保卡

在单位成功登记社保以后，需要为每位参保人员登记制作社保卡。制作社保卡需要"社会保险人员增加表"，也就是参保人员明细，然后填写"社保卡登记制作单"。登记制作以后，需要缴纳一定的制卡费用（有的地区免除费用）。一般要等待一定的工作日，才能领取到社保卡。

领取到社保卡的时候，可以看到，卡片的背面写着参保职工的姓名、身份证号和社保编号，还有一个相应的密码信封。这需要我们仔细核对，并且确认信封没有被开启，核对无误后转发给每一位职工。

有的时候社保卡会出现损坏，不能刷卡，这个时候就需要重新加磁。

给社保卡加磁须持社保卡及本人身份证原件，到所属社保局给卡片重新加磁。如果社保卡丢失，则应该持本人身份证予以挂失，并且申请重新办理。

10.8　本章练习

一、选择题

1. 用人单位应当自注册成立之日起（　　）日内，办理社会保险。

A. 20　　　　　B. 30　　　　　C. 60　　　　　D. 90

2. 当企业发生解散、破产、撤销、合并、被吊销营业执照以及其他终止营业的情形，需要终止社会保险缴费义务时，应该从发生注销登记事项之日起（　　）天内向所属社保经办机构申请注销登记。

A. 20　　　　　B. 30　　　　　C. 60　　　　　D. 90

3. 原"社会保险登记证"使用期限截止到（　　）。

A. 2016 年 10 月 1 日　　　　　　B. 2017 年 1 月 1 日

C. 2018 年 12 月 31 日　　　　　D. 2018 年 1 月 1 日

4. 住房公积金汇款的汇缴方式有（　　）。

A. 现金　　　　B. 转账支票　　　　C. 银行汇票　　　　D. 商业汇票

5. 我们应当于每月发放职工工资之日起（　　）日内将单位缴存的和为职工代扣代缴的住房公积金按时足额汇缴到住房公积金管理中心。

A. 5　　　　　B. 10　　　　　C. 15　　　　　D. 20

6. 不属于必要劳动和个人消费品的分配范畴的是（　　　）。

    A. 社会福利　　　　　　　　　　B. 社会保险

    C. 工资　　　　　　　　　　　　D. 补贴

7. 生育保险待遇不包括（　　　）。

    A. 假期　　　　　　　　　　　　B. 补偿

    C. 津贴　　　　　　　　　　　　D. 报销

8. 非自愿性失业包括（　　　）。

    A. 制度性失业　　　　　　　　　B. 摩擦性失业

    C. 周期性失业　　　　　　　　　D. 季节性失业

    E. 结构性失业

9. 单位合并、分立、撤销、解散或者破产的，应当自发生上述情况之日起（　　　）内到住房公积金管理中心办理变更登记或者注销登记。

    A. 10 日　　　　　　　　　　　B. 30 日

    C. 60 日　　　　　　　　　　　D. 90 日

10. 符合提取住房公积金情形的职工，应持单位出具的证明及有关材料向所在地管理中心提出提取申请。管理中心经审核准予提取的，应在受理申请之日起（　　　）日内办结提取手续。

    A. 3　　　　　　B. 5　　　　　　C. 7　　　　　　D. 10

二、实践题

1. 完整填写新参加保险登记的办理程序。

2. 根据资料填写社会保险单位信息登记表。

资料：2016 年 8 月，北京西游科技有限公司注册登记手续已办完，现欲进行社保开户。公司信息如下：统一信用代码证号为 910026542311265JE2；发照日期为 2016 年 8 月 1 日，有效期 20 年；注册地址为北京市海淀区中关村东路 112 号；公司电话为010-82523647。

法人王五的个人信息如下：身份证号为 110152197601024527；电话为 13811425211。

开户银行：开户行为招商银行知春路支行；行号为 112；账号为 334455667788。

北京市社会保险单位信息登记表

填报单位（公章）：

*组织机构代码		*单位简称		*缴费户开户银行		*行号	
*单位名称		*单位电话		*缴费户开户全称		*账号	
*单位经理（办公）地址		*邮政编码		*支出户开户银行		*行号	
工商登记执照信息	执照号码	执照种类		*支出户开户全称		*账号	
	发照日期	有效期限		主管部门或总机构			
	工商注册地址			集中缴费单位组织机构代码		集中缴费单位社会保险登记证编码	
批准成立信息	批准单位			集中缴费单位名称			
	批准日期	批准文号		农转非类别		依法批准证地日期	
单位法人或负责人	*姓名	公民身份号码		施工期起始日期		施工期截止日期	
	联系电话			维修期起始日期		维修期截止日期	
单位经办人	姓名	所在部门	联系电话	竣工期日期		延长期日期	
*缴费业务						*险种	*登记日期
支付业务				参加保险情况	养老		
*单位类型		*单位类别			失业		
*经济类型		*隶属关系			工伤		
*行业代码		*行业费率			生育		
*行业性质		行业系统			医疗		
参统方式		特殊标识		*社会保险登记机构名称			
*结算周期		*缴费形式		*社会保险登记证编码		*社保登记证发证日期	
所属行政区县名称		*四险缴费所属经（代）办机构		单位电子邮件地址			
*医疗缴费地区		*报销地区		单位网址		单位传真号码	

单位负责人：　　　　　　　　　　社保经（代）办机构经办人员（签章）：

单位经办人：　　　　　　　　　　社保经（代）办机构（盖章）：

填报日期：　　　　　　　　　　　办理日期：　　　年　月　日

备注：表格中带*号的项目为必录项。

3. 2016 年 11 月，西游科技公司新入职员工一名，公司出纳正在办理入职手续。因该职工未在北京市参加社保登记，因此出纳欲在本月 10 号前去社保机构办理登记。现统计该职工个人信息，填写新参保信息表。

姓名，张三；性别，男；身份证号，131205198001207485；

原籍，重庆市渝北区回兴街道服装城大道 2 号；

电话，13126481127；

申报工资，5 000 元。

*参加险种：		养老，失业，工伤，生育，医疗			
*姓名		*公民身份号码（社会保障号码）			照片
*性别		*出生日期			
*民族		*国家/地区			
*个人身份		*参加工作日期			
户口所在区县街乡				*户口性质	
*户口所在地地址				*户口所在地邮政编码	
*居住地（联系）地址				*居住地（联系）邮政编码	
选择邮寄社会保险对账单地址				邮政编码	
*获取对账单方式	电子邮件地址			*文化程度	
*参保人电话	参保人手机			*申报月均工资收入（元）	
*证件类型		*证件号码			
*缴费人员类别		*医疗参保人员类别			
离退休类别		离退休日期			
定点医疗机构 1		定点医疗机构 2			
定点医疗机构 3		定点医疗机构 4			
定点医疗机构 5		*是否患有特殊病			
外籍人员信息					
护照号码		外国人居留证号码			
外国人证件类型		外国人证件号码			
本人目前确属社会保险参保对象，现申请参加社会保险，按照社会保险登记的要求本人已如实填写了上述相关信息，并对所填写的内容真实有效性负责。					
*参保人签字：			签字日期： 年 月 日		

4. 2016 年 11 月，西游科技公司员工李四由于户口所在地从河北省唐山市路北区 22 号变迁至北京市海淀区中关村东路 122 号，出纳办理个人信息变更登记，需填下表。

北京市社会保险单位信息登记表

填报单位（公章）：

*组织机构代码		*单位简称		*缴费户开户银行	*行号
*单位名称				*缴费户开户全称	*账号
*单位经营（办公）地		*邮政编码		*支出户开户银行	*行号
工商登记执照	执照号码	执照种类		*支出户开户全称	*账号
	发照日期	有效期限		主管部门或总机构	
工商注册地址				集中缴费单位组织机构代码	保险登记证编码
批准单位				集中缴费单位名称	
批准成立信息	批准文号			农转非类别	依法批准征地日期
	批准日期			施工期起始日期	施工期截止日期
单位法人或负责人	*姓名	*证件类型	*联系电话		
	*证件号码		*手机	维修期起始日期	维修期截止日期
单位经办人	姓名	所在部	*手机	竣工期日期	延长期日期
*缴费业务			联系电话	*险种　养老	*登记日期
支付业务				失业	
*单位类型		*单位类别			

续表

*经济类型		*隶属关系		参加险种情况	工伤	
*行业代码		*行业费率			生育	
*行业性质		行业系统			医疗	
参统方式		特殊标识		*社会保险登记机构名称		
*结算周期		*缴费形式		*社会保险登记证编码		*社保登记证发放日
		*四险缴费所属经（代）办机构				
所属行政区县名称				单位电子邮件地址		
*医疗缴费地区		*报销地区		单位网址		单位传真号码
单位负责人：						
单位经办人：	社保经（代）办机构经办人员（签章）：					
填表日期：	年 月 日	办理日期：				
备注：表格中带*号的项目为必录项，其他有前提条件的必录项请参考指标解释。						
年		月		日		

5. 2016 年 9 月份西游科技公司社保登记已完成并已在 9 月份按规定扣费。当月张会计要求出纳去公积金管理中心办理公积金开户手续。

要求：填写开户申请表。

住房公积金开户登记表

附汇缴清册　张

单位名称				组织机构代码		
单位地址						
所在区				发薪日期（1 至 31）		
单位预算代码		单位行业代码		资金来源		
邮政编码		电子邮箱			是否具备法人资格	
单位基本户开户银行及行号				单位基本户账号		
法定代表人或负责人				法定代表人或负责人证件类型		
法定代表人或负责人证件号码				联系电话		
工商登记信息	证件类型			发证日期		
	证件号码			有效截止日期		
单位批准成立信息	批准单位					
	批准日期			批准文号		
主管单位				联系电话		
行政关系						
经济类型						
单位性质						
开户类型		其中新开户（人）：		其中转移开户（人）：		
单位缴存比例（%）		个人最低缴存比例（%）		个人最高缴存比例（%）		
单位在职职工人数（人）			工资小于或等于本年度市最低工资标准人数（人）			
住房公积金缴存人数（人）				单位月缴存额总计（元）		
单位经办部门		经办人电话	座机	经办人身份证号码		
单位经办人			手机			
开户银行网点全称				单位公积金账号		
				网点联系电话		

经办人： 主管：	经办人： 主管：	经办人： 主管：
年 月 日 单位签章	年 月 日 市住房公积金管理中心签章	年 月 日 开户银行签章